MUITO ALÉM DO SALÁRIO

WES ADAMS TAMARA MYLES

MUITO ALÉM DO SALÁRIO

Como o significado e a paixão podem impulsionar sua equipe

Tradução
Cristina Yamagami

HARPER BUSINESS

Rio de Janeiro, 2025

Título original: *Meaningful Work*

Copidesque	Marina Saraiva
Revisão	Elisabete Franczak Branco e Vivian Miwa Matsushita
Capa	Adaptada do projeto original de Chin-Yee Lai
Adaptação de capa	Osmane Garcia Filho
Imagem de capa	© Elnur / Shutterstock
Diagramação	Abreu's System

Dados Internacionais de Catalogação na Publicação (CIP)
(Câmara Brasileira do Livro, SP, Brasil)

Adams, Wes
Muito além do salário: como o significado e a paixão podem impulsionar sua equipe / Wes Adams, Tamara Myles; tradução Cristina Yamagami. – 1. ed. – Rio de Janeiro: Harper Business, 2025.

Título original: Meaningful work.
ISBN 978-65-83532-09-1

1. Ambiente de trabalho 2. Equipe de trabalho 3. Gerenciamento de pessoas 4. Liderança 5. Performance 6. Produtividade do trabalho I. Myles, Tamara. II. Título.

25-286456 CDD-658.3

Índice para catálogo sistemático:
1. Equipes de trabalho : Motivação : Administração de empresa 658.3
Bibliotecária responsável: Aline Graziele Benitez – CRB-1/3129

Harper Business é uma marca licenciada à Casa dos Livros Editora LTDA.

Rua da Quitanda, 86, sala 601A – Centro
Rio de Janeiro/RJ – CEP 20091-005
Tel.: (21) 3175-1030
www.harpercollins.com.br

De Tamara:
Para Bella, Eddie e Vivi,
Que vocês sempre encontrem significado
em tudo que fizerem.
Este livro é para vocês, na esperança de que liderem
com propósito e inspirem as pessoas a criar
um mundo com mais significado.

De Wes:
Para minha mãe,
Que plantou e cultivou as sementes do significado
que levaram a este livro e muito mais.

SUMÁRIO

INTRODUÇÃO

Quando Matt Fishman encarou o rottweiler de 50 quilos que rosnava em sua direção, ele quase entrou em pânico. O enorme animal estava parado a alguns metros dele, com os caninos afiados à mostra. Matt sabia que aquele maxilar poderia quebrar seu antebraço como se fosse um galho seco. O cachorro dobrou as pernas e ameaçou atacar.

O tempo pareceu parar enquanto Matt refletia sobre a série de eventos que o levaram até aquele momento. *Como as coisas degringolaram tanto a ponto de seu trabalho colocá-lo em uma situação que ameaçava sua vida?*

Ele e um amigo da faculdade de Administração haviam comprado uma rede bem-sucedida de creches para cães em Atlanta alguns anos antes. A empresa tinha algumas unidades que já eram lucrativas, e o mercado estava pronto para uma expansão. O número de tutores de cães estava aumentando. A vida cada vez mais corrida das pessoas criava a demanda por um lugar seguro, confiável e acolhedor para os cachorros brincarem enquanto elas estavam no trabalho. O próprio Matt era um cliente da Barking Hound Village (BHV) antes de comprar o negócio. Ele adorava cães, e as projeções financeiras da empresa eram muito promissoras. Seu plano era abrir novas lojas e oferecer outros serviços, como tosa e adestramento, para capitalizar a demanda. Matt se dedicou ao negócio e, a princípio, as coisas pareciam estar indo bem. Ele não demorou a descobrir, porém, que as operações do dia a dia exigiam muito mais do que havia imaginado. Por trás das finanças organizadas e dos planos de expansão promissores, havia um grande problema.

Quando conhecemos Matt, a rotatividade de colaboradores da BHV estava nas alturas — perto dos 200% ao ano. A base de clientes estava crescendo, mas não havia pessoal suficiente para dar conta da demanda. Era comum novos colaboradores simplesmente não aparecerem para trabalhar. E muitos largavam o emprego sem avisar. Essa rotatividade deixava as creches sempre com falta de pessoal. E os funcionários que ficavam tinham de fazer mais tarefas do que poderiam assumir. O moral da equipe estava no chão, o que colocava os cuidados e a segurança dos cães em risco. Para manter a alta qualidade do atendimento, os gerentes das creches, e às vezes até os proprietários, precisavam colocar as mãos na massa. Foi assim que Matt se viu cara a cara com um rottweiler gigante chamado Mister Mondo.

Mister Mondo sempre fora um cão gentil e era, inclusive, o favorito da equipe. Mas, naquele dia, um colaborador faltara ao trabalho. Como não havia mais ninguém disponível, Matt arregaçou as mangas para cobrir o turno. Na confusão, Mister Mondo ficou sem almoço. Além disso, ele foi deixado com Axel, um poodle conhecido por puxar briga com outros cães. Um colaborador experiente saberia que colocar os dois no mesmo ambiente não era uma boa ideia. Axel provocou Mister Mondo sem dó, tentando criar uma confusão. Acuado e faminto, Mister Mondo perdeu a paciência.

Frente a frente com o rottweiler, Matt se deu conta de que aquele era o menor de seus problemas. Do mesmo modo como Mister Mondo, a cultura antes amigável da empresa se tornara tóxica. Rosnados de insatisfação, caninos e humanos, estavam colocando todas as creches da BHV em risco. Até os colaboradores mais comprometidos estavam esgotados, e a situação chegou a um ponto de ruptura. Matt começou a duvidar do modelo de negócio, dos planos de expansão e da própria capacidade de liderança. Ele sabia que algo precisava mudar, e foi assim que recebemos sua ligação.

Trabalhamos em parceria com líderes para cultivar equipes de alto desempenho e organizações prósperas. Nossos clientes incluem empresas no topo da lista da Fortune 500 bem como negócios em expansão, como era o caso da BHV. Você conhecerá alguns deles neste livro, e seus desafios provavelmente lhe parecerão familiares: grande concorrência por talentos, mudanças drásticas nas expectativas dos colaboradores e as demandas de gerenciar equipes de diferentes gerações e regiões geográficas.

Nossa abordagem para ajudar esses líderes, no entanto, pode não ser a que você espera.

Fazemos parte de um novo e crescente movimento voltado a reinventar a maneira de se trabalhar para a próxima geração. Acreditamos que o trabalho pode nos dar mais do que um salário. Pode nos dar uma comunidade. Pode ser uma maneira de contribuirmos para algo maior do que nós. Pode nos desafiar a crescer e aprender.

Passamos anos estudando os líderes desse novo movimento para desenvolver um guia com o potencial de transformar organizações, e gostaríamos de compartilhá-lo com você.

Nossa jornada juntos começou na pós-graduação. Nós dois ingressamos na Universidade da Pensilvânia para estudar Psicologia Positiva com o lendário fundador da área, Martin Seligman. A maioria de nós conhece o importante trabalho da psicologia tradicional, que se concentra principalmente em ajudar as pessoas a lidar com questões de saúde mental, como depressão, ansiedade ou estresse pós-traumático. Abordar essas questões é crucial para nosso bem-estar, mas esses desafios são apenas metade da equação humana.

Lidar com as adversidades e resolver problemas é como arrancar ervas daninhas do jardim. Removê-las evita que as outras plantas sejam sufocadas, mas é preciso mais para garantir que o jardim prospere. Se quiser que seu jardim floresça, você também deve cultivar as condições necessárias: o solo deve ser rico em nutrientes; as plantas devem ter exposição suficiente, mas não excessiva, à luz solar; e elas devem ter espaço apropriado para crescer.

O campo da Psicologia Positiva se concentra nos fatores que levam a uma vida próspera e significativa. É o estudo dos mindsets, comportamentos e estruturas que trazem à tona o que há de melhor em cada um de nós. É a ciência do solo, do sol e do espaço necessários para que nossos jardins floresçam. Em outras palavras, a Psicologia Positiva é a busca pelo potencial humano.

Desde sua introdução formal como um campo do conhecimento, em 1998, as sementes da Psicologia Positiva se espalharam rapidamente por nossa cultura. Termos como *bem-estar*, *resiliência*, *mentalidade de crescimento*, *flow* e *grit* (algo como garra ou perseverança) que antes causariam estranhamento, agora dominam as redes sociais.

O foco no bem-estar, na resiliência e no desenvolvimento pessoal só se intensificou e acelerou nos últimos anos. Desde o argumento de Shawn Achor sobre o impacto das emoções positivas em *O jeito Harvard de ser feliz*, passando pela ressignificação do crescimento pessoal por Carol Dweck em *Mindset: a nova psicologia do sucesso*, até a exploração de Angela Duckworth sobre o *grit* como uma força motriz para a realização, a ideia de que a excelência requer que nos voltemos ao que é positivo permeou a cultura, a sociedade e os negócios. Nos últimos anos, esses fatores deixaram de ser exclusividade da nossa vida pessoal. Passamos a esperá-los, e até a exigi-los, no trabalho.

Quando aplicada à esfera corporativa, a Psicologia Positiva se concentra nos elementos que levam ao alto desempenho e ao bem-estar de indivíduos, equipes e organizações inteiras. Da mesma forma que os jardins não prosperam apenas se arrancarmos as ervas daninhas, as organizações não melhoram simplesmente consertando o que está errado. Não é suficiente que nosso trabalho seja apenas "tolerável". Para atingir todo o nosso potencial, precisamos sentir que pertencemos à nossa comunidade organizacional. É necessário entender como nossas contribuições diárias são importantes para os outros. Temos que ser desafiados a aprender e crescer.

Grandes líderes cultivam as condições necessárias para que os colaboradores prosperem. Todos sabem que ninguém sonha com a mediocridade. O que realmente queremos, o que esperamos e o que todos merecemos é a oportunidade de fazer um trabalho significativo, ou seja, um trabalho capaz de construir uma comunidade, que nos possibilite sentir que estamos contribuindo para algo maior e que nos desafie a crescer e aprender.

Antes de seguirmos em frente, acreditamos ser importante definir o que é trabalho significativo e dissipar alguns equívocos. Você pode se ver falando sobre o *propósito* da sua organização como uma forma de os colaboradores encontrarem significado no trabalho. Ninguém duvida que propósito seja extremamente importante. Mas, embora muitas vezes os termos sejam usados de forma intercambiável, o trabalho significativo não se resume apenas ao propósito. Por pelo menos duas décadas, muitas organizações se concentraram no propósito — esclarecer as razões de sua existência e os objetivos que elas buscam alcançar além de simplesmente ganhar dinheiro. Mas descobrimos uma distinção crucial: o propósito contribui, sim, para um trabalho significativo, mas por si só não é o suficiente para imbuir o trabalho de significado. O significado também vem do senso de pertencimento a uma comunidade e das oportunidades de crescimento, que envolvem desenvolver e dominar novas habilidades.

Por exemplo, trabalhamos com organizações sem fins lucrativos nas quais as pessoas se sentiam conectadas com o propósito, mas ainda assim não achavam que seu trabalho tinha significado. Às vezes, por não se sentirem incluídas ou não terem relacionamentos próximos com os colegas. E muitas vezes porque se sentiam estagnadas, sem oportunidades de crescer e se desenvolver. O trabalho dessas pessoas tem propósito, mas não é significativo. Além de ajudar os colaboradores a entender como contribuem para o propósito da organização, os líderes também devem criar um senso de pertencimento e ajudar as equipes a crescer e aprender. Com isso em mente, definimos **trabalho significativo como aquele que proporciona um senso de comunidade, nos ajuda a contribuir para algo que importa e nos desafia a aprender e crescer.**

Nossa crença de que o trabalho pode ser um lugar onde as pessoas prosperam nos atraiu à Psicologia Positiva e nos levou à Universidade da Pensilvânia. No primeiro dia da pós-graduação, cerca de dez colegas combinaram de jantar em um popular restaurante chinês perto do *campus*. Nós dois acabamos sentados lado a lado em uma mesa redonda enorme no canto da sala. Enquanto pratinhos com *dim sum* circulavam pela mesa giratória, cada um contava um pouco de sua trajetória.

Ao longo de vinte anos, Wes ajudou a lançar e desenvolver dezenas de empreendimentos, incluindo um negócio no setor de hospitalidade indicado a vários prêmios James Beard, uma organização de impacto social reconhecida pela *Fast Company* como uma das empresas mais inovadoras e uma campanha revolucionária pelos direitos LGBTQIAP+ para as Nações Unidas que mudou a política global. Suas maiores realizações, no entanto, foram ajudar as pessoas a expandir competências e atingir o pleno potencial. Tendo trabalhado para líderes que o incentivavam e para líderes que o esgotavam, aprendeu que a diferença entre eles, no geral, não era de caráter. Muitos simplesmente não tiveram a experiência ou a exposição às ferramentas necessárias para ajudar as pessoas a prosperar. Nunca souberam fazer nada além de arrancar ervas daninhas. O que levou Wes àquele restaurante chinês naquela noite foi a esperança de que a ciência da Psicologia Positiva pudesse contribuir para criar um guia de liderança que ajudasse cada pessoa a se aproximar de seu pleno potencial.

Tamara queria descobrir o que existe além da produtividade. Ao longo de quinze anos, ela desenvolveu uma consultoria de sucesso, ajudando líderes a projetar sistemas para aumentar a produtividade. Foi a primeira a aplicar a hierarquia das necessidades de Maslow ao âmbito da produtividade com seu modelo inovador — a Pirâmide de Produtividade Máxima —, que ajuda indivíduos a superar barreiras que outros modelos de produtividade não eram capazes. Seu livro, *Produtividade Máxima: como assumir o controle do seu tempo e ser mais eficiente*, foi traduzido para vários idiomas e vendido globalmente. Tamara viajava pelo mundo dando palestras e prestando consultoria para organizações como Unilever, BestBuy e Microsoft, mas percebeu que só aumentar a produtividade não bastava. A produtividade era um trampolim para uma fonte muito mais transformacional de motivação e máximo desempenho: o trabalho significativo. Ela reconheceu que havia um ciclo virtuoso: a produtividade cria espaço para o trabalho significativo, e o trabalho significativo libera a produtividade. Nesse processo, as pessoas ficam mais felizes e as organizações, mais bem-sucedidas. Tamara queria conhecer a ciência por trás desse ciclo e o papel fundamental dos líderes em sua criação. O que a levou àquele restaurante chinês naquela noite foi sua crença inabalável de que os líderes detêm a chave para desbloquear esse potencial transformador em grande escala.

Embora tivéssemos trajetórias muito diferentes, compartilhávamos uma visão em comum. Quando a sobremesa foi servida, já tínhamos nos tornado amigos. Durante os primeiros meses da pós-graduação, fizemos muitas refeições juntos. Também devoramos décadas de pesquisas de Psicologia Positiva, bem como de Psicologia Organizacional, Neurociência, Gestão Empresarial e métodos de liderança. Mergulhamos em nossas experiências de trabalho em busca de insights, discutimos os méritos de vários estilos de liderança e trocamos artigos de pesquisa na tentativa de identificar os principais fatores que levam organizações a prosperarem. No fim do primeiro semestre, tivemos um vislumbre da nossa estrela-guia.

Um elemento central surgia repetidamente. Embora muitas vezes oculto, é o fator determinante para quase todos os colaboradores prósperos e equipes de alta performance: o **significado**.

Tire um minuto agora para pensar em alguma ocasião no trabalho que foi especialmente significativa para você. Não precisa ser uma conquista heroica que tenha lhe rendido um grande prêmio, mas pode ser. Ou, ainda, uma breve interação com um cliente e que ficou na sua memória. Pode ser um momento em que se conectou com um colega e percebeu que seriam amigos. Pode ser aquela vez que seu mentor o incentivou a assumir um projeto que você ainda não acreditava ser capaz de realizar. Seja qual for esse momento específico para você, pense nele por um minuto. Onde você estava quando aconteceu? O que sentiu naquele momento? Como esse momento transformou você?

É provável que pensar sobre esse momento tenha um grande impacto agora. Pode ser que dê significado ao seu trabalho e, ao mesmo tempo, o motive a encarar o que vem a seguir. Como você aprenderá em breve, o significado é o que impulsiona o alto desempenho e o bem-estar no trabalho. É o sol, o solo e o espaço que fazem nosso jardim crescer. Ao longo deste livro, analisaremos décadas de pesquisas que mostram que o significado no trabalho leva a um melhor desempenho individual, a ter mais resiliência e bem-estar geral. Veremos como o trabalho significativo aumenta a adaptabilidade da organização, melhora os resultados dos clientes e impulsiona a lucratividade. Um estudo estima um ganho anual de quase 10 mil dólares por cada colaborador que sente ter um trabalho com significado. O retorno sobre o significado é mensurável e indiscutível.

Ainda mais convincentes são os dados que mostram que esse retorno se mantém em diferentes gerações. Todos nós, dos *baby boomers* à geração Z, queremos ter um trabalho significativo, e todos o definimos de maneira semelhante. Colaboradores que trabalham remotamente valorizam o significado tanto quanto os que vão para o escritório. Pessoas de todas as cores, gêneros e orientações sexuais respondem da mesma maneira quando o trabalho tem significado. É ele que nos impulsiona, e os líderes orientados a significado nos inspiram a dar nosso melhor.

Havia uma lacuna enorme nas pesquisas. Os estudos existentes sobre o trabalho significativo se concentravam principalmente em como os colaboradores podem aumentar o senso de significado para si mesmos. Best-sellers como *Qual a cor do seu paraquedas: como conseguir um emprego e descobrir a profissão dos seus sonhos* e o mais recente *The Search: Finding Meaningful Work in a Post-Career World* adotam uma abordagem individual para encontrar o significado. Mas quase não havia materiais disponíveis para líderes.

Os líderes que desejassem criar um ambiente de trabalho com mais significado para suas equipes não tinham um guia para consultar. Até os que já reconheciam o valor do significado achavam difícil encontrar ferramentas para ajudar os colaboradores.

Tom Rath, autor do best-seller *Descubra seus pontos fortes: Strengthsfinder 2.0*, resumiu bem essa situação: "Muitos líderes estão cientes da importância do significado no trabalho. O problema não é esse. O problema é que eles não sabem como chegar lá".

Nossa missão se tornou preencher essa lacuna. Nos últimos anos, estudamos líderes orientados a significado e fizemos parcerias com dezenas de organizações de alto desempenho para estudar o significado no trabalho e como os líderes podem cultivá-lo. Em colaboração com pesquisadores da Universidade da Pensilvânia e da Universidade Estadual do Colorado, conduzimos os primeiros estudos empíricos rigorosos para mensurar o impacto dos líderes sobre o significado no trabalho. E esse impacto é impressionante.

Quase 50% do senso de significado de um colaborador no trabalho está vinculado ao que os líderes fazem — ou deixam de fazer. Esse impacto representa uma responsabilidade enorme e uma oportunidade incrível. Quando os líderes dão mau exemplo, microgerenciam a equipe ou promovem competição em vez de colaboração, não sentimos que nosso trabalho tem significado. Por outro lado, líderes que constroem comunidades, ajudam as pessoas a ver como suas contribuições são importantes e as desafiam com oportunidades de aprender e crescer, promovem significado para todos os membros da equipe. Não importa qual seja o setor de atuação ou o trabalho de uma pessoa, líderes com o conjunto de habilidades certo podem alavancar o poder do significado e ajudar cada colaborador a atingir seu pleno potencial.

Nossa pesquisa analisou detalhadamente líderes que se destacam em criar significado no trabalho. Incluímos pessoas de diferentes setores, perfis demográficos e modalidades de trabalho (home office, presencial ou híbrido) para identificar características, comportamentos e estratégias adotadas. Conduzimos estudos empíricos para testar se as práticas que encontramos realmente imbuem de significado o trabalho dos colaboradores. Confirmamos que, quando os líderes constroem uma comunidade, destacam as contribuições dos colaboradores e promovem o crescimento da equipe, o trabalho passa a ter mais significado.

Com essa pesquisa em mãos, desenvolvemos um modelo baseado em evidências para uma liderança orientada a significado. A partir das experiências de milhares de pessoas atuando em 25 setores, identificamos práticas de liderança e estruturas organizacionais específicas que aumentam o significado no trabalho. Vimos líderes de organizações de todo tipo aplicarem essas práticas para criar trabalhos mais significativos. Quando as equipes encontram mais significado, conseguem atingir seu pleno potencial, entregando resultados extraordinários.

Identificamos três bases do trabalho significativo: **comunidade, contribuição** e **crescimento**, que chamamos de 3Cs. São os elementos do nosso trabalho que nos mostram que somos importantes, que nosso trabalho faz diferença e que estamos nos tornando versões melhores de nós mesmos. Em sua presença, prosperamos. Em sua ausência, definhamos.

Um desses pilares estava faltando na Barking Hound Village.

Antes de começarmos a trabalhar com a equipe de liderança de Matt, entrevistamos colaboradores da empresa toda para encontrar a causa da alta rotatividade. Descobrimos que o maior problema era a falta de oportunidades de **crescimento**. Os colaboradores tinham poucas oportunidades de crescer profissionalmente depois que entravam na empresa. Os gerentes das creches para cães, o único cargo de gestão disponível, normalmente vinham de fora. Assim, os colaboradores não tinham espaço para crescer. Estavam presos à mesma função, fazendo as mesmas tarefas dia após dia, até se esgotarem. Sem oportunidade de desenvolvimento, os colaboradores eram forçados a sair para progredir em outras empresas, o que eles faziam em massa.

Felizmente, o conflito entre Matt e Mister Mondo terminou bem. Matt conseguiu acalmar o cão e evitar o confronto. A história da Barking Hound Village também teve um final feliz. Trabalhamos com Matt e sua equipe sênior para redesenhar a experiência dos colaboradores da empresa, desde o recrutamento até o desligamento. Agora, desde o primeiro dia, os colaboradores podem escolher entre três caminhos de desenvolvimento:

tornar-se um adestrador de cães, tornar-se um gestor de unidade ou fazer parte da equipe que treina filhotes. Falaremos mais sobre isso adiante.

Durante a escrita deste livro, a rotatividade de colaboradores diminuiu quase pela metade. Funcionários relatam maior satisfação no trabalho e até indicam amigos para trabalhar na BHV. As creches estão funcionando tranquilamente, e os cães estão felizes. Mister Mondo nunca mais ficou sem almoço, não precisa mais aturar Axel e continua sendo um dos cães favoritos da equipe.

Quanto a Matt, ele não passa mais os dias cobrindo colaboradores ausentes ou apagando incêndios. Ele e o sócio abriram uma nova unidade e expandiram os serviços para banho e tosa e *dog walking*. A transformação ajudou a equipe a prosperar, o que, por sua vez, permitiu que ele buscasse objetivos mais amplos. O trabalho de Matt e de sua equipe agora tem muito mais significado.

Mas a crise de Matt não é uma exceção. Muitos líderes com quem trabalhamos — desde grandes empresas como a Microsoft até pequenas empresas como a Barking Hound Village — estão achando difícil orientar os colaboradores em um mundo cada vez mais incerto. Às vezes, essa dificuldade se manifesta como um conflito em torno de horários flexíveis ou trabalho híbrido. Em outras, o problema está nas diferenças geracionais ou culturais. Frequentemente há um desalinhamento entre o que os líderes *pensam* que os colaboradores querem e o que os colaboradores *de fato* querem. Os líderes nos procuram com muitos nomes para suas dificuldades: desengajamento, *quiet quitting* ou demissão silenciosa, burnout e rotatividade. Descobrimos que tudo está enraizado no mesmo problema: falta de significado.

Começaremos descrevendo nossa pesquisa sobre o papel dos líderes na criação de significado. Em seguida, exploraremos as práticas específicas de liderança que aumentam o senso de comunidade, contribuição e crescimento — as três fontes de significado no trabalho. Por fim, compartilharemos o que acreditamos que organizações orientadas a significado poderiam, e deveriam, ser no futuro cada vez mais dinâmico que se aproxima.

Ao longo deste livro, apresentaremos exemplos reais de lideranças orientadas a significado. Muitas dessas histórias destacam líderes que participaram de nossa pesquisa original, cuja lista está no Apêndice. Outras são exemplos que ilustram as práticas de liderança que descobrimos, e os incluímos para mostrar como podem ser no mundo real.

Em muitos capítulos, também incluímos ferramentas que você pode utilizar para atribuir significado ao trabalho de sua equipe. Essas ferramentas, bem como outros materiais, estão disponíveis em nosso site: www.makeworkmeaningful.com/recursos.

Este livro não é um manifesto para mostrar *por que* o significado no trabalho importa. Isso já foi provado. Na verdade, como veremos, a necessidade de ter um trabalho significativo nunca foi tão grande. Comunidade, contribuição e crescimento já fazem parte do debate cultural. O que oferecemos aqui é um manual abrangente para que os líderes aproveitem o poder do significado e cultivem a alta performance e o bem-estar. Este livro, resultado de anos de pesquisa e aplicação prática nos negócios, é um guia para você se tornar o melhor jardineiro possível. Em vez de apenas arrancar ervas daninhas, compartilhamos os segredos para cultivar uma empresa próspera.

Acreditamos que todo trabalho pode e deve ser imbuído de significado com a ajuda de um bom líder — e queremos mostrar como fazer isso.

PARTE I

TODO TRABALHO PODE E DEVE TER SIGNIFICADO

1. O PODER DO TRABALHO COM SIGNIFICADO

> "Nunca esperamos tanto do trabalho. Hoje em dia, queremos do trabalho o que costumávamos obter da religião e da comunidade: pertencimento, propósito, significado."
>
> — Esther Perel

Imagine um galpão gigantesco, do tamanho de vários campos de futebol, cheio de fileiras infinitas de servidores praticamente idênticos com luzes piscando. Para ter uma noção da escala labiríntica, pense em uma versão mundana do Departamento de Mistérios de *Harry Potter*. Esse galpão em particular é um data center da Microsoft, parte do que chamamos atualmente de "nuvem". São centros como esse que sustentam os sistemas que mantêm nossas mídias sociais, entregam Netflix à nossa televisão e depositam o salário em nossa conta.

Os data centers podem ser bem frios — a temperatura é mantida baixa para evitar que os servidores superaqueçam. Como precisam ser protegidos de ataques físicos e digitais, esses espaços costumam ser construídos em áreas remotas, longe dos movimentados centros urbanos, o que pode implicar longos deslocamentos para os colaboradores. Além disso, o trabalho em um data center pode ser repetitivo e monótono. Dia após dia, novos servidores precisam ser configurados, enquanto os existentes precisam ser perfeitamente mantidos. Para proteger a confidencialidade dos clientes da Microsoft, a equipe não sabe o que os servidores estão processando nem para quem — um ponto importantíssimo. Esse anonimato necessário esconde um fator crucial: a capacidade dos colaboradores de saber exatamente como seu trabalho ajuda os outros.

No auge da pandemia, a Microsoft nos pediu que trabalhássemos com seus data centers de Cloud Operations and Innovation (CO+I, ou Inovação e Operações em Nuvem) para melhorar o engajamento e o moral dos colaboradores. Quando o vírus da covid-19 surgiu, a equipe foi declarada essencial e precisou trabalhar normalmente — o que acentuou muito a incerteza e a ansiedade que a maioria de nós sentiu mesmo quando podíamos ficar em casa, em segurança.

Keisha,* que trabalhava em uma função de logística em um data center nas imediações de Toronto, teve muita dificuldade em se adaptar. Nascida no Caribe, ela estava longe da família e da rede de apoio. Keisha tinha pouco tempo no data center e estava empolgada com a oportunidade de crescer na empresa. A Microsoft oferecia excelentes programas de desenvolvimento, e muitas pessoas que ela admirava trabalhavam ali.

Mas, seis meses após o início da pandemia, a empolgação e a esperança de Keisha em relação ao futuro haviam caído por terra. Ela se preocupava todos os dias com a exposição ao vírus da covid-19 e os riscos à sua saúde. As manchetes eram aterrorizantes e ela achava difícil entender por que seu trabalho havia sido considerado essencial diante de tudo o que estava acontecendo no mundo. Não havia coisas muito mais importantes do que garantir que os fios estivessem conectados e os sistemas de resfriamento, funcionando?

* O nome foi alterado para proteger o anonimato.

Keisha não era a única a sentir-se assim durante esse período desafiador. Muitos colegas também não conseguiam ver significado no trabalho. Ensinamos os gestores de Keisha a conduzir a equipe por uma série de exercícios a fim de ajudá-los a identificar o que dava significado ao trabalho que desenvolviam. Cada membro da equipe contou uma história de um momento inspirador na empresa, indicando por que ele era especial. Em alguns casos, a pessoa se destacara em sua função ou desenvolvera uma nova habilidade. Em outros, era uma conexão autêntica com um colega. Em muitas ocasiões, foi quando a pessoa soube que havia feito uma diferença positiva na vida de alguém — um colega, um cliente ou um parceiro de negócio.

Enquanto a equipe fazia esse exercício, Keisha teve um insight. Mesmo sem saber para quais clientes da Microsoft estava trabalhando, ela sabia que os servidores que ajudava a configurar e manter estavam fornecendo uma infraestrutura crucial para milhões de pessoas. Ela percebeu que, durante os prolongados períodos de confinamento, as videochamadas haviam se tornado essenciais para as pessoas se conectarem. O volume de e-mails e reuniões virtuais disparara enquanto as empresas lutavam para não afundar na crise. Crianças e adolescentes dependiam de sistemas executados nos servidores de Keisha para continuar estudando remotamente. Médicos, enfermeiros e cientistas, desesperados para se adiantar à propagação do vírus, compartilhavam recursos e dados em tempo real por meio do data center. Pacientes em hospitais ao redor do mundo eram monitorados e tratados por meio de ferramentas hospedadas nos servidores que Keisha ajudava a configurar e manter.

Naquele contexto, conectar fios e manter os sistemas de resfriamento funcionando estava literalmente salvando vidas.

Quando Keisha compartilhou essa percepção com a equipe, sua atitude se transformou. Meses de estresse e dúvidas desapareceram. Entender como seu trabalho beneficiava outras pessoas desencadeou um senso de contribuição que ela nem imaginava que podia sentir.

Keisha pegou um post-it e escreveu as maneiras pelas quais seu trabalho estava ajudando as pessoas: “Estamos tendo um impacto global positivo ao manter os serviços e a nuvem funcionando para garantir serviços essenciais — da saúde à educação — e para manter o bem-estar das pessoas por meio dos serviços da Microsoft”. Ela o colou em seu monitor. Quando saiu do nosso workshop naquele dia, Keisha estava radiante.

Depois do workshop, os líderes continuaram os exercícios para ajudar os colaboradores a encontrar significado em seu trabalho. Vários meses depois, conversamos com Keisha e sua equipe. O post-it ainda estava em seu monitor. Desde o nosso workshop, ela disse que chegou a pensar em largar tudo e pegar um avião de volta para casa para ficar com a família, e teve dias em que se sentira sozinha ou desconectada do mundo externo. Nesses momentos desafiadores, o lembrete em seu monitor a ajudava a fazer uma pausa, a se conectar com a equipe e a ser grata por saber que “há um propósito de vida no trabalho”.

Ao reconhecer o impacto de seu trabalho, Keisha encontrou um novo significado em seu emprego. O ambiente isolado e frio do data center estava cheio de um profundo senso de significado. Ao percorrer as fileiras intermináveis de servidores, Keisha passou a ver além dos enormes gabinetes pretos genéricos e das pilhas de fios que lembravam espaguete e pensar em todas as pessoas a quem estava ajudando a se conectarem. Ela conseguia imaginar o rosto de crianças concentradas nos professores, os sorrisos gratos de entes queridos em videochamadas e o alívio de enfermeiros dando alta a um paciente recuperado.

Um trabalho com significado é a diferença entre “conectar fios” e “conectar pessoas”. É a essência que transforma a rotina diária em um trabalho que nos leva a nos sentir conectados, realizados e engajados.

Nos últimos anos, fizemos uma pergunta simples a centenas de líderes e aos milhares de colaboradores que eles lideram: “Como você quer se *sentir* no trabalho?”. Algumas das respostas mais comuns que recebemos dizem respeito a se sentir realizados, conectados, motivados, valorizados, apreciados, respeitados e no controle. As pessoas querem sentir que pertencem à sua comunidade no trabalho, saber como seus esforços contribuem para a vida das pessoas e ter oportunidades de crescimento para além de sua zona de conforto. Mesmo sem usar a expressão *trabalho significativo*, todos eles tinham o desejo de fazer valer a pena o terço da vida dedicado ao trabalho. Antes da pandemia, a ideia de que o trabalho pode e deve ter significado vinha sendo silenciosamente fermentada havia décadas. Agora esse desejo se tornou uma demanda urgente.

No afã de aumentar a produtividade, a retenção e a inovação, muitos líderes se esqueceram de como atender a essa demanda. Não é possível fazer isso com complexos programas de fidelização, incentivos direcionados, férias ilimitadas ou mesas de pingue-pongue e *snacks* no escritório. Essa demanda é atendida dando significado ao trabalho. Quando este é imbuído de significado — quando constrói uma comunidade, traz um senso de contribuição para algo maior e estimula o aprendizado e o crescimento —, indivíduos e organizações prosperam.

Para desbloquear todo o potencial de colaboradores, líderes devem transicionar de uma liderança com base em recursos para uma com base em significado. Se não conseguirem fazer essa mudança, seus colaboradores vão, inevitavelmente, migrar para organizações que já adotaram essa abordagem.

EU NÃO CONSEGUIA SER EU MESMA

Rushmie Nofsinger é uma executiva experiente de relações institucionais na indústria de biotecnologia e mãe de três meninas pequenas. Ela é uma dos milhões que recentemente deixaram o emprego em busca de mais significado. Como vice-presidente de comunicações de uma empresa farmacêutica global, Rushmie era responsável por liderar uma equipe de vinte profissionais e moldar o posicionamento da empresa em questões relativas a justiça social e diversidade, equidade e inclusão (DEI). Deveria ser uma função desafiadora, na qual Rushmie poderia usar seus pontos fortes para impactar positivamente questões importantes para ela. Mas, com o tempo, ficou claro que não havia muito espaço para crescimento.

A líder de Rushmie era obstinada e resistente às suas ideias inovadoras. "Qualquer um pode escrever uma mensagem ou um comunicado à imprensa. Não é fazendo isso que vou agregar mais valor", ela nos disse. Rushmie não demorou a perceber que não podia usar seus pontos fortes — criatividade e pensamento estratégico — para propor novas ideias porque essas eram constantemente rejeitadas. Ela não sentia que podia ser ela mesma no trabalho. Rushmie não apenas não tinha oportunidades de crescimento como também sentia falta do senso de contribuição e comunidade. Apesar de a missão da organização ser o desenvolvimento de medicamentos para melhorar e salvar a vida dos pacientes, Rushmie não se sentia conectada a esse propósito ou às pessoas com quem trabalhava.

Aos poucos, ela notou uma desconexão entre os valores declarados da organização e a experiência no dia a dia, e se sentia emocionalmente desconectada e solitária. Rushmie buscou a orientação de um coach de carreira, com quem conversou sobre identidade pessoal e prioridades profissionais. Essas conversas lhe deram a oportunidade de se aprofundar em seus valores e aspirações. Por fim, Rushmie percebeu que, apesar do alto salário, dos excelentes benefícios e de todas as vantagens, seu trabalho não era gratificante de uma forma significativa. Ela decidiu deixar o emprego. Rushmie queria se sentir conectada aos colegas, ser valorizada e apreciada por seus pontos fortes, e sentir que suas responsabilidades contribuem para o propósito mais amplo da organização.

Hoje, Rushmie trabalha para um líder que acredita em seu potencial e a incentiva a crescer. Ela assumiu um cargo em uma startup de biotecnologia em Cambridge, Massachusetts. Poucos meses depois de entrar na startup, teve a oportunidade de expandir sua função e liderar a estratégia de relações com investidores. Teoricamente, ela não atendia a todos os requisitos para a nova função, mas seu gestor lhe disse: "Você já percorreu 70% do caminho, e eu posso lhe ensinar o resto". Esse voto de confiança por parte de um líder é ao mesmo tempo uma raridade e uma dádiva. Líderes assim dão significado ao trabalho.

A relação de Rushmie com o trabalho se transformou. Hoje, chega animada para trabalhar e se sente motivada a dar tudo de si, contribuir com ideias inovadoras e continuar aprendendo e crescendo. No fim das contas, como muitos de nós, ela quer saber que seu trabalho faz diferença no mundo. O valor de encontrar significado no trabalho também se reflete em sua vida pessoal. Ela se sente mais feliz com as filhas e o marido quando chega em casa no fim do dia. Para Rushmie, isso não tem preço.

Os efeitos positivos de encontrar significado no trabalho vão além do indivíduo, impactando a organização e tocando famílias e comunidades. Esse é o poder do trabalho significativo.

UMA ESTRATÉGIA GANHA-GANHA

Décadas de pesquisa mostram que, quando colaboradores como Rushmie encontram significado em seu trabalho, eles ficam mais satisfeitos, mais engajados e permanecem na empresa por mais tempo. Como consequência, as organizações se tornam mais inovadoras, adaptáveis e lucrativas. Colaboradores que relatam altos níveis de significado no trabalho são 64% mais realizados, 4,5 vezes mais engajados e 69% menos propensos a pedir demissão. Além disso, pesquisas demonstram que sentir-se bem no trabalho exerce impacto maior sobre o bem-estar geral. O bem-estar no trabalho não diz respeito apenas ao número total de horas trabalhadas, mas também se passamos essas horas fazendo algo que consideramos importante. Queremos ter um senso coletivo de pertencimento e, como Rushmie, desejamos ser valorizados por nossa organização e nossos líderes. Em um estudo recente, nove em cada dez trabalhadores declararam que um trabalho significativo é tão importante que aceitariam um emprego com mais significado em outro lugar, mesmo se pagasse menos. Essas pessoas estavam dispostas a abrir mão de quase um quarto de sua renda ao longo da vida por um trabalho com mais significado.

Os resultados positivos de um trabalho significativo vão muito além do desempenho de um colaborador. O mesmo estudo descobriu que, a cada 10 mil colaboradores que sentem que seu trabalho tem significado, os ganhos de produtividade chegam a 82 milhões de dólares por ano. Uma pesquisa seminal conduzida por Adam Grant, professor da Wharton School da Universidade da Pensilvânia e autor de best-sellers, descobriu que, quando as pessoas estão cientes do impacto de seu trabalho, elas são 142% mais produtivas e a receita da organização aumenta 172%. O significado no trabalho não apenas nos deixa mais felizes, como também gera resultados. É realmente uma estratégia ganha-ganha.

No fim de 2022, o dr. Vivek Murthy, cirurgião-geral dos Estados Unidos, lançou um novo modelo para a saúde mental e o bem-estar no local de trabalho. Em seu relatório, dr. Murthy fez um apelo aos líderes para que criassem ambientes que "se tornassem impulsionadores do bem-estar, mostrando aos trabalhadores que eles importam, que seu trabalho importa", e que incluíssem o trabalho significativo como um caminho para chegar lá. Não poderíamos concordar mais. Embora salários justos e boas condições de trabalho sejam fundamentais, também queremos nos sentir verdadeiramente apreciados e valorizados por organizações e líderes. Como vimos no caso de Rushmie, ela abriu mão de um emprego que não satisfazia a essas necessidades. As organizações que quiserem ter sucesso no novo mundo do trabalho precisarão atender a esse anseio por significado ou continuar correndo o risco de perder colaboradores de alto desempenho.

TRABALHO SIGNIFICATIVO É UM BOM NEGÓCIO

A Marriott, empresa global de hospitalidade, recorreu à sua cultura orientada a significado para enfrentar a disrupção causada pela pandemia. Está bem documentado que a covid-19 teve impacto descomunal no setor hoteleiro, estendendo-se além dos hotéis e afetando muitos negócios nas comunidades em que estavam inseridos. Em 2020, alguns meses após o início da pandemia, entrevistamos Debbie Marriott Harrison, diretora global de cultura da Marriott e neta dos fundadores da empresa. Debbie e outros líderes enfrentavam uma das piores crises da história da Marriott e tiveram que tomar decisões difíceis, incluindo o afastamento temporário de "associados" (como eles chamam seus colaboradores). Nos primeiros meses, tiveram que fechar 2 mil hotéis e colocar cerca de 80% de seus associados ao redor do mundo em licença temporária. Debbie descreveu a situação como "simplesmente horrível".

A Marriott recorreu a seus cinco valores centrais — colocar as pessoas em primeiro lugar, buscar a excelência, acolher as mudanças, agir com integridade e servir o mundo — para enfrentar os desafios. Como veremos, agir de acordo com seus valores declarados é a base de um trabalho significativo. A Marriott se esforçou para ajudar os associados a encontrar empregos alternativos, continuou pagando seus planos de saúde e adaptou hotéis para ajudar nas iniciativas de combate à pandemia. O então CEO da Marriott, Arne Sorenson, ofereceu aos associados em licença uma chance de sair da empresa e aceitar um pacote de indenização. Mas pouquíssimos associados decidiram procurar outro emprego. Debbie acredita que a razão é que "nossos associados realmente sentem que trabalhar aqui é mais do que apenas um emprego; que o trabalho na Marriott tem um significado. Eles nos disseram: 'Tudo bem. Preferimos esperar a crise passar'".

Em abril de 2021, pela 24ª vez, a Marriott foi nomeada pela *Fortune,* em parceria com a Great Place to Work, uma das cem melhores empresas para trabalhar, a única empresa do setor de hospitalidade a conquistar essa distinção. De acordo com a *Fortune*, a lista desse ano homenageou as "empresas mais heroicas que apoiaram a própria equipe e a comunidade nos Estados Unidos durante este ano historicamente desafiador". Cuidar das pessoas é bom para os negócios.

Um lema simples mas de grande impacto de seus fundadores, J. Willard e Alice S. Marriott, orienta a liderança da empresa até hoje: "Cuide dos associados e eles cuidarão dos clientes" — e os clientes sempre voltarão. Durante a pandemia, eles honraram seus valores ajudando sua força de trabalho a navegar pelas dificuldades. Debbie nos contou que, quando esse período acabou, as pessoas não viam a hora de voltar ao trabalho, restabelecer seus relacionamentos e criar novas conexões. "A cola que mantém unida a cultura da Marriott é ter relacionamentos fortes e prestativos com nossos associados e hóspedes." Uma coordenadora de vendas da Flórida nos contou sobre sua experiência na organização: "A Marriott nos ensina, desde o primeiro dia de trabalho, que as pessoas das quais eles mais querem cuidar são seus associados, porque isso nos leva a cuidar dos hóspedes. Eles realmente acreditam nesse objetivo. Nunca trabalhei em outra empresa assim, que realmente valoriza seus associados e faz com que eu me sinta valorizada". Na pandemia, muitas empresas deixaram seus valores de lado, mas não a Marriott.

A longa história de sucesso da Marriott se baseia no compromisso em colocar as pessoas em primeiro lugar. A empresa investe continuamente na criação de oportunidades de trabalho significativas para seus associados, com foco em desenvolvimento, reconhecimento, remuneração, avanço na carreira e treinamento. Como pioneira no setor de hospitalidade, a Marriott também foi uma das primeiras empresas a lançar um programa global de bem-estar, mais de duas décadas atrás, focado em promover a saúde física, mental e financeira de seus associados ao redor do mundo.

RESGATANDO O SIGNIFICADO NO TRABALHO

Antes de ensinarmos as estratégias para aumentar o significado no trabalho, é importante lembrar a definição de trabalho significativo: **aquele que proporciona um senso de comunidade, nos ajuda a contribuir para algo que importa e nos desafia a aprender e crescer.**

Muitos acreditam que o trabalho significativo é reservado apenas para pessoas que atuam em profissões assistenciais (como médicos, enfermeiros, professores, terapeutas), em ONGS ou em outros ramos que causem impacto social. Não é o caso. É bem verdade que alguns empregos têm elementos inerentes que os fazem parecer mais significativos, mas descobrimos que qualquer trabalho pode e, acreditamos, deve ser imbuído de significado.

Em 2001, foi realizado um estudo pioneiro para entender como indivíduos em ocupações de aparentes baixo *status* e baixa qualificação encontram significado no trabalho. Os pesquisadores escolheram zeladores de hospitais, porque esse tipo de trabalho, embora essencial, tende a ser subvalorizado e negligenciado. Os zeladores foram perguntados sobre suas tarefas diárias, seus relacionamentos no trabalho e quão significativas acreditavam que eram suas atribuições. Talvez você esperasse que esses zeladores não encontrassem significado no trabalho em comparação a ocupações de alto *status* e alta qualificação, como médicos ou enfermeiros. Mas os pesquisadores descobriram que muitos deles acreditavam que sua contribuição era de grande importância para o processo de recuperação dos pacientes. Eles tinham breves interações com pacientes, visitantes e colegas que os faziam se sentir energizados e valorizados. Esses zeladores viam o próprio trabalho como profundamente significativo, descrevendo-se como "agentes de cura", e o hospital, como um "local de esperança".

A partir daí, outras pesquisas analisaram uma ampla gama de setores — incluindo manufatura, hospitalidade, educação e tecnologia — e verificaram que o trabalho significativo tem menos a ver com o tipo de trabalho que a pessoa faz e mais com seu entendimento sobre a importância desse trabalho. Podemos ver isso claramente na história de Keisha, no data center.

Além da confusão entre trabalho significativo e trabalho com propósito, que vimos anteriormente, outro equívoco comum é achar que o trabalho com significado é o mesmo que felicidade. Organizações gastam bilhões em programas para tentar manter os colaboradores felizes e engajados. Vejamos o exemplo das startups do Vale do Silício: muitas disponibilizaram mesas de pingue-pongue e comes e bebes aos colaboradores. Cozinhas de escritório antes vazias passaram a ser abastecidas com *nitro cold brew*, kombucha ou cerveja artesanal. Happy hours com o cartão de crédito corporativo são comuns, assim como excursões de equipes a *escape rooms* e karaokês. A ideia é que lugares divertidos para trabalhar atraem e retêm os melhores talentos.

Não há nada de errado com *snacks*, brincadeiras e excursões para integração de equipes, mas a felicidade que essas experiências geram é, na melhor das hipóteses, passageira. Katie Burke, ex-diretora de pessoal da HubSpot, uma plataforma líder em software de vendas e inbound marketing conhecida por sua cultura extraordinária, nos disse: "Posso deixar as pessoas muito felizes me limitando a montar um circo no escritório e lhes dizendo para virem para cá todos os dias. Mas acreditamos que nosso trabalho é fazer da HubSpot o melhor lugar para você dar o melhor de si. Então, para mim, o trabalho deve ser uma parte fundamental disso".

Motivadores extrínsecos não são as melhores ferramentas para aumentar e sustentar o engajamento. De acordo com pesquisas recentes, até recompensas financeiras, como salários mais altos, comissões e bônus, podem ter um efeito contraproducente e *reduzir* o engajamento, transformando um trabalho significativo em algo basicamente transacional. Se os líderes não mudarem o foco de regalias superficiais para um trabalho significativo, eles não terão como realmente promover uma cultura de engajamento que se sustente.

Nossa pesquisa mostra que os líderes têm um impacto descomunal na percepção dos colaboradores sobre o trabalho como algo significativo. Os líderes que constroem comunidades, que ajudam as pessoas a entender como suas contribuições são importantes e as desafiam com oportunidades para aprender e crescer, promovem significado para todos. No próximo capítulo, analisaremos em mais detalhes como líderes atribuem significado ao trabalho.

2. COMO OS LÍDERES ATRIBUEM SIGNIFICADO AO TRABALHO

"Há uma grande diferença entre conhecer o valor das pessoas de uma organização e efetivamente tomar decisões que levem suas necessidades em consideração."

— Bob Chapman

No início da nossa jornada de vários anos estudando líderes de destaque e o que eles fazem para ajudar suas equipes a encontrar significado no trabalho, falamos por telefone com Katie Burke, que mencionamos no capítulo anterior. Foi uma conversa que abriu nossos olhos para o profundo impacto dos líderes em atribuir um significado ao trabalho.

A HubSpot está na lista dos melhores lugares para trabalhar do Glassdoor há quase uma década, e chegou a passar um ano na primeira posição. Uma empresa de tecnologia dedicada a desenvolver software de marketing e vendas em expansão talvez pareça um lugar improvável para as pessoas encontrarem sua vocação. Mas é exatamente isso o que acontece — e não é por acaso.

Katie, ao lado dos outros líderes seniores da HubSpot, é profundamente engajada no design e na execução da cultura da empresa. Essa cultura gira em torno da ideia de que cada pessoa deve fazer um trabalho que tenha importância e faça diferença. Essa ideia foi codificada no hoje famoso Código de Cultura da empresa, que, ao ser lançado em 2013, estabeleceu o padrão para a construção de uma organização orientada a valores. O documento está disponível ao público e foi visualizado mais de cinco milhões de vezes. Oferece um vislumbre dos valores da HubSpot e de como a empresa funciona na prática. Alguns destaques incluem "As pessoas que trabalham na HubSpot têm humildade, empatia, adaptabilidade, notabilidade e transparência" e "Preferimos falhar frequentemente a nunca tentar".

Queríamos que Katie nos revelasse a fórmula mágica que ela e seus colegas descobriram para ter uma equipe tão dedicada. O que ela acabou nos contando confirmou o que havia muito suspeitávamos: cabe aos *líderes* construir ambientes onde as pessoas possam sentir que fazem um trabalho significativo.

Nossa primeira conversa com ela foi em maio de 2020, apenas dois meses após o início da pandemia global de covid-19. Mesmo nos primeiros dias de confinamento, quando a maior parte do mundo estava em modo de crise, Katie exalava tranquilidade. Ela nos transpareceu um foco intenso e magnético. Pelo Zoom, de sua casa nos arredores de Boston, ela nos contou como a HubSpot estava respondendo àquele momento de crise.

Em menos de uma semana, enquanto a maioria das empresas tentava descobrir como lidar com videochamadas e compartilhamento de arquivos, Katie e sua equipe se mobilizaram rapidamente para dar suporte aos HubSpotters que mais precisavam de ajuda. Ao perceber as dificuldades dos pais com crianças pequenas, a empresa contratou músicos para manter as crianças entretidas pelo Zoom e dar aos adultos um breve respiro. Eles organizaram um bate-papo virtual com um autor especializado em sobriedade para apoiar os HubSpotters em recuperação que se viram isolados subitamente de seu círculo de apoio. Percebendo que muitos colaboradores estavam usando o programa de livros gratuitos da empresa para ler obras antirracistas em meio ao debate nacional sobre racismo estrutural e injustiça social, a equipe de Katie organizou uma campanha para direcionar as compras a livrarias cujos proprietários eram negros.

Mesmo em tempos de crise, os líderes da HubSpot não se limitaram a arrancar as ervas daninhas: criaram iniciativas para evitar o burnout, reduzir a incerteza e remover obstáculos à produtividade. Claro, eles fizeram tudo isso. Mas o que os diferencia é que eles também se concentraram em cultivar o solo, dando apoio aos colaboradores e mostrando que a empresa realmente se importa com eles. Para nos aprofundar na abordagem de Katie, perguntamos sobre as ações diárias que ela realizava a fim de cultivar o significado no trabalho. Ela nos contou sobre os esforços para criar um senso de pertencimento, mostrar a cada HubSpotter como seu trabalho impacta positivamente o coletivo e desafiar os membros da equipe a aprender e crescer.

Queríamos saber por que ela considerava importante que os líderes cultivassem o significado no trabalho. "É claro que o trabalho significativo tem seu valor financeiro, mas acredito que também tem um grande valor pessoal", Katie nos explicou. "As pessoas são mais felizes com a família e os amigos quando estão realizadas no trabalho. Acreditamos que nosso impacto com certeza ajudará os *clientes* a crescer melhor [a missão da HubSpot] e também ajudará os nossos *colaboradores e a família deles* a fazer o mesmo."

Essas frases ressoaram profundamente em nós. A ideia é simples, mas por trás dela há uma mudança de mentalidade que traz consigo uma promessa incrível. Katie não se concentra no valor financeiro do trabalho significativo, prefere enfatizar o valor humano — o elemento com base no qual todos esses resultados crescem. Em vez de liderar tendo em vista resultados como engajamento, produtividade e retenção (liderança *downstream*), Katie foca em criar as condições certas para que esses resultados sejam possíveis (liderança *upstream*). E, pode acreditar, os resultados da HubSpot são notáveis.

Analisando as organizações de porte similar, a empresa está entre as 5% melhores em retenção de talentos qualificados. Além disso, 83% dos funcionários não deixariam a HubSpot se recebessem uma oferta de emprego com um salário mais alto, enquanto 86% se sentem animados de ir trabalhar todos os dias. Como se tudo isso não bastasse, a receita da empresa cresceu em média 40% ao ano desde 2014, um ano após a implementação do Código de Cultura.

Essa mudança de mentalidade colocou a HubSpot na liderança de sua área e a transformou em um lugar onde profissionais de alto desempenho prosperam. Queremos compartilhar o que aprendemos com Katie e outros líderes que estudamos para ajudar você a implementar essa mudança.

LIDERANÇA *UPSTREAM*

Imagine que você e um amigo estão fazendo um piquenique às margens de um rio em um dia lindo e ensolarado. De repente, você ouve uma criança gritando por socorro, debatendo-se na água. Vocês dois pulam no rio, pegam a criança e nadam de volta para a margem. Antes mesmo de recuperarem o fôlego, vocês ouvem outra criança gritando por socorro, então voltam ao rio e a resgatam. Em seguida, uma terceira criança aparece... e outra e mais outra. À beira da exaustão, seu amigo abandona a operação de resgate e se põe a correr rio acima. Você grita perguntando por quê. A resposta: "Vou subir o rio para impedir que as crianças caiam na água!".

Essa parábola clássica é uma metáfora para a maneira como lideramos hoje. Ao permanecer no modo reativo, a liderança *downstream* (literalmente liderança "rio abaixo") pode até salvar alguns colaboradores de se afogar, mas nunca chega a abordar as verdadeiras causas do burnout e da rotatividade. A liderança *upstream* ("rio acima"), por outro lado, adota uma abordagem proativa para alcançar a excelência. Seu foco não está em resolver problemas depois que ocorrem, mas em criar condições para que as pessoas façam seu melhor trabalho. É sobre nutrir o solo, e não apenas arrancar as ervas daninhas. Esse tipo de liderança requer reflexões, como:

o que podemos fazer para criar um ambiente de trabalho que inspire as pessoas a serem as melhores versões de si mesmas? Para atingir todo o seu potencial? Para ver como seu trabalho faz a diferença? Essa abordagem é crucial não apenas para evitar que seus colaboradores caiam no rio, mas também para ajudá-los a dar o melhor de si no trabalho. É uma mudança simples, mas de grande impacto.

A liderança orientada a significado é a estratégia *upstream* que resulta em mais inovação, criatividade, performance, retenção e engajamento. Muitos líderes tentam resolver uma crise de colaborador por vez. Problemas como baixa produtividade, baixo engajamento, burnout crônico, *quiet quitting* e alta rotatividade são tratados como questões individuais. São poucos os líderes que, como Katie, buscam uma solução sistêmica que não apenas evita problemas futuros como também libera todo o potencial de cada colaborador. O futuro do trabalho requer que os líderes façam essa mudança.

Katie nos contou que a HubSpot faz questão de treinar os líderes da empresa para aprender essas habilidades de liderança *upstream*. Ela acredita que não ensinamos o suficiente sobre gestão de pessoas na faculdade ou na pós-graduação. Como consequência, novos gestores seguem improvisando, e maus hábitos de gestão são passados de uma geração de líderes à próxima. Para combater esse problema, a HubSpot treina todos os líderes em vez de presumir que, só porque alguém foi promovido a um cargo de gerência, a pessoa sabe liderar. Quando perguntam a Katie: "Como posso melhorar minha nota no Glassdoor?" ou "Como faço para alguém escrever uma boa avaliação sobre mim no LinkedIn?", ela diz que estão fazendo as perguntas erradas. Para ter colaboradores felizes e obter boas avaliações, os líderes precisam questionar como estão capacitando as pessoas a construir relacionamentos fortes entre si, a encontrar significado em suas tarefas e a atingir seu pleno potencial.

CRIANDO UM AMBIENTE DE TRABALHO SIGNIFICATIVO

A natureza humana é moldada por constructos que nós mesmos criamos. Isso significa que os líderes precisam projetar deliberadamente um ambiente que propicie um trabalho com significado. Esse tipo de design intencional nos negócios não é novidade. Basta ver como o layout dos supermercados é pensado para influenciar nosso comportamento de maneira sutil, mas impactante.

O posicionamento estratégico do leite e dos ovos no fundo da loja nos obriga a navegar por corredores cheios de produtos atraentes, aumentando as chances de compras adicionais. A seção de hortifruti, ao ficar perto da entrada, nos permite pegar os alimentos naturais primeiro, o que nos faz sentir que fizemos escolhas saudáveis, e assim tendemos a nos recompensar com itens menos saudáveis que talvez nem estivéssemos planejando comprar. A disposição dos itens nas prateleiras é meticulosamente orquestrada para chamar nossa atenção. Displays chamativos, embalagens de produtos cuidadosamente elaboradas e sinalizações atrativas têm um papel importante em instigar nosso interesse e incentivar a compra por impulso. Na raiz do design dos supermercados está o desejo de aumentar as vendas. Da mesma forma, os líderes podem pensar no design dos ambientes de trabalho para aumentar o significado do trabalho de seus colaboradores.

Antes da nossa pesquisa, a maioria dos estudos sobre o trabalho com significado focava no comportamento dos colaboradores. Embora seja importante aprender como as pessoas podem aumentar o próprio senso de significado, isso não é suficiente. Esperar que as pessoas criem o próprio significado, em vez de criar um ambiente que o promova, é como solicitar a construção de uma casa sem fornecer os itens necessários. Assim como a construção requer ferramentas adequadas, materiais e um projeto, o significado no trabalho requer que os líderes projetem espaços em torno da comunidade, da contribuição e do crescimento e forneçam aos colaboradores as ferramentas necessárias para construir esse ambiente de trabalho.

OS 3Cs DO TRABALHO SIGNIFICATIVO

Devon Still é ex-jogador profissional da Liga Nacional de Futebol Americano (NFL) e membro querido da nossa comunidade de psicologia positiva. Em seu segundo ano na NFL, jogando no Cincinnati Bengals, a vida de Devon tomou um rumo inesperado. Diante de desafios aterrorizantes, ele teve a oportunidade de vivenciar a força e o apoio inabalável da comunidade. "Às vezes, quando menos se espera, a vida lhe dá uma rasteira e você precisa dar um jeito de voltar ao jogo", ele nos disse.

No fim de 2013, Devon deslocou o cotovelo em uma partida contra o Detroit Lions. Cinco semanas depois, sofreu uma grave lesão nas costas em um jogo contra o Pittsburgh Steelers e teve que fazer uma cirurgia que o tirou da temporada. Após uma semana, Devon quase morreu de embolia pulmonar. A pior notícia veio cinco meses depois. Em junho de 2014, sua filha Leah, então com 4 anos, foi diagnosticada com neuroblastoma, uma forma rara de câncer pediátrico.

Durante todas essas adversidades, Devon contou com o apoio incondicional de sua liderança. Cientes da importância de amparar seus jogadores, os Bengals optaram por transferir Devon da equipe principal para a equipe de treino, garantindo sua renda para cobrir os custos do tratamento de Leah. Como parte dessa equipe, Devon não precisava viajar e podia ficar em casa para apoiar a filha. Esse ato de compaixão permitiu ao jogador estar presente durante o difícil tratamento de Leah e continuar no time que tanto amava. O apoio dos Bengals se estendeu para além do campo, quando organizaram uma campanha de conscientização sobre a pesquisa do câncer pediátrico e se uniram para angariar fundos para o Cincinnati Children's Hospital vendendo camisas oficiais de Devon Still. Eles ajudaram a mobilizar toda a comunidade de Cincinnati em torno de Devon. Em apenas alguns meses, as doações resultantes da venda de camisas chegaram perto de 1 milhão de dólares.

Mais de uma década depois, Leah está curada do câncer. Hoje, Devon viaja pelo mundo dando palestras inspiracionais e apresentando seu podcast. Sua comovente história ilustra o poder imensurável da **comunidade**, o primeiro dos 3Cs do significado no trabalho.

Os líderes orientados a significado ajudam os colaboradores a prosperar incentivando conexões sociais como as que uniram Devon a seu time. Pertencer a um grupo que compartilha valores, promove relacionamentos autênticos e nos apoia como indivíduos para termos uma vida plena é a base para a construção de uma comunidade. Estudos de psicologia positiva descobriram que a conexão social não apenas é um dos principais impulsionadores do bem-estar, como o bem-estar também tem um efeito positivo nos relacionamentos. É um ciclo virtuoso. Ed Diener, um importante cientista empírico que se dedicou ao estudo da felicidade, descobriu que, em todos os países, relacionamentos próximos levam à felicidade e que as pessoas mais felizes do mundo têm relacionamentos fortes e de apoio mútuo.

Dedicar tempo para promover interações sociais positivas no trabalho pode ser uma maneira eficaz de construir uma comunidade. Sentir-se conectado e acreditar que as pessoas se importam conosco são necessidades psicológicas básicas e universais. Não é surpresa que Chris Peterson, um dos fundadores da Psicologia Positiva, tenha resumido todo o campo em três palavras: *outras pessoas importam*. Assim como os líderes do Cincinnati Bengals, os líderes organizacionais que desejam criar significado para seus colaboradores no trabalho devem começar priorizando os relacionamentos e construindo uma comunidade.

O segundo C do trabalho com significado é **contribuição**. Líderes orientados a significado ajudam as pessoas a entender como seu trabalho agrega valor. Quando as pessoas conseguem ver o impacto positivo que seus esforços têm sobre os outros, ou como suas tarefas diárias se relacionam com os objetivos mais amplos da organização, o trabalho se torna mais significativo. A contribuição é sobre ver o impacto das tarefas que realizamos todos os dias — e entender como essas tarefas beneficiam algo maior do que nós mesmos.

Líderes orientados a significado esclarecem o impacto que as pessoas têm sobre a equipe, sobre a organização, sobre os clientes ou sobre um propósito mais amplo. O senso de contribuição advém de perceber progresso em direção a objetivos em comum — de *promover* o propósito da organização. Quando acreditamos que fazemos parte de algo maior, nossa atenção sai de nós mesmos e encontramos mais realização no trabalho. Pesquisas de psicologia positiva mostram que pessoas que têm uma forte conexão com um propósito são mais satisfeitas com a vida, são mais motivadas e engajadas e têm mais bem-estar psicológico e fisiológico.

Zach Mercurio, nosso parceiro de pesquisa e professor do Centro de Significado e Propósito da Universidade Estadual do Colorado, ensina uma prática simples, mas muito eficaz, para destacar as contribuições das pessoas. Zach incentiva os líderes a dizerem de tempos em tempos: *Se não fosse por você...* e em seguida descrever uma contribuição especial do indivíduo. Ele enfatiza que essas cinco palavras fazem as pessoas se sentirem indispensáveis e necessárias. Tire um momento agora para imaginar alguém lhe dizendo essa frase. Como se sentiria? É inspirador quando você vê como seu trabalho faz a diferença para os outros. Pesquisas mostram que colaboradores que recebem agradecimentos regulares de um superior têm duas vezes mais chances de permanecer na empresa em comparação com os demais. Um simples agradecimento pode ser muito significativo.

O último C do trabalho significativo é **crescimento**. Líderes orientados a significado ajudam os colaboradores a atingirem seu pleno potencial. Tom,* um executivo de finanças de Boston, teve um momento transformador de liderança sob a orientação de Bill, seu CEO. Em uma reunião

* O nome foi alterado para proteger o anonimato.

executiva não muito tempo depois de entrar na organização, Tom apresentou a ideia de vender uma das subsidiárias da empresa, esperando ser envolvido nos aspectos financeiros e operacionais do acordo. Mas Bill viu na negociação uma oportunidade de desenvolvimento para Tom e lhe deu o controle total da venda. Tom não sabia ao certo se estava à altura do desafio, mas o agarrou. "Eu pensei: 'Bom, se Bill acha que consigo, vou provar que ele está certo!'."

Tom se pôs a organizar todas as peças do quebra-cabeça. Entrevistou banqueiros de investimento, desenvolveu uma proposta robusta para o conselho e conquistou seu apoio. Feito isso, formou um grupo interno de trabalho composto de cinquenta pessoas, definiu uma visão e encorajou a própria equipe a enfrentar o desafio. Seis meses depois, a equipe de Tom fechou o acordo com sucesso. Essa experiência, marcada pela confiança depositada nele, um senso compartilhado de responsabilidade pelos resultados do acordo e valiosas oportunidades de aprendizado, tornou-se um marco na trajetória profissional de Tom e foi transformadora para a empresa e seus colaboradores.

Robert Quinn, professor da Universidade de Michigan e cofundador do Centro para Organizações Positivas, compara essa ideia de crescimento a um líder colocando a mão nas suas costas, encorajando você a ser a melhor versão possível de si mesmo. A outra mão fica embaixo do seu braço, lhe dando apoio para navegar pelos trechos mais difíceis. Empurrar e apoiar ao mesmo tempo. Foi exatamente o que Bill fez por Tom.

Uma das necessidades humanas mais profundas é o anseio de crescimento e desenvolvimento pessoal. Estamos sempre em busca de oportunidades para aprender, melhorar e expandir nossas habilidades. Quando os líderes acreditam em nós e nos oferecem oportunidades desafiadoras, superamos nossos limites e vemos nosso trabalho como um vetor de crescimento pessoal. Alcançar metas difíceis nos dá confiança em nossas habilidades e desenvolve nossa autoeficácia. Pesquisas no campo da Psicologia Positiva mostram que a autoeficácia, a crença de uma pessoa em sua capacidade de alcançar um resultado desejado com base em suas ações, é um dos fatores que mais influenciam o sucesso. A autoeficácia é simplesmente acreditar — "Eu consigo" — e tem um papel importante na saúde mental e física e na perseverança diante de desafios. Uma profunda crença em nossa capacidade de alcançar os resultados desejados afeta não apenas a qualidade das metas que estabelecemos, mas também pensamentos, emoções e ações na busca por alcançar essas metas. Assim como os músculos, os seres humanos precisam de desafios e estressores para aprender, se adaptar e crescer. Os líderes que enxergam nossos pontos fortes, nos apoiam e nos dão oportunidades desafiadoras tornam nosso trabalho significativo, nos capacitando a atingir nosso pleno potencial.

Cada um dos 3Cs — comunidade, contribuição e crescimento — dá significado ao trabalho de uma maneira diferente. Cada um é um componente necessário para o trabalho significativo, mas não é suficiente por si só. Descobrimos que, quando todos os três estão presentes em alto nível, eles criam um poderoso efeito multiplicador. Mas, se faltar qualquer um desses fatores, os outros dois podem não conseguir promover um senso de significado. Não importa quanto um único fator contribui para o senso de significado de um colaborador, a falta de investimento dos líderes nos outros dois pode fazê-lo ruir. Afinal, se você multiplicar algo por zero, o resultado será sempre zero. O trabalho significativo reside na intersecção dos 3Cs. Para tornar o trabalho realmente significativo, os líderes devem investir nos três domínios, sem exceção.

COLOQUE SUA MÁSCARA DE OXIGÊNIO PRIMEIRO

É possível que esteja se perguntando como criar significado no trabalho para seus colaboradores se você mesmo não sente que seu trabalho é significativo. Você pode, e deve, dedicar sua atenção às duas coisas.

Oferecemos a seguir algumas perguntas que podem servir como um ponto de partida para você refletir sobre o próprio senso de significado no trabalho.

Dito isso, você não precisa esperar até encontrar significado no seu trabalho para começar a criar um senso de significado para sua equipe. Na verdade, pesquisas mostram repetidamente que uma das melhores maneiras de ser feliz é ajudando os outros a sê-lo. Quando os líderes aumentam o significado do trabalho para os liderados, o próprio senso de significado também costuma aumentar.

Comece examinando os 3Cs em seu trabalho e reflita sobre maneiras de aumentar cada um deles.

- **Comunidade:** Você tem um senso de pertencimento e inclusão com sua equipe ou departamento? Por que sim ou por que não? O que você tem feito para firmar relacionamentos e conexões com os colegas? Uma líder com quem trabalhamos abre as reuniões com uma breve atividade ao estilo "mostre e conte". A cada semana, um integrante diferente da equipe apresenta algo que considera significativo — uma foto, um objeto, uma música — e passa alguns minutos contando a história do item. A atividade resultou em muitas conexões na equipe, pois criou-se a chance de conhecer um lado mais pessoal dos colegas e encontrar interesses em comum. Quais são as oportunidades de colaboração, trabalho em equipe e objetivos compartilhados em seu ambiente de trabalho? Você está alavancando oportunidades de socialização, atividades de formação de equipe ou eventos em grupo?

- **Contribuição:** Quando foi a última vez que você sentiu o impacto de seu trabalho? Não muito tempo atrás, um dos líderes com quem trabalhamos participou de uma caminhada para arrecadação de fundos dedicada à cura de uma doença contra a qual sua empresa está desenvolvendo medicamentos. Aquelas poucas horas com crianças afetadas pela enfermidade renovou seu senso de propósito. Você também pode ter um senso de contribuição quando alguém expressa gratidão ou apreço. Quando foi a última vez que alguém lhe agradeceu pelo impacto que você teve em seu dia ou em sua carreira? Pode ser interessante salvar algumas dessas mensagens para consultar quando seu senso de contribuição precisar de uma força. Quais mudanças ou ajustes poderia fazer caso não tenha um senso de realização e propósito com suas contribuições atuais?

- **Crescimento:** De que maneiras você sente que está aprendendo ativamente e expandindo habilidades em sua função? Alguma tarefa, projeto ou atribuição específica forneceu ou fornece um senso de crescimento e desafio? Você acha que sua função atual lhe permite expandir e desenvolver habilidades? Outro dia, uma amiga nossa que trabalha com atendimento ao cliente em uma agência de publicidade perguntou ao gestor se ela poderia trabalhar com um novo cliente de uma indústria totalmente diferente, sobre a qual ela tinha curiosidade de saber mais. A proatividade lhe permitiu expandir sua qualificação e desenvolver novas habilidades. Quais são as áreas de crescimento profissional ou desenvolvimento de habilidades que você gostaria de explorar? Quais são as oportunidades de treinamento, mentoria ou programas de desenvolvimento profissional disponíveis para você?

É importante reservar um tempo para refletir sobre o próprio senso de significado no trabalho. Com isso, você poderá ser ainda mais intencional ao atribuir um significado para o trabalho de sua equipe. Em nossa conversa com Katie Burke, perguntamos o que torna o trabalho significativo para ela. Katie nos disse que o significado tem mais a ver com vitórias incrementais no caminho para a criação de uma cultura significativa. "O trabalho significativo não é apenas sobre como atingir uma meta final — porque, sinceramente, isso nunca termina. Quando sinto que não estou apenas fazendo a diferença para a empresa mas também para a vida das pessoas com quem interajo, é muito significativo para mim."

3. ALINHAMENTO

A base do significado no trabalho

"Como líder, você não tem a opção de ser um exemplo a ser seguido. A única escolha é se você vai ser um exemplo bom ou ruim."

— John Amaechi

Na X, misteriosa "moonshot factory", ou fábrica de projetos inovadores, da Alphabet, empresa-mãe do Google, a inovação não é apenas uma palavra da moda. É parte do DNA da organização.

A X tem uma meta ambiciosa: "Um impacto de 10 vezes em alguns dos problemas mais difíceis do mundo, não apenas uma melhoria de 10%". Para atingir esse objetivo, os líderes da X articularam um conjunto claro de diretrizes para criar "uma cultura com valores e práticas que pudessem resistir ao apelo em direção ao confortável e convencional e fazer da criatividade radical e orientada a propósito o caminho de menor resistência". Esses valores — que incluem buscar a audácia, usar uma abordagem contraintuitiva, ter um espírito de experimentação, equilibrar otimismo com honestidade intelectual e adotar uma visão de longo prazo — são muito mais que palavras vazias para impressionar.

Basta perguntar a Astro Teller, o CEO da X, mais conhecido como o Capitão dos Projetos Moonshots. Como líder da empresa, o foco de Astro é garantir que esses valores se façam presentes na organização todos os dias.

Para recompensar as pessoas por seguirem com sucesso os valores de experimentação e honestidade intelectual da X, ele criou um programa de incentivo muito bem-sucedido. Ele dá aos membros da equipe um generoso bônus em dinheiro... mas não pelos sucessos, e sim pelos fracassos.

Depois que um novo projeto passa pela fase de aprovação inicial, que tem como objetivo identificar falhas fatais antes de a equipe comprometer recursos, a missão é dar vida a essa grande ideia. Uma dessas equipes pode gastar milhões de dólares e vários anos tentando fazer o projeto decolar. Quanto mais investimento em um projeto, mais difícil fica para a equipe desistir. Depois de investir tanto tempo e energia na realização de uma grande ideia, não é fácil abrir mão dela. Mas, do ponto de vista dos negócios, se a equipe reconhecer rapidamente que uma ideia não terá sucesso, poderá redirecionar seus recursos para algo mais promissor.

"Se um de nossos projetos tem um calcanhar de Aquiles, queremos saber já de cara, e não depois", disse Astro em seu TED Talk. "Você não tem como gritar com as pessoas e mandá-las falhar rápido. As pessoas resistem. Elas se preocupam. 'O que vai acontecer comigo se eu falhar? Vão rir de mim? Vou ser demitido?'"

Como líder da empresa, Astro fez questão de ser o maior defensor de equipes com coragem de desistir de ideias. Ele explicou: "Fazemos de tudo na X para que as pessoas saibam que podem falhar sem consequências. As equipes matam suas ideias assim que veem sinais de que elas não vão vingar porque são *recompensadas* por isso. Elas são elogiadas pelos colegas. Recebem abraços e cumprimentos do gestor delas e de mim, principalmente". Estima-se que a X desista de cem projetos por ano, e a equipe comemora cada vez que acaba com um deles. "As pessoas são promovidas por isso", disse Astro. "Damos um bônus a cada integrante das equipes que desistiram de projetos."

Astro Teller sabe que não é suficiente falar sobre experimentação e honestidade intelectual — esses valores precisam ser colocados em prática em todas as áreas da organização. Os valores mantêm a equipe da X absolutamente focada apenas nas ideias com verdadeiro potencial. Nos últimos doze anos, a X desenvolveu tecnologias que revolucionaram setores inteiros, incluindo carros autônomos (Waymo), lentes de contato que medem a glicose no sangue para diabéticos (Verily), balões atmosféricos que fornecem internet para pessoas em áreas remotas (Loon), drones de entrega autônomos (Wing) e até uma maneira de armazenar eletricidade no sal (Malta). A X também é responsável pelo Google Brain, o software de aprendizagem profunda por trás do mecanismo de buscas do Google. É bem provável que algumas das coisas que você usa todos os dias sejam produto de uma ideia maluca que surgiu na empresa.

Embora a missão da X e os valores que a orientam sejam únicos, o compromisso de Astro para com eles não é. Nas organizações que estudamos, todos os líderes orientados ao significado que entrevistamos priorizavam praticar os valores da empresa diariamente. Quando exploramos os fatores que criam significado, descobrimos que o alinhamento entre valores e ações não apenas contribui para um trabalho significativo como é um requisito indispensável.

Chris Peterson, um dos fundadores da Psicologia Positiva que mencionamos neste livro, escreveu: “Valores são crenças mantidas por indivíduos e compartilhadas por grupos sobre os resultados desejáveis... eles orientam como selecionamos ações e avaliamos os outros e a nós mesmos”. Os valores são as sinalizações no caminho que nos dizem como devemos nos comportar enquanto caminhamos em direção a nossos objetivos. Nas organizações, os valores são nosso entendimento compartilhado do que é o mais importante para a equipe. Fornecem tanto diretrizes quanto limites para nosso comportamento e nossas ações.

Nossa pesquisa descobriu que o alinhamento — a coerência entre os valores organizacionais e o comportamento observável — é um requisito para o significado. Também descobrimos que o desalinhamento de valores — quando os líderes dizem uma coisa, mas fazem outra — é a maneira mais rápida de destruir o significado no trabalho. Enquanto o alinhamento entre palavras e ações permite que a confiança crie raízes, o desalinhamento envenena o solo de uma organização. O alinhamento fornece um terreno fértil para que o trabalho significativo floresça.

VALORES EM AÇÃO

Os valores orientam o comportamento dos colaboradores ao mesmo tempo que formam a base para a cultura de uma organização. Eles comunicam ao grupo quais comportamentos são recompensados e quais são punidos. Quanto mais transparente for a definição dessas diretrizes e desses limites, maior será a capacidade dos líderes de cultivar o significado no trabalho.

Independentemente de estar definindo valores pela primeira vez ou revisitando os existentes, não basta publicá-los em seu site ou postá-los em seu mural. Palavras como *integridade* e *trabalho em equipe* soam bem. Quem não gostaria dessas coisas no trabalho? Mas, na prática, essas palavras podem ter sentidos distintos para pessoas diferentes. Para serem compreendidos, os valores devem ser traduzidos em comportamentos práticos.

Talvez sua equipe já tenha feito o trabalho de definir os comportamentos valorizados em sua organização. Se for o caso, parabéns! Mas se, como muitos de nós, você ainda não explorou esses comportamentos por completo, sugerimos fazer o exercício dos valores em ação a seguir antes de passar para a próxima seção.

EXERCÍCIO "VALORES EM AÇÃO"

Comece selecionando um dos valores da sua organização. Se ainda não existir um conjunto de valores definido, pense no que vocês, como um grupo, acreditam. O que faz alguém ter sucesso na sua organização? Qual conselho você daria a um novo colaborador sobre trabalhar lá? Alguns valores comuns são integridade, responsabilização pelos resultados e trabalho em equipe. Você também pode dar uma olhada na lista de valores organizacionais no nosso site www.makeworkmeaningful.com/recursos. Escolha um valor que se aplique à sua organização e use-o para este exercício.

Depois de escolher um valor, você pode começar a definir como seria esse valor na prática. Pegue uma folha de papel e faça duas colunas. À esquerda, anote todos os exemplos que conseguir pensar de comportamentos que você viu na sua organização e que estão alinhados com esse valor. À direita, liste os comportamentos que você observou que, por sua vez, estão desalinhados.

Incluímos um exemplo de como seria para o valor "integridade":

Alinhados	**Desalinhados**
• Admitir que cometeu um erro. • Fornecer estimativas precisas de quando um projeto será entregue. • Dar um feedback sincero aos colegas.	• Mentir para um cliente sobre sua capacidade de fazer um trabalho. • Assumir o trabalho de outra pessoa como se fosse seu. • Não dizer nada quando vê um problema.

Feitas essas duas listas, repasse os comportamentos alinhados. Qual foi o contexto? O que exatamente a pessoa fez? Qual foi o resultado e como ele se conecta ao valor?

Em outra folha, escreva a história completa dessa experiência. Ela servirá como uma ferramenta para ajudar a tornar o valor tangível para seus colegas.

O Pinterest, uma plataforma de compartilhamento de imagens, passou por um processo de revisão de seus valores no início de 2022, quando o setor de mídias sociais enfrentou algumas questões existenciais sobre seu papel na sociedade. "Quando conheci o pessoal do Pinterest, o que mais me empolgou foi a ideia de ser um lugar melhor na internet", disse Christine Deputy, diretora de pessoas da empresa na época. "Tenho dois filhos adolescentes. Sabemos dos impactos negativos que as mídias sociais podem ter na faixa etária deles. A empresa estava verdadeiramente comprometida a projetar a plataforma para ser um lugar melhor."

Quando Christine assumiu o cargo, sua equipe engajou toda a organização para redefinir os valores com um novo futuro em mente. O Pinterest fez um levantamento envolvendo a empresa inteira para identificar quais seriam os verdadeiros valores da organização. Foi perguntado aos colaboradores o que eles viam nos comportamentos dos líderes e como achavam que os valores *deveriam* ser. Com esse processo, eles conseguiram identificar uma narrativa unificada sobre o que as pessoas esperavam da empresa: assumir mais riscos, ser mais ambiciosa e ousada. No final, o Pinterest manteve dois de seus valores originais e mudou três para se adaptar à nova realidade. Seus cinco valores são: colocar os Pinners (como a empresa chama seus colaboradores) em primeiro lugar, mirar o extraordinário, criar um senso de pertencimento, agir como uma unidade e vencer ou aprender. A equipe executiva assumiu um papel ativo na elaboração da linguagem dos valores atualizados. Em seguida, os líderes pediram que todos os colaboradores ajudassem a definir os comportamentos associados aos valores.

Eles criaram o quadro "A vida no Pinterest", com cada um dos valores, e convidaram os colaboradores a incluir "pins" com ideias sobre como esses valores deveriam ser colocados em prática no trabalho diário. Mais de 3 mil colaboradores participaram do processo de traduzir os novos valores em comportamentos práticos. Por exemplo, alguns dos comportamentos associados ao valor "colocar os Pinners em primeiro lugar" incluíram práticas como convidar todos a compartilhar opiniões nas reuniões e incluir mais pessoas nos processos de tomada de decisão sobre o desenvolvimento de novos produtos. "Nós queríamos que as pessoas compartilhassem os próprios exemplos de como esses valores se manifestam — ou *não* — no dia a dia", disse Christine. Hoje a empresa tem um local centralizado para as pessoas consultarem, fazerem acréscimos e se inspirarem com exemplos. Para a equipe do Pinterest, essa tem sido uma boa maneira de manter o alinhamento.

Ao tornar explícitos os comportamentos alinhados aos valores, o Pinterest estabeleceu expectativas claras para os colaboradores de todos os níveis. Uma vez que os valores são traduzidos em comportamentos acionáveis, as pessoas esperam que os líderes demonstrem esse alinhamento. Nossa pesquisa revelou que os líderes criam e mantêm o alinhamento de duas maneiras: **sendo um exemplo claro dos valores** em suas ações diárias e **criando sistemas baseados nos valores**.

SENDO UM EXEMPLO CLARO DOS VALORES

Quando conversamos com Rob Waldron sobre a importância de ser um exemplo, ele nos contou uma história inesperada. Rob é CEO da Curriculum Associates, desenvolvedora do software acadêmico i-Ready, usado por um terço dos estudantes do ensino fundamental dos Estados Unidos. Ele liderou a empresa com sucesso, atravessando fases de muitos altos e baixos, enquanto o setor da educação enfrentava uma disrupção após a outra nos últimos anos. Rob credita seu sucesso ao forte alinhamento da empresa a seus valores, que incluem "Menos ego" e "Falamos sem rodeios". Mas, quando ele pensa em exemplificar os valores da empresa, sua lição mais memorável não vem do trabalho, mas de sua cerimônia de casamento.

"Eu e a minha esposa nos casamos no dia mais chuvoso da história do estado de Rhode Island, sob uma tenda perto de um penhasco", Rob riu enquanto nos contava. "A tenda balançava ao vento, com água invadindo por todos os lados." Mais de duzentos convidados de diferentes países estavam lá para o que deveria ser um belo casamento com vista para o mar. O casal investiu meses de planejamento e preparação para que o dia fosse perfeito.

Mas as coisas foram bem diferentes do que Rob e a então noiva, Jennifer, haviam esperado. Depois de tanto tempo de planejamento e expectativa, parecia que o grande dia estava arruinado. O local ficou completamente encharcado por uma chuva torrencial que não dava sinal de parar. Rob e Jennifer ficaram arrasados... até que o cerimonialista os puxou de lado e os tranquilizou dizendo que a chuva não tinha o poder de arruinar aquele dia especial. Apenas uma pessoa tinha esse poder: a noiva.

O cerimonialista revelou, então, seu conhecimento mais precioso. Ele disse a Jennifer: "Se você se divertir com a chuva, os convidados também vão. Se você ficar tensa, preocupada e se desculpando com os convidados, eles vão se sentir mal. As pessoas esperam que você dê o tom. Todos seguem a noiva". Como a "líder" do casamento, Jennifer aceitou o conselho e decidiu acolher a chuva. Seu vestido ficou coberto de lama enquanto ela dançava a noite toda. Pessoas escorregavam na grama molhada e todos ficaram encharcados até os ossos. Foi um caos... e foi um dos melhores dias da vida deles.

Como o líder de uma organização, Rob sabe que as pessoas observam tudo o que ele faz em busca de sinais sobre como agir. Ele pode estar tomando uma decisão rotineira ou enfrentando uma crise inesperada, mas sabe que, se demonstrar na prática os valores da organização, sua equipe fará o mesmo. Diante de uma escolha difícil, ele recorre aos valores da empresa, lembrando a si mesmo que as pessoas sempre "seguem a noiva".

Pesquisas sobre aprendizagem social — o processo de aprender observando os outros — mostram que as ações dos líderes influenciam muito a percepção de um grupo sobre os comportamentos considerados adequados. Essa constatação é particularmente verdadeira quando se trata do alinhamento aos valores nas organizações. Como Rob e muitos outros líderes nos ensinaram, os valores devem ser mais do que apenas palavras jogadas ao vento. Devem ser expressos nas ações que os líderes da comunidade colocam em prática todos os dias: em cada e-mail, em cada reunião e em cada decisão tomada, das mais rotineiras às mais estratégicas. Para aprender os verdadeiros valores de uma organização, nós nos concentramos muito menos no que os líderes dizem e muito mais em como agem. Para que o trabalho seja significativo, suas palavras e ações devem estar alinhadas.

A integridade é um valor essencial da Curriculum Associates. Em um recente encontro anual com seiscentas pessoas, Rob conduziu uma discussão com um membro do conselho e uma investidora de private equity. O membro do conselho era um homem de 45 anos e a investidora era uma mulher no começo dos 30. Rob passou a maior parte da sessão conversando com o membro do conselho e não deu a mesma atenção à investidora. Depois, uma de suas colaboradoras disse a Rob que achou que ele havia perdido uma oportunidade. Disse que ele tinha uma mulher no setor de private equity, o que é raríssimo, com ele no palco, mas que não lhe deu a chance de falar. A primeira reação de Rob foi ficar na defensiva: o membro do conselho era sócio da empresa e tinha muito mais experiência empresarial. Mas, de acordo com Rob, ele percebeu que sua reação inicial vinha da parte do cérebro que representava o "homem executivo branco privilegiado". Quando parou para pensar, reconheceu que sua colaboradora tinha razão.

Na Curriculum Associates, assumir os próprios erros é parte do comportamento esperado de uma pessoa íntegra. Rob reconheceu que essa era uma oportunidade de exemplificar esse comportamento para a equipe. Naquela noite, redigiu um e-mail para a empresa toda admitindo que havia cometido um erro e perdido uma oportunidade. Ele recebeu 150 respostas, com colaboradores lhe agradecendo por reconhecer a falha e colocar os valores da empresa em prática.

O alinhamento entre o que um líder diz e como ele se comporta define o tom para o restante da organização. Quando os líderes praticam o que pregam, como Rob fez, mostram os valores em suas ações e inspiram toda a organização a seguir o exemplo. Líderes que traduzem valores em comportamentos concretos estabelecem a base para um trabalho significativo.

Nos últimos quarenta anos, Kenneth Cole, fundador e presidente do conselho da varejista de calçados e roupas de mesmo nome, ganhou fama por ser um ativista e defensor de causas sociais. Logo no início da epidemia de HIV/aids, ele foi um dos primeiros a defender abertamente mais pesquisas e um melhor atendimento aos pacientes. Ele encabeçou campanhas de combate à vulnerabilidade habitacional, ajudou a fornecer serviços essenciais no Haiti após o terremoto e, mais recentemente, concentrou seus esforços em combater o estigma em torno de problemas de saúde mental. Fundou a Coalizão de Saúde Mental para reunir uma variedade de empresas, ONGs e prestadores de serviços para combater o estigma dos problemas de saúde mental e disponibilizar o acesso a recursos cruciais.

"Uma em cada quatro pessoas tem algum problema de saúde mental", Kenneth nos contou. "Dizemos que na verdade são quatro em cada quatro, porque, se não for você, é algum ente querido, alguém da sua família, da sua comunidade, do seu trabalho. Todo mundo conhece alguém que está passando por alguma questão como essa."

Por meio da coalizão, Kenneth trabalha com empresas líderes em tecnologia para monitorar e quantificar o impacto que os materiais e outros recursos de saúde mental têm em indivíduos e empresas. No tradicional estilo de Kenneth Cole, ele não perde a chance de falar sobre a importância de apoiar a saúde mental. Muito mais que uma campanha de marketing, esse é um valor que Kenneth põe em prática na própria empresa. Cuidado e compaixão são valores centrais na organização.

Ingrid Yan, uma colaboradora de longa data, gosta que Kenneth não se limita a falar sobre a importância da saúde mental, mas demonstra cuidado e compaixão todos os dias. Ele fala abertamente sobre a própria jornada de saúde mental e envia regularmente e-mails com dicas. Também criou programas para apoiar a saúde mental dos colaboradores, desde meditações em grupo no escritório até conversas com especialistas como Deepak Chopra.

"Kenneth coloca nossos valores em prática o tempo todo", conta Jed Berger, presidente da Kenneth Cole Productions. "Muitas pessoas nem pensam em sair da empresa porque ele é um ativista que coloca seu discurso em prática e realmente se importa com os colaboradores." Antes de entrar na empresa, Jed era um executivo de varejo de grande sucesso com o privilégio de escolher onde trabalhar. Quando surgiu a chance de ir para a Kenneth Cole, agarrou a oportunidade de trabalhar para um líder alinhado aos valores. Ao assumir o cargo de presidente, sabia que caberia a ele exemplificar os valores da empresa da mesma forma que Kenneth fazia.

Desde o primeiríssimo dia, Jed deu exemplo para a equipe. Ao assumir o cargo, ele compartilhou sua história com os colaboradores da empresa em uma reunião geral. Ele disse que a saúde mental e o equilíbrio entre vida pessoal e profissional lhe eram muito importantes. Então contou que tem um filho com síndrome de Down e autismo, e por isso precisa ter uma rotina bem regrada. Jed contou que planejava deixar o filho no ônibus escolar pela manhã e estar em casa quando ele chegasse no fim da tarde, e compartilhou que estar presente para sua família era importante para a própria saúde mental e bem-estar. Assim, deixou claro que apoiaria os esforços de todos para priorizar a saúde mental.

O exemplo de Jed se espalhou por toda a organização. Compartilhar sua história abriu espaço para que os colaboradores revelassem as suas sem medo de ser estigmatizados. Ingrid, por exemplo, que havia lutado contra uma grave depressão, sabia do isolamento a que os problemas de saúde mental podem levar. Ela não costumava falar a respeito disso com os colegas, mas os esforços de Kenneth e Jed para desestigmatizar o tema lhe permitiram compartilhar a própria jornada. Hoje ela não se constrange ao revelar que toma remédios e faz questão de ajudar os colaboradores que estão passando por dificuldades, compartilhando que faz terapia e oferecendo detalhes de suas experiências.

Ser um exemplo não precisa envolver momentos grandiosos e memoráveis. Como um líder, cada interação com a equipe é uma oportunidade de colocar seus valores em prática. A maneira como você cumprimenta as pessoas de manhã, as palavras que usa para dar feedback sobre um projeto e as perguntas que faz em um e-mail, tudo isso revela as coisas que você realmente valoriza. Todos os dias, as pessoas buscam alinhamento nesses pequenos comportamentos.

Enquanto Jed contava sua história, Kenneth fazia anotações. Ele e Jed conversam constantemente, mas Kenneth sempre evitou ligar para Jed nos horários que sabia que ele estaria buscando ou deixando o filho na escola. Jed vê isso como um exemplo pequeno, mas de enorme impacto, de como demonstrar o valor do apoio à saúde mental.

COMO SER UM EXEMPLO A SER SEGUIDO NO MUNDO MODERNO

No ambiente de trabalho dos dias de hoje, com modelos de trabalho híbrido e remoto, os colaboradores têm menos chances de observar regularmente o comportamento dos líderes. Nesses ambientes, o alinhamento nem sempre será óbvio. Muitas decisões podem passar despercebidas. As pequenas ações cotidianas dos líderes são mais difíceis de serem vistas em meio a uma enxurrada de e-mails, notificações de mensagens instantâneas e reuniões por videochamada. Quando estamos separados por essa distância digital, nem sempre fica claro como os poucos comportamentos que observamos se conectam aos valores de uma organização. Superar essa distância exige uma comunicação mais deliberada por parte dos líderes. Os valores que orientam suas ações, as razões pelas quais você escolhe seguir um caminho em vez de outro, devem ser compartilhados de forma mais explícita.

Como CEO da A–B Partners, Andre Banks dedica um bom tempo comunicando suas decisões à equipe. A A–B, uma agência criativa orientada a propósito, é uma empresa totalmente remota com quase cem colaboradores. Enquanto muitas outras empresas do mesmo porte tiveram dificuldades em reter talentos nos últimos anos, a A–B prosperou. Andre acredita que esse sucesso se deve, em parte, aos esforços que fez para exemplificar os valores no topo.

Ele e sua equipe de liderança se empenham para criar um ambiente no qual as pessoas sintam que há compromisso com os valores da empresa. Para demonstrar alinhamento com sua equipe remota, Andre faz questão de explicar as razões de suas decisões para ajudar os colaboradores a compreenderem como cada uma delas se alinha aos valores da A–B. Quando a folha de pagamentos mudou de mensal para quinzenal, Andre garantiu que os motivos para a mudança fossem comunicados com clareza. Enviou várias mensagens nos grupos, discutiu o assunto em uma reunião com a equipe inteira e abriu espaço para perguntas e respostas. Ele fez questão de que todos entendessem que pagar as pessoas com mais frequência estava mais alinhado com o valor de equidade da organização.

Chamamos essa prática de comunicar o alinhamento de "*spotlighting*". Como um técnico de iluminação nos fundos de um teatro, Andre destaca com um holofote (*spotlight*) os atores principais (os valores da empresa) da história. Ao destacar esses personagens principais para seu público (a equipe), ele mostra como suas ações estão alinhadas com as expectativas.

Em um recente retiro da equipe sênior, uma grande decisão foi tomada para adquirir uma empresa de *analytics* a fim de expandir o trabalho da A–B. Na incorporação de novas competências e conhecimentos à organização, Andre viu uma oportunidade de atender melhor os clientes e honrar o valor da empresa de ser ousada. Para vincular essa grande decisão aos valores da empresa, ele fez uma série de vídeos e os compartilhou com a equipe. Nesses breves vídeos explicativos, o CEO se concentrou em unir os pontos entre a nova aquisição e as razões por trás dela.

Andre acredita firmemente que o alinhamento não é sobre dizer às pessoas *o que* ele decidiu fazer, mas *por quê*. "É sobre incluir os colaboradores no processo decisório e ajudá-los a entender como essa iniciativa tem a ver com as coisas com as quais todos nos importamos, ou seja, com os mesmos valores que os levaram a trabalhar aqui", ele nos disse. Os vídeos explicativos foram um sucesso e deram a Andre uma ferramenta nova e eficaz para dar o exemplo, mesmo que remotamente. Os vídeos foram incorporados como uma parte regular dos esforços dele para colocar o discurso em prática para a equipe.

Ao fazer o *spotlighting* das decisões, você ajuda a reduzir a distância digital e alinha líderes e colaboradores. Recomendamos reservar um tempo para refletir sobre uma oportunidade de fazer o *spotlighting* de alguma de suas decisões.

EXERCÍCIO "SPOT-LIGHTING"

Pense em uma decisão que você precisa tomar esta semana e que vai impactar pessoas da sua equipe. Talvez precise introduzir uma nova política, tomar uma decisão estratégica de negócios ou apenas implementar uma mudança na reunião semanal. Use o modelo do SPOT-lighting (situação, prioridades, objetivos e *talkback*) a seguir para vincular a decisão aos valores da sua equipe. Em seguida, compartilhe explicitamente essas informações com os colaboradores em um e-mail, vídeo ou reunião.

SITUAÇÃO

Descreva a situação que vocês estão enfrentando. Qual é o contexto dessa decisão? Quais partes serão afetadas? O que está em jogo? Quem mais esteve envolvido no processo de tomada de decisão?

No caso de Andre, surgiu a oportunidade de adquirir uma empresa de *analytics* com a qual a A–B já havia feito parceria. A A–B estava fazendo muitas campanhas para os clientes e precisava dos dados para entregar campanhas ainda melhores. A oportunidade de adquirir essas competências permitiria que a A–B alavancasse insights de mercado para desenvolver campanhas mais direcionadas.

PRIORIDADES

Seja claro sobre como você priorizou os fatores que influenciaram essa decisão. Quais valores você usou para se orientar? Quais fatores dificultaram a decisão? O que pode estar impedindo-o de colocar em prática todos os valores da organização?

No mundo real, os valores podem competir entre si. Por exemplo, sua organização pode ter os valores "Funcionários em primeiro lugar" e "Excelência ao cliente". Em uma situação na qual você está sob pressão para entregar algo rapidamente a um cliente, talvez seja necessário ficar até mais tarde para terminar o trabalho em detrimento do bem-estar dos colaboradores. Ou você pode decidir que os colaboradores realmente vêm em primeiro lugar e pressionar o cliente por uma extensão de prazo para entregar um resultado excelente e, ao mesmo tempo, proteger o bem-estar dos colaboradores. De qualquer forma, é importante deixar claro como e por que você priorizou um valor em detrimento de outro.

A A–B valoriza decisões ousadas. Embora uma operação sustentável de longo prazo seja crucial para o sucesso, os colaboradores da A–B são encorajados a fazer grandes mudanças quando veem uma oportunidade de impacto. Embora fosse um risco financeiro adquirir a empresa parceira e descobrir como integrar os novos recursos — algo que a A–B nunca tinha feito antes —, foi um movimento ousado. No momento do anúncio da decisão para a equipe, Andre se concentrou em explicar as maneiras como essa mudança poderia elevar os padrões da empresa e gerar mais valor para os clientes. Ele deixou claro que a decisão estava alinhada com os valores da A–B.

OBJETIVOS

Ao compartilhar a decisão com a equipe, diga o que você espera realizar. Como medirá e reportará os resultados? Qual é sua visão de onde essa decisão os levará?

Andre acredita que a aquisição levará a empresa a um novo patamar. As competências adquiridas lhes possibilitarão trabalhar com uma gama maior de clientes e fornecer mais valor aos já existentes. Os colaboradores atuais também terão a chance de aprender novas práticas e novas habilidades. Em um ano, essa mudança deve deixar a equipe mais perto de concretizar sua missão.

TALKBACK

Após uma apresentação teatral, diretores e atores às vezes ficam para responder a perguntas do público, uma tradição conhecida como *talkback*. Depois de apresentar e explicar uma decisão, termine dando à equipe a oportunidade de fazer perguntas e compartilhar opiniões. Pode ser que alguém tenha ideias e receios que você não havia previsto. Criar um espaço para discussão possibilita que os colaboradores também se sintam donos da decisão e garante que você comunique o alinhamento de forma mais completa.

Depois de compartilhar a decisão de adquirir a empresa de *analytics*, Andre organizou um encontro para que os colaboradores pudessem fazer perguntas e dizer o que pensam. No processo, ele descobriu que alguns designers estavam preocupados com a possibilidade de suas ideias criativas ficarem em segundo plano com a adoção de um novo processo dominado por dados. Andre conseguiu amenizar preocupações que poderiam ter passado despercebidas e esclarecer ainda mais sua visão de uma forma que uniu sua equipe à causa.

O *spotlighting* é uma maneira muito eficaz de comunicar alinhamento quando nem todos estão na mesma sala. É um investimento que se paga em longo prazo, mas que requer tempo e energia consideráveis. Seria impossível — e exaustivo — para um líder fazer o *spotlighting* de cada decisão todos os dias. Para esclarecer, não estamos defendendo isso. Mas encorajamos os líderes a fazer do *spotlighting* uma prática regular. Liderar pelo exemplo é uma parte crucial da construção do alinhamento. Em um ambiente remoto ou híbrido, os líderes precisam se empenhar mais para fazer isso bem. E, embora a distância digital tenha dificultado a liderança pelo exemplo, a expectativa de que os líderes adotem a prática nunca foi tão alta.

Hoje, mais do que nunca, a expectativa é que os líderes prestem mais contas às equipes. Trabalhadores experientes passaram a esperar mais transparência dos empregadores, e as gerações mais novas exigem isso abertamente. Uma pesquisa recente revelou que 40% dos entrevistados da geração Z se recusaram a fazer uma tarefa porque não tinha ficado claro como ela se alinhava com os valores da organização. Embora isso possa até parecer uma atitude indisciplinada, esse grupo está disposto a, literalmente, bancar suas crenças. Mais de um terço dos trabalhadores da geração Z relatou ter recusado uma oferta de emprego por não acreditar que os líderes da empresa praticavam o que pregavam.

Andre notou uma mudança significativa nas expectativas em sua empresa, sendo que uma grande parcela da equipe é da geração Z. Mas, apesar das tendências de alta rotatividade dessa faixa etária, a A–B tem uma taxa de retenção mais alta entre os colaboradores da geração Z do que de qualquer outro grupo. Nesse aspecto, os esforços de liderança pelo exemplo de Andre valeram a pena. Ele reconhece que atender às expectativas dos colaboradores da geração Z requer uma mudança de atitude para muitos líderes. Ele sente que "os mais jovens são céticos em relação à liderança. Eles viram que muitos líderes são manipuladores e querem trabalhar para quem não é. Eles esperam mais alinhamento do que nós tivemos no passado. Alguns colegas meus acham bem difícil lidar com essa nova realidade. Ficam chocados ao ver que precisam ser comunicativos, que precisam ser transparentes, que precisam prestar contas aos colaboradores juniores".

Para os colaboradores da geração Z que trabalham na A–B, essa responsabilidade por parte dos líderes impulsiona seu comprometimento com a organização. Kahlil Shepard é um dos colaboradores que foram atraídos à organização em razão de seus valores. Para ele, trabalhar na A–B vai muito além do salário. "Minha geração busca franqueza. Por que os líderes estão tomando essa decisão? Por que eles acreditam que isso é importante? Eles fazem mais do que só mandar um e-mail para a equipe e abrem um canal de comunicação para dialogar com a gente sobre isso?" Kahlil participou de várias conversas com Andre sobre a aquisição, o que o ajudou a entender por que a decisão era importante naquele momento, como se alinhava com os valores da A–B e de que maneira se conectava com seus objetivos pessoais. Os esforços de *spotlighting* de Andre destacam para Kahlil as razões que o levaram a trabalhar na A–B e que o ajudam a se manter altamente engajado no trabalho.

Lembramos algumas experiências semelhantes que nos marcaram no início de nossa carreira. Quando Wes entrou na agência de impacto social Purpose, a empresa era uma pequena startup com menos de vinte pessoas. Jeremy Heimans, cofundador e CEO, valorizava muito a transparência e praticava esse valor com ousadia. Todo mês, Jeremy fazia uma reunião geral com a empresa toda e apresentava as finanças da organização, sendo elas boas ou ruins. Por ser uma empresa que estava começando, a receita podia variar muito e a possibilidade de falência sempre pairava por perto. Jeremy não fingia ser corajoso nem fazia discursos grandiosos para tentar manter o moral alto — algo que Wes vira em outras empresas. Pelo contrário, Jeremy abria os livros contábeis da empresa, bem como o raciocínio por trás de suas decisões financeiras, para todos os colaboradores da organização verem.

Wes vinha de empresas que eram compartimentalizadas e só revelavam o estritamente necessário aos colaboradores. Ele nunca havia visto um líder sênior explicando suas decisões à equipe ou revelando as dificuldades enfrentadas nos bastidores. Jeremy acreditava que, para trabalhar como uma equipe incrível, era importante que todos tivessem uma visão desobstruída do que estava acontecendo na empresa. Ele se ateve a essa crença mesmo quando a paisagem não era das mais bonitas e quando não tinha certeza de que suas decisões se revelariam acertadas. Como Jeremy mostrou que fazia questão de colocar seu discurso em prática, conquistou a confiança e a dedicação da equipe. Wes também sabia que podia seguir o exemplo de Jeremy e ser transparente sobre o próprio desempenho, mesmo se envolvesse falhas ou tropeços.

Esse alinhamento ajudou a construir uma comunidade unida, motivada a combater alguns dos maiores problemas do mundo. A Purpose, hoje parte do Capgemini Group, cresceu exponencialmente a partir daí. A empresa teve um importante papel no combate à crise climática, na promoção da igualdade para pessoas LGBTQIAP+, na garantia de melhores oportunidades para mulheres e meninas ao redor do mundo, entre muitas outras questões. Nem sempre foi fácil enfrentar os desafios, mas a confiança que Jeremy construiu ao exemplificar a transparência lhe possibilitou navegar por águas turbulentas, mantendo a equipe alinhada.

Não importa se você é CEO de uma grande organização ou gestor de apenas uma pessoa, saiba que os membros da equipe, de todas as gerações, observarão seu comportamento de perto. Demonstrar o alinhamento de maneira consistente é crucial para promover o significado. Como você já deve ter notado por experiência própria, o alinhamento é mais importante justamente em situações em que também é mais difícil mantê-lo: em momentos de crise.

MANTENDO O ALINHAMENTO NA CRISE

Como muitas outras organizações durante a crise financeira de 2008, a Barry-Wehmiller sofreu um duro golpe. A empresa, fornecedora de tecnologia industrial, viu os pedidos de equipamentos despencarem mais de 35%. Estava claro que medidas drásticas seriam necessárias para sobreviver. Relutante, o CEO da empresa, Bob Chapman, considerou demissões para compensar a queda drástica da receita.

A Barry-Wehmiller foi fundada em 1885 e estava acostumada a enfrentar crises. Dessa vez, contudo, as coisas eram diferentes. A partir de 2002, Bob e sua equipe de liderança tomaram a decisão de focar a organização em um novo conjunto de valores — que eles chamaram de "Princípios orientadores da liderança". Na crise financeira de 2008, eles já haviam passado anos construindo o alinhamento em torno da ideia de que a empresa "mede o sucesso pela maneira como toca a vida das pessoas". Essas pessoas incluíam os colaboradores, a maioria dos quais tinha muitos anos de empresa.

Bob sentiu que naquele momento seria muito importante colocar o discurso em prática. Em vez de reduzir a equipe, ele se orientou pelos valores da organização e se perguntou: "O que uma família amorosa faria em uma crise?".

Bob e os outros líderes trabalharam para encontrar uma maneira de evitar a demissão de membros valiosos da equipe, o que os deixaria em dificuldades financeiras. Em vez de impor a alguns colaboradores o desemprego devastador, eles decidiram que seria mais alinhado aos valores da empresa que todos dividissem o fardo. Bob começou fazendo um corte no próprio salário — de 875 mil dólares anuais para 10.500 dólares. Ele suspendeu temporariamente os bônus e as contribuições da empresa para o plano de aposentadoria dos colaboradores. A liderança pediu a todos que tirassem uma licença não remunerada de quatro semanas para distribuir o impacto igualmente. Muitos colaboradores se ofereceram para tirar mais de uma licença de modo que outros que precisavam mais do salário pudessem continuar trabalhando. Os que estavam próximos da aposentadoria tiveram a oportunidade de receber generosos benefícios para se aposentar antecipadamente.

Por meio dessas e de outras iniciativas, Bob poupou dinheiro suficiente para evitar demissões. E, talvez o mais importante, demonstrou seu compromisso com os valores que defendera com tanto vigor em tempos de vacas gordas. Os colaboradores viram que os "Princípios orientadores da liderança" não ficavam só no discurso e eram colocados em prática. Os esforços de Bob desenvolveram a confiança de que a Barry-Wehmiller era uma comunidade verdadeiramente orientada aos valores e que eles permaneceriam unidos nos bons e maus momentos.

A empresa superou a crise e conseguiu reverter a situação rapidamente. No ano de 2010, a organização atingiu um recorde financeiro. A equipe de Bob investiu esses lucros no pagamento retroativo das contribuições da empresa para o plano de aposentadoria que haviam sido suspensas, demonstrando ainda mais seu investimento na equipe. Sobre os "Princípios orientadores", Bob disse: "Eles se tornaram nossa bússola moral. Desde que os adotamos, os 'Princípios orientadores' têm nos direcionado a fazer mudanças radicais na maneira como abordamos a segurança do nosso pessoal e as demissões — especialmente durante a crise econômica de 2008 a 2009 —, além de uma infinidade de outras decisões, grandes e pequenas, todos os dias".

Quando valores e comportamento estão alinhados, eles são importantes indicadores do caminho a seguir. Por outro lado, se você não pratica o que prega, os colaboradores verão os valores organizacionais como meras palavras vazias. A confiança se desgasta e o cinismo cria raízes. O significado é rapidamente destruído. E isso acontece até em organizações que presumiríamos serem lugares inerentemente significativos para se trabalhar, como hospitais, escolas ou ONGS.

OS CUSTOS DO DESALINHAMENTO

No fim de novembro de 1960, o advogado inglês Peter Benenson estava lendo o jornal do dia no metrô de Londres a caminho do trabalho. Ele ficou indignado ao descobrir que alguns estudantes em Portugal haviam sido condenados à prisão por brindarem à liberdade em público — algo que o governo autoritário da época não apreciou. A raiva de Benenson aumentou à medida que ele investigava outros casos de pessoas presas por suas convicções políticas. Em 1961, ele escreveu um artigo para o *Observer* destacando algumas dessas vítimas do autoritarismo, que ele apelidou de "prisioneiros da consciência", e as violações de direitos humanos perpetradas contra elas. O artigo levou a uma campanha para libertar esses prisioneiros sob a bandeira de "Anistia já". A campanha repercutiu e o artigo foi republicado ao redor do mundo, levando a um movimento global. Benenson e seus colegas perceberam que haviam alcançado um consenso e se puseram a formalizar esforços para lutar contra as violações dos direitos humanos, criando a organização Anistia Internacional.

A partir daí, o escopo da Anistia se expandiu para combater uma ampla gama de abusos de direitos humanos, incluindo o fim da tortura; a proteção dos direitos de mulheres, crianças, minorias e povos indígenas; a garantia dos direitos dos refugiados; e o fim da pena de morte. Por seus esforços, a organização recebeu o Nobel da Paz em 1977. A Anistia fez lobby pela criação do Alto Comissariado das Nações Unidas para os Direitos Humanos, bem como do Tribunal Penal Internacional. É reconhecida por ajudar a incluir as questões de direitos humanos no *zeitgeist* popular. Como uma organização fundada em princípios de direitos humanos com o propósito grandioso de combater a discriminação e o abuso, seria de se esperar que a Anistia fosse composta de um grupo de idealistas vigorosos formando um verdadeiro bastião de alinhamento. Mas a realidade não é bem assim.

No início de 2019, uma investigação independente sobre a Anistia Internacional foi lançada após o suicídio de dois colaboradores. O extenso relatório rotulou a cultura da organização como tóxica e descobriu que assédio e intimidação pela gerência eram comuns. Mais de um terço das centenas de colaboradores que participaram do levantamento disse que se sentia intimidado ou maltratado e, de acordo com reportagens da BBC, houve "vários relatos de discriminação com base em raça e gênero, nos quais mulheres, colaboradores negros e colaboradores LGBT foram supostamente alvos ou tratados injustamente". Mais de 60% dos colaboradores não acreditavam que seu bem-estar fosse uma prioridade para a liderança da organização. A Anistia Internacional, uma das organizações mais tradicionais e renomadas, voltada à defesa dos direitos humanos e da dignidade ao redor do mundo, tinha líderes que faziam exatamente o contrário dentro dos próprios muros. O relatório contundente encontrou muitos fatores que contribuíam para a cultura tóxica, que, segundo muitos relatos, começou a se tornar um problema já na década de 1990. Os valores de direitos humanos universais e respeito mútuo da organização não se refletiam nas ações dos líderes da Anistia.

Esse desalinhamento causou grandes danos à organização e destruiu qualquer significado esperado de trabalhar em uma organização orientada a uma missão. Os colaboradores esperavam trabalhar em uma equipe que promovia dignidade para todos, mas seus líderes não colocavam o discurso em prática.

Desde a publicação do relatório, a Anistia fez uma série de mudanças para tentar realinhar a cultura interna em torno de seus valores fundamentais. No momento em que publicamos este livro, a organização aparentemente fez alguns progressos, mas o caminho será longo, e a recuperação da confiança será lenta. Diante de um grande desalinhamento que corrói a confiança e sufoca o significado, pode ser difícil se recuperar totalmente. A razão mais importante para praticar o que se prega é que, quando você não faz isso, nada mais importa.

Há outra maneira pela qual os líderes devem demonstrar alinhamento com os valores. Além do próprio comportamento, eles também devem alinhar as políticas, os procedimentos e os processos da organização em torno dos valores.

SISTEMAS ORIENTADOS A VALORES

Já vimos como Astro Teller pratica o que prega na X. Seu comprometimento com o alinhamento fica evidente em suas ações e na maneira como ele concebeu os incentivos da empresa. O valor de honestidade intelectual da X foi incorporado por meio da política de recompensar o fracasso. Assim como os líderes devem comunicar o alinhamento exemplificando os valores, eles também devem reforçar o alinhamento incorporando os valores nas operações do dia a dia. Um desalinhamento entre valores e comportamento tem potencial de causar enormes danos. O mesmo se aplica ao desalinhamento entre valores e políticas.

Quando aceitamos um novo cliente em nossa consultoria, uma das primeiras coisas que fazemos é analisar as políticas da empresa para averiguar seu alinhamento. Quando pensamos em políticas organizacionais, é comum pensarmos em regras que visam garantir a conformidade com as leis, promover processos padronizados a serem seguidos por um grande grupo de pessoas e policiar comportamentos individuais. Além de criar limites para as operações, as políticas também servem para codificar os valores de uma organização. As regras formais nos guiam em direção a comportamentos que são recompensados e nos afastam dos que são punidos.

Políticas e práticas desalinhadas com os valores corroem rapidamente a confiança. Transmitem a mensagem de que os valores não são prioridade para a organização e destroem o significado do trabalho. Claudia Saran, ex-vice-presidente de cultura da KPMG, empresa de consultoria e assessoria tributária e financeira, compartilhou o que pode acontecer quando os indicadores-chave de desempenho (KPIs) de um colaborador não estão claramente alinhados com os valores da organização: "Pessoas na função de recrutamento são avaliadas pela eficiência e rapidez com as quais contratam colaboradores. Em uma dessas funções, eu poderia simplesmente dar ordens frias e calculistas e alocar pessoas a diferentes projetos, e ficaria bem do ponto de vista dos KPIs porque contratei X pessoas por dia e coloquei todas para faturar. Mas meu trabalho se resumiria a uma verdadeira carnificina, porque essas pessoas sentiriam que não tiveram voz ativa na decisão e poderiam não gostar de suas atribuições. Elas não se sentiriam informadas ou engajadas de maneira alguma, e eu não teria colocado em prática o valor da KPMG de trabalhar em equipe".

A liderança sênior da KPMG faz de tudo para evitar desalinhamentos de políticas como esses.

O especialista em incentivos Uri Gneezy explorou as consequências não intencionais que as políticas podem ter no alinhamento. Um de seus estudos analisa o impacto surpreendente de um programa destinado a reduzir atrasos. Uma escola de Tel Aviv estava enfrentando dificuldades com pais que chegavam atrasados para buscar os filhos. Esse atraso fazia os professores ficarem, a contragosto, até mais tarde. A situação também entrava em conflito com um valor fundamental que a escola tentava ensinar: respeito pelo tempo dos outros. Em uma tentativa de coibir esse comportamento, a escola instituiu uma multa de 2 dólares para cada vez que um pai se atrasasse para buscar os filhos. A administração da escola esperava que a multa, em grande parte simbólica, comunicaria que atrasos não eram aceitáveis sem indispor a escola com os pais. O problema foi que a política teve o efeito oposto.

Em vez de reduzir os atrasos, a multa na verdade os aumentou. Ao atribuir um valor monetário ao comportamento, o atraso se tornou uma transação financeira em vez de uma decisão baseada em valores. Na correria do dia a dia, os pais perceberam que, ao se atrasar, estavam basicamente pagando 2 dólares por meia hora de babá — uma pechincha! A escola descontinuou as multas, mas o estrago já estava feito. O respeito pelo tempo dos outros teve seu valor minimizado, e os atrasos continuaram sendo um problema. O senso de alinhamento saiu desgastado e não poderia ser facilmente reconstruído.

Desalinhamentos são especialmente destrutivos para o significado quando ocorrem em avaliações de desempenho, recompensas financeiras e programas formais de reconhecimento. Essas políticas, que focam em incentivar comportamentos específicos, costumam ser criadas para aumentar a receita em curto prazo. É comum os líderes desenvolvê-las sem considerar todos os impactos que essas políticas podem ter na equipe. Os incentivos normalmente recompensam determinados resultados, como o índice de aproveitamento do colaborador, em detrimento de comportamentos e resultados que não têm nenhum valor financeiro atribuído a eles. Métricas como colaboração, disposição para correr riscos e cuidado com os colegas raramente são incluídas nos cálculos de bônus. Esses incentivos financeiros mal concebidos podem reduzir o significado no trabalho.

"É preciso de uma aldeia" é um dos valores fundamentais da Barking Hound Village, a empresa de creche para cães que conhecemos no começo do livro. Esse valor transmite a ideia de que todas as funções são necessárias para cuidar adequadamente dos cães na creche e que a equipe obtém seu melhor desempenho quando todos trabalham juntos. Quando começamos a trabalhar com a Barking Hound Village, os gestores ganhavam um bônus com base na lucratividade de sua unidade. A ideia era incentivar os líderes a serem mais eficientes e aproveitarem o lado positivo do negócio. Mas o projeto do bônus acabou tendo um efeito indesejado: ao reduzir o número de colaboradores trabalhando na creche — tendo oito pessoas trabalhando em um turno em vez de dez, por exemplo —, os gestores poderiam reduzir os custos e aumentar a lucratividade, aumentando o bônus recebido. Mas os colaboradores que trabalhavam nesses turnos não davam conta de cuidar adequadamente dos cães e sentiam-se desamparados, recebendo pouco apoio da empresa. Na verdade, o bônus estava incentivando um comportamento desalinhado com os valores e causando danos ao negócio a longo prazo. Então, redesenhamos o bônus para incluir medidas de satisfação de colaboradores e clientes, o que ajudou a eliminar um obstáculo ao alinhamento.

Assim como o bônus da Barking Hound Village ou a multa por atraso da escola de Tel Aviv, incentivos desalinhados podem acabar transformando os valores em transações e destruindo o significado. Para evitar isso, é indispensável alinhar valores e políticas com muito cuidado. Os líderes orientados a significado concebem salários, benefícios e processos com a intenção de preservar o alinhamento com os valores.

Na Kenneth Cole, os líderes fizeram mudanças nas políticas de folga dos colaboradores para alinhá-las com o valor de apoio à saúde mental. Além de dar às pessoas dias de folga para cuidar da saúde mental conforme necessário, eles criaram a Semana do Bem-Estar, em que todos tiram folga ao mesmo tempo. "Nessa semana de recesso coletivo obrigatório, ninguém recebe ligações sobre trabalho. Posso deixar de acessar os e-mails sem me sentir culpada e realmente relaxar para recarregar as baterias", conta Ingrid. Conforme os benefícios do recesso coletivo se tornam mais claros, a prática tem sido adotada por mais organizações.

Algumas empresas, como a Zappos, varejista on-line de calçados, e a BetterUp, fornecedora de serviços de coaching executivo, incorporam seus valores em avaliações de desempenho para demonstrar foco no alinhamento. Outras fazem questão de dar treinamentos específicos sobre os valores no processo de integração de novos colaboradores. Falaremos mais sobre essas práticas mais adiante.

As políticas, assim como os pequenos comportamentos cotidianos dos líderes, são oportunidades para comunicar alinhamento. Essas políticas não apenas comunicam as regras, elas também revelam as verdadeiras prioridades da organização.

Como organismos vivos, as empresas prosperam ao se adaptar a um ambiente em mudança. À medida que crescem em tamanho e escopo, suas operações precisam evoluir para acompanhar o ritmo. O que funcionou para uma empresa de cem colaboradores não será suficiente para sustentar uma de mil ou 10 mil. O escalonamento organizacional exige não apenas ajustes estruturais, mas também uma reflexão periódica sobre os valores institucionais. Para manter o alinhamento ao longo do tempo, os líderes orientados a significado criam um espaço para possibilitar a adaptação contínua e a expressão individual dos valores centrais.

ALINHAMENTO E RESPONSABILIDADE

Anteriormente comentamos sobre como os líderes da Pinterest envolveram a organização inteira em um processo deliberado de redefinição de valores. Essa cultura de propriedade coletiva, de responsabilidade compartilhada pelas decisões, é crucial para manter o alinhamento a longo prazo. Nossa pesquisa descobriu que um amplo engajamento no processo de alinhamento comunica que todos estão comprometidos com os valores centrais e trabalhando para alcançar objetivos em comum. Os colaboradores têm mais chances de considerar seu trabalho significativo quando apresentam um senso compartilhado de propriedade e de responsabilidade.

Katie Burke, da HubSpot, que conhecemos no capítulo 2, pensa no alinhamento cultural como uma receita de família passada de uma geração a outra. Ela quer que sua equipe mantenha os ingredientes principais, mas, se alguém descobrir uma forma mais eficaz de realizar as tarefas ou algum modo de aprimorá-las, ela acredita que essa mudança deve ser implementada. Conforme a empresa crescia, Katie teve de abandonar a ideia de que cada equipe funcionaria de acordo com diretrizes culturais impostas de cima para baixo.

Quando a HubSpot abriu um novo escritório em Dublin, na Irlanda, a empresa quis proteger a cultura que havia se empenhado tanto para construir em Cambridge, Massachusetts. Mas não demorou para ficar claro que as diferenças eram uma parte inevitável e até valiosa do crescimento. O escritório de Dublin demonstrou que não fazia sentido impor a mesma cultura — em vez disso, a empresa passou a ver que os escritórios internacionais *agregavam* à sua cultura, e adotaram essa postura para os novos escritórios de outras regiões. Essa ideia de propriedade coletiva da cultura não é exclusiva da HubSpot.

Deep Mahajan, vice-presidente de gestão de talentos da Juniper Networks, chama esse tipo de evolução dos valores de "software de alinhamento". Enquanto as políticas da empresa constituem o "hardware", o "software" é encontrado em salas de reunião, e-mails e canais de mensagens instantâneas. Os líderes da Juniper encorajam os colaboradores a discutir abertamente os valores da empresa e concordar sobre como eles devem ser priorizados e aplicados em situações específicas. Eles têm espaço para praticar esses valores da maneira que lhes parecer mais autêntica. Na visão de Deep, quanto mais autonomia as pessoas receberem, mais empoderadas e engajadas serão.

Quer você chame isso de software, receita de família ou qualquer outra coisa, essa propriedade compartilhada de valores está ligada a um maior senso de significado. Um diálogo ativo sobre os valores aumenta o engajamento dos colaboradores e seu comprometimento com os objetivos da organização.

Não importa quais valores sua empresa prioriza, o alinhamento com esses valores estabelece a base necessária para um trabalho significativo. Em nossa pesquisa, verificamos que um alto alinhamento é pré-requisito para a construção de um trabalho significativo, enquanto um baixo alinhamento o corrói rapidamente. O alinhamento é um componente necessário, mas não suficiente, do significado no trabalho e deve estar presente para garantir a eficácia das outras práticas que compartilharemos.

Os líderes podem alavancar o alinhamento para criar significado por meio de cada um dos 3Cs: comunidade, contribuição e crescimento. Fica aqui nosso convite para você fazer a Autoavaliação da Liderança Orientada a Significado. Você pode acessá-la em nosso site em www.makeworkmeaningful.com/recursos ou no Apêndice. A avaliação, que desenvolvemos com base em nossa pesquisa, foi elaborada para aferir seu uso atual das práticas de liderança e estruturas organizacionais que promovem cada um dos 3Cs. Na próxima parte, exploraremos comunidade, contribuição e crescimento em mais detalhes e mostraremos como criá-los com mais eficácia na sua organização.

PARTE II

CRIANDO SIGNIFICADO POR MEIO DA COMUNIDADE

O estudo de Harvard sobre desenvolvimento adulto é o mais longo sobre bem-estar humano já realizado. Desde 1938, pesquisadores acompanham a vida de mais de setecentos participantes e seus cônjuges e, eventualmente, de 1.500 filhos para descobrir quais fatores mais impactam a saúde física e mental de uma pessoa. A cada dois anos, os participantes respondem a questionários detalhados sobre todos os aspectos de sua vida. As perguntas incluem aptidão física e mental, engajamento social, carreira e muitos outros fatores. A equipe de pesquisa, que foi mudando ao longo dos anos à medida que os cientistas originais se aposentavam e passavam o bastão para a próxima geração, coleta o mais rico conjunto de dados já reunidos sobre os fatores que contribuem para o bem-estar e o sucesso. Esse acervo revela o componente mais crucial do desenvolvimento humano: a comunidade.

Os seres humanos são animais sociais. Evoluímos no decorrer de milênios para sobreviver e prosperar como integrantes de um grupo. Não deveria ser surpresa, então, que uma das principais fontes de significado na vida e no trabalho venha da qualidade de nossos relacionamentos. O estudo de Harvard descobriu que relacionamentos autênticos não preveem apenas saúde e felicidade. Também preveem satisfação no trabalho, realização profissional e sucesso financeiro. Os participantes que tinham relacionamentos mais profundos vivenciaram mais significado no trabalho e viveram uma vida mais significativa.

Infelizmente, nas últimas décadas, temos observado um enfraquecimento progressivo dos alicerces comunitários tradicionais. Em seu livro *Jogando boliche sozinho*, o sociólogo Robert Putnam traça o declínio das organizações sociais e cívicas nos Estados Unidos. As inscrições em Rotary Clubs, clubes de escoteiros e ligas de boliche locais não param de cair desde a década de 1980. Em seu lugar, recorremos cada vez mais ao local de trabalho para nos conectar com as pessoas. Esse aumento na demanda pela comunidade no trabalho ocorre em um momento em que estamos mais distantes fisicamente do que nunca. A pandemia nos ensinou que a produtividade pode ser mantida, e até impulsionada, quando trabalhamos remotamente. Mas, se não nos esforçarmos, o senso de conexão com os colegas pode desaparecer rapidamente. Precisamos da orientação e do apoio dos líderes para garantir que nossas interações no dia a dia não se transformem em meras transações.

O primeiro dos 3Cs, a comunidade, vem da nossa sensação de que pertencemos a um grupo com valores compartilhados e que seus membros nos valorizam pelo que realmente somos. Os líderes promovem a comunidade cultivando a conexão, facilitando o engajamento autêntico, priorizando os valores no processo de contratação e construindo um senso de pertencimento durante o processo de integração.

Vamos começar explorando como os líderes enriquecem o solo da comunidade ao cultivar conexões por toda a organização.

4. CULTIVE A CONEXÃO

> "O sucesso não depende apenas do quão criativo, inteligente ou motivado você é, mas da sua capacidade de se conectar, contribuir e se beneficiar do ecossistema de pessoas ao seu redor."
>
> — Shawn Achor

Suzanne Simard cresceu nas exuberantes florestas da Colúmbia Britânica, uma província do Canadá, onde sua família tinha raízes profundas no mundo da extração de madeira. Gerações de sua família, incluindo o bisavô, avô e pai, trabalharam cortando e transportando madeira com cavalos. Eles faziam as próprias ferramentas e barcos para transportar as toras pelos lagos e construíam casas flutuantes para servir de lar durante suas expedições de extração de madeira.

Quando Suzanne tinha apenas 6 anos, a família inteira foi acordada pelo som de uivos ecoando na densa floresta próxima. Ao sair de casa para investigar, descobriram que o beagle da família, Jigs, havia caído no fosso do banheiro externo. A família se reuniu rapidamente, empunhando pás e picaretas, para resgatar o cão. Suzanne ficou fascinada quando todos começaram a cavar a terra ao lado do poço para salvar Jigs. Enquanto desenterravam camadas de solo, ela notou que cada uma tinha cores, texturas e sinais de vida distintos. Primeiro, uma espessa camada de musgo, seguida por uma camada branca, uma camada vermelha, uma camada amarela e um intrincado sistema de raízes brancas e marrons emergiu do solo. Suzanne ficou encantada com a verdadeira obra-prima que era o solo sob seus pés. Depois de cavar muito, a família finalmente conseguiu tirar Jigs lá de baixo. Ele ganhou um banho no lago e, embora o calvário do cãozinho tivesse acabado, o fascínio de Suzanne pelo intrincado mundo do solo e pelas maravilhas ocultas do chão da floresta estava apenas começando.

Aos 20 anos, Suzanne começou a trabalhar para uma madeireira de corte raso, e foi uma das primeiras mulheres a atuar na indústria florestal. Seu trabalho envolvia plantar árvores em áreas recém-desmatadas, com o objetivo de restaurar a floresta. Enquanto fazia esse trabalho, Suzanne notou uma importante diferença entre as árvores que plantava e as que cresciam naturalmente de sementes caídas. As árvores plantadas muitas vezes tinham folhas amareladas e crescimento deficiente. As que cresciam naturalmente, por sua vez, prosperavam. Intrigada com essa diferença, ela se pôs a investigar os sistemas radiculares dessas árvores. O que descobriu foi revelador: as árvores naturalmente regeneradas tinham extensas redes de raízes, enquanto as plantadas apresentavam raízes pouco desenvolvidas.

A curiosidade de Suzanne a levou à pós-graduação para estudar como as árvores competem por água e nutrientes. Os madeireiros comerciais acreditavam que substituir florestas diversificadas por uma única espécie de árvore ajudaria as recém-plantadas a prosperar, já que não teriam que competir com outras espécies por recursos e nutrientes. Mas esses novos plantios eram cada vez mais suscetíveis a doenças e estresse. Suzanne acreditava que a razão estava escondida no solo. Interessada em saber como diferentes espécies interagem no subsolo, decidiu investigar as conexões radiculares e fúngicas entre as espécies de abeto-de-douglas (*Pseudotsuga menziesii*) e bétula-de-papel (*Betula papyrifera*) para sua tese de doutorado.

Em seu estudo inovador, Suzanne descobriu que os filamentos fúngicos, chamados redes micorrízicas, atuam como condutores vitais, possibilitando a troca de carbono, água, nutrientes, sinais de alerta e hormônios entre árvores, inclusive as de espécies diferentes. Por meio de um processo meticuloso de experimentação e análise, Suzanne demonstrou que as redes micorrízicas desempenham papel fundamental no suporte ao crescimento e à resiliência das florestas. Antes de seu estudo, pesquisas já haviam descoberto que os fungos micorrízicos ligavam as árvores em redes ocultas. Mas Suzanne foi a primeira a demonstrar que o carbono ia e vinha, movendo-se bidirecionalmente, por essas estruturas simbióticas. Seu artigo ganhou a capa da influente revista científica *Nature* em 1997, com o título "The Wood-Wide Web" ("A internet das árvores" ou "A rede mundial da floresta", em português), um termo que logo se espalhou pela literatura científica.

A cultura popular logo acolheu a descoberta de Suzanne. A Árvore das Almas do filme *Avatar*, de James Cameron, foi feita com base em sua pesquisa, e Suzanne foi a inspiração para a personagem Patricia Westford em *A trama das árvores*, romance de Richard Powers vencedor do prêmio Pulitzer de 2019. Atualmente, Suzanne é professora de ecologia florestal da Universidade da Colúmbia Britânica e, em 2021, publicou um livro de memórias, *A árvore-mãe: em busca da sabedoria da floresta*, que descreve sua missão para provar que "a floresta é mais do que apenas uma coletânea de árvores". Refletindo sobre por que a cultura popular acolheu essa ideia com tanta prontidão, Suzanne disse à rede PBS: "Somos criaturas sociais; entendemos como os relacionamentos funcionam. Somos afetados pela nossa comunidade [e] afetamos a nossa comunidade. Que uma floresta também tenha essas qualidades ressoa muito em nós. Que [uma floresta] seja mais do que apenas um monte de árvores... que seja uma comunidade social inteira. Nós, como seres humanos, entendemos isso".

AS SUPERORGANIZAÇÕES

A pesquisa de Suzanne demonstrou que, em florestas saudáveis, as árvores atuam menos como indivíduos competindo por recursos e mais como seres comunitários, compartilhando recursos para aumentar a resiliência coletiva. Essas florestas são tão interconectadas e codependentes que os cientistas se referem a elas como superorganismos. Do mesmo modo como essas florestas saudáveis, as "superorganizações" de alta performance também alavancam o poder da conexão e da cooperação para prosperar. Nessas superorganizações, relacionamentos positivos são como a "cola social" que fortalece a colaboração, promove a inovação e tece uma rede vibrante de apoio mútuo.

Ao construir deliberadamente uma comunidade, os líderes em superorganizações criam equipes conectadas que confiam, respeitam e cuidam umas das outras. Em outras palavras, criam um senso de pertencimento. Desenvolvemos pertencimento no trabalho quando nos sentimos conectados e incluídos, em vez de isolados e ignorados. Os benefícios do pertencimento são profundos, tanto para indivíduos quanto para organizações. No livro *Belonging: The Science of Creating Connection and Bridging Divides*, Geoffrey Cohen, professor de Stanford, descreve como experiências de pertencimento podem aumentar a sensação de bem-estar, melhorar o desempenho, diminuir a defensividade e nos tornar mais compassivos. Ele afirma: "Um senso de pertencimento não é um subproduto do sucesso, mas uma condição para ele".

Descobrimos que os líderes podem promover intencionalmente o pertencimento no trabalho de duas maneiras: cultivando conexões e permitindo a autenticidade. Este capítulo se concentrará em cultivar conexões e, no próximo, aprenderemos como os líderes possibilitam a autenticidade.

Ansiamos por conexão no trabalho. Setenta por cento dos trabalhadores dizem que ter amigos no ambiente corporativo é o fator mais importante para uma vida profissional feliz, e 58% afirmam que recusariam um emprego mais bem remunerado se isso significasse não se dar bem com os colegas. Pesquisas mostram que, para cada amigo que faz no trabalho, você tem 5% menos chances de pedir demissão. Por outro lado, aqueles que não têm nenhum amigo no trabalho têm 176% mais chances de estar procurando um novo emprego.

Infelizmente, muitos de nós somos como as árvores plantadas nas florestas que Suzanne estudou: desconectados e definhando. Mais da metade da força de trabalho atual vivencia o oposto de pertencimento: uma profunda sensação de solidão. Um estudo recente descobriu que mais da metade dos trabalhadores dos Estados Unidos não se anima ao ir ao trabalho devido aos colegas, enquanto 43% não têm nenhum senso de conexão na organização.

Solidão é a lacuna que sentimos entre as interações sociais que temos e as que desejamos. Podemos estar cercados de pessoas no trabalho e mesmo assim nos sentir sozinhos. Talvez você já tenha sentido que não tem ninguém com quem conversar quando se depara com um problema. Ou almoça sozinho em sua mesa todos os dias. Esse sentimento de solidão pode ter consequências perigosas para a vida.

Em um estudo histórico, Julianne Holt-Lunstad, pesquisadora da Universidade Brigham Young, e seus colegas descobriram que a solidão aumenta o risco de mortalidade precoce na mesma proporção que fumar quinze cigarros por dia. A solidão aumenta a pressão arterial e o colesterol, ativa respostas de estresse físico e psicológico e suprime o sistema imunológico. Essas constatações fazem muito sentido de uma perspectiva evolucionária. Milhares de anos atrás, se de repente nos encontrássemos sozinhos na savana, nossas chances de sobreviver diminuiriam muito. Não apenas teríamos menos chances de nos defender de um ataque como também teríamos menos acesso aos recursos necessários para sobreviver. A colaboração aumentou nossa capacidade de sobrevivência. Mesmo sem enfrentar as mesmas ameaças, continuamos famintos por conexão social.

A solidão afeta não apenas a saúde como também o desempenho no trabalho. Mais de um em cada três trabalhadores adultos tem uma sensação geral de vazio ou desconexão dos outros no trabalho. A situação é ainda mais desalentadora para trabalhadores remotos, que são menos propensos a relatar que têm relacionamentos significativos com as pessoas. Um estudo da Wharton School descobriu que, quanto mais solitárias as pessoas são no trabalho, pior é seu desempenho. Até um único incidente no qual uma pessoa se sente excluída pode levar a um declínio imediato no desempenho.

O custo da solidão é alto para as organizações, incluindo menor produtividade, qualidade mais baixa do trabalho e maior rotatividade. Em um levantamento com quase 6 mil trabalhadores americanos para medir a solidão e seu impacto no trabalho, os pesquisadores descobriram que quem trabalha sozinho tem maior probabilidade de faltar ao trabalho devido ao estresse. Somente nos Estados Unidos, dias de trabalho perdidos atribuídos à solidão custam às organizações cerca de 154 bilhões de dólares ao ano.

Não precisa ser assim.

O PODER DA CONEXÃO

Relacionamentos de apoio no trabalho são uma fonte de crescimento, bem-estar e significado. Os líderes que facilitam interações positivas frequentes com outras pessoas reforçam a rede social de suas superorganizações. Com o tempo, essa rede de conexões humanas se transforma em um canal — como a rede micorrízica de Suzanne —, possibilitando maior colaboração, inovação e adaptabilidade.

O nível de conexão que as pessoas vivenciam no trabalho influencia significativamente o desempenho. Isso porque os relacionamentos com outras pessoas moldam o contexto do trabalho. Colaboradores muito conectados têm 92% mais probabilidades de crescer profissionalmente e 34% mais chances de atingir metas. Quando os pesquisadores fizeram a pergunta: "Você tem um melhor amigo no trabalho?", eles descobriram que as pessoas que respondem "sim" têm sete vezes mais possibilidade de se engajar no trabalho.

Os relacionamentos no trabalho não precisam ser intensos para ter valor. Jane Dutton, psicóloga organizacional positiva da Universidade de Michigan, descobriu que breves momentos de conexão positiva no local de trabalho podem ter um considerável efeito positivo em nossa experiência. Com sua colega Emily Heaphy, Jane cunhou a expressão "conexões de alta qualidade" para descrever momentos de conexão positiva que nos fazem nos sentir vistos e energizados. Sabe aquela breve conversa que você tem com um colega sobre seus planos para o fim de semana? Faz mais diferença do que você imagina. Jane descobriu que esses micromomentos de conexão — que podem ter apenas quarenta segundos — têm o potencial de aumentar a capacidade de cooperação e coordenação entre equipes. Podem aumentar a resiliência e a autenticidade, fortalecer o vínculo de um indivíduo com sua organização, ajudar na aprendizagem e no desenvolvimento contínuos e facilitar um senso compartilhado de propósito.

Como a maioria dos adultos passa cerca de um terço do tempo no trabalho interagindo com outras pessoas, suas conexões de maior qualidade são, geralmente, com colegas. Uma pesquisa determinou o número de amigos que você precisa ter no trabalho para não se sentir solitário: um. Basta uma única pessoa com quem nos sentimos conectados e com quem podemos compartilhar experiências.

Os líderes orientados a significado são deliberados em cultivar conexões para aumentar sentimentos de pertencimento. Encontramos duas práticas eficazes que líderes podem usar para aumentar a qualidade das conexões no trabalho: **construir a confiança** e **conceber experiências compartilhadas**.

CONSTRUIR A CONFIANÇA

Erica Elam cresceu em Nashville, Tennessee, e era a mais velha de quatro filhos. Autoproclamada controladora, Erica era uma aluna nota dez, a melhor da turma e presidente de vários clubes. "Eu realmente tinha a famosa síndrome da filha mais velha e tentava ser perfeita o tempo todo", lembra ela. Em seu último ano do ensino médio, na festa de aniversário de uma amiga, Erica foi convidada para uma brincadeira de improvisação. Ela ficou assustada, nervosa e acanhada, e era, como ela mesma se descreve, "bem estranha e nerd". Mas então decidiu tentar. Aquele momento foi transformador para Erica. Ela pôde ser uma pessoa diferente naquela brincadeira. Alguém que não tinha medo, que conseguia seguir o fluxo, pensar rápido e se soltar. Foi uma experiência surpreendente para ela e plantou uma semente que floresceria mais tarde em sua vida.

Depois do ensino médio, Erica se mudou para a Geórgia para estudar Literatura e Língua Inglesa na faculdade. Queria ser escritora, mas logo percebeu que não gostava da solidão da escrita. Ela queria estar com um grupo de pessoas, colaborando e criando juntos. Não tinha a intenção de estudar Artes Cênicas, mas, ao descobrir o departamento de teatro, se apaixonou. Após a graduação, Erica se mudou para Chicago e começou a trabalhar como estagiária de testes de elenco no Goodman Theatre. Em uma noite fatídica, ela e os amigos foram ver um espetáculo no The Second City, o renomado e influente teatro de comédia de improviso. Erica ficou chocada — não sabia que algo assim existia.

Depois daquela noite, Erica entrou em um curso de improviso, o que a transformaria. Ela conta que o improviso se tornou uma espécie de "academia da vida", um lugar onde ela podia praticar a confiança em si mesma e nos outros. Ela percebeu que era muito boa em pensar rápido e que conseguia mudar de direção, confiar nas pessoas, ouvir e reagir adequadamente.

Hoje Erica faz parte do corpo docente da The Second City e ensina técnicas de improviso em muitas das mais prestigiadas escolas de negócios, incluindo Princeton, Dartmouth e Stanford. Também dá treinamentos corporativos em organizações como Google, Facebook, Budweiser e Hershey's para construir confiança e melhorar a comunicação e a criatividade de colaboradores. Ela acredita que a confiança é a base para uma boa experiência de improviso porque ninguém sabe exatamente o que vai acontecer. Todos correm o risco de não saber juntos e, para navegar pela incerteza, todos devem confiar nas pessoas com quem estão assumindo esse risco.

Um princípio fundamental do improviso é a filosofia do "sim, e", que encoraja os artistas a aceitar e desenvolver as ideias uns dos outros. Essa filosofia é sobre ouvir e agregar valor. O *sim* é sobre estar presente, aberto e receptivo. O *e* é sobre contribuir para que vocês possam construir algo juntos. Os improvisadores precisam ser ao mesmo tempo corajosos e vulneráveis para contribuir, e não têm como fazer isso sem confiar que serão bem recebidos e apoiados.

Assim como a confiança é crucial para uma boa performance de improviso, também é a base para uma comunicação e colaboração eficazes no trabalho, onde nos deparamos frequentemente com incertezas e mudanças. Imagine que você e um colega estão trabalhando juntos em um projeto com um prazo apertado. Em uma relação de confiança, vocês trocam ideias abertamente, colaboram bem e alcançam o sucesso juntos. Mas, se não houver confiança, você pode optar por não revelar o que sabe, com medo de seu colega usar isso contra você ou, pior, levar o crédito por suas ideias.

Em um estudo recente que investigou as experiências de 18 milhões de trabalhadores ao redor do mundo, pesquisadores descobriram que a confiança é o maior diferencial dos excelentes lugares para se trabalhar. Em organizações de alta confiança, 90% dos colaboradores relatam ter uma experiência de trabalho significativa. Outro estudo descobriu que, em organizações de alta confiança, os colaboradores são 260% mais motivados e 50% menos propensos a procurar outro emprego. Somente quando existe confiança é que a verdadeira colaboração e a comunidade podem prosperar. Sabendo disso, como construir a confiança?

Roger Mayer, professor de liderança da Universidade Estadual da Carolina do Norte, identificou três componentes da confiança: integridade, competência e benevolência. Pense em alguém em quem você confia. O que essa pessoa tem que o leva a confiar nela? É provável que ela aja com integridade, seja competente em domínios específicos e demonstre benevolência por meio de suas atitudes e ações. Ao entender os diferentes elementos que compõem a confiança, é mais fácil reforçá-la.

O primeiro elemento da confiança é a integridade. Basicamente, integridade significa fazer a coisa certa. Trata-se de ser confiável, justo nas interações com os outros e honrar compromissos. Você pode demonstrar integridade garantindo que suas ações sejam alinhadas com suas palavras. Esse componente é particularmente importante para os líderes, como vimos no Capítulo 3, sobre o alinhamento. Quando há um desalinhamento, você pode demonstrar integridade sendo transparente sobre isso e dando explicações claras e honestas. Você também demonstra integridade ao cumprir suas promessas e prazos. Como diz o ditado: "Faça o que você diz que vai fazer, quando diz que vai fazer". Quando você cumpre sua palavra e honra seus compromissos, as pessoas passam a confiar em você.

O segundo elemento da confiança é a competência, ou seja, a capacidade de fazer bem seu trabalho. Esse fator inclui qualificações, habilidades, conhecimento e proficiência na execução de tarefas e capacidade de alcançar metas. A competência é específica a um domínio, o que significa que alguém pode ser altamente qualificado em uma área, como finanças, e ter pouca habilidade ou treinamento em outra, como programação de computadores. Evidências de sua competência, como diplomas, prêmios e recomendações, geram confiança inicial. Embora grande parte da competência venha dessa confiança, ela precisa ser mantida e reforçada ao longo do tempo. Demonstrar competência de maneira consistente estabelece sua credibilidade. Você pode fazer isso demonstrando que é capaz e entregando resultados de alta qualidade em seu trabalho. Você também pode buscar oportunidades de aprender e manter-se atualizado em sua área de especialização. E embora pareça um contrassenso, pedir ajuda é uma excelente maneira de demonstrar competência. Admitir o que você não sabe é sinal de liderança segura, o que constrói credibilidade ao longo do tempo. Ao pedir ajuda em vez de apenas dar ordens, também pode alavancar o impulso humano de cooperar. E não deixe de reconhecer e expressar agradecimentos sinceros pela ajuda recebida. Como veremos mais adiante, isso é indispensável para dar significado ao trabalho.

O elemento final da confiança é a benevolência. Benevolência no trabalho significa demonstrar que se importa de verdade e ajudar os outros a alcançarem o sucesso. Quando somos benevolentes, as pessoas acreditam em nossas boas intenções e em nossa dedicação em prol do sucesso da equipe. No contexto do improviso, a benevolência também é um fator indispensável para desenvolver a confiança. Erica nos contou: "O melhor do improviso é que o interesse da equipe e de cada integrante são a mesma coisa. Se alguém fracassa, todos fracassam juntos". Com isso, todos são motivados ao apoio mútuo — fazer os outros ficarem bem também o deixa bem. Uma das melhores maneiras de demonstrar benevolência no trabalho é oferecer ajuda. Pesquisas mostram que, quando ajudamos alguém a ter sucesso, nossa conexão sai fortalecida. Comece procurando oportunidades de ajudar e mostrar à equipe que você se importa. Se, por exemplo, você tiver lido um artigo recente relacionado a um projeto no qual alguém de sua equipe está trabalhando, poderia encaminhar o artigo com uma mensagem simpática. Também pode demonstrar benevolência se colocando à disposição, abordando receios ou preocupações, sendo transparente e ouvindo diferentes perspectivas. Além disso, você pode encontrar oportunidades de orientar as pessoas e ajudá-las a desenvolver habilidades e conhecimentos. Por fim, você pode mostrar que se importa perguntando o que está acontecendo na vida delas fora do trabalho e lembrando-se do que elas responderam, para mencionar posteriormente, em outras conversas. Criar conexões em vez de limitar-se a dar ordens ajuda a construir confiança. A benevolência cria uma cultura na qual ajuda mútua é algo natural.

É importante notar que esses componentes existem dentro de uma escala. A confiança não é tudo ou nada. É possível que alguém tenha alta integridade e benevolência, mas baixa competência, por exemplo, e ainda assim seja confiável. Ao conhecer os elementos que constituem a confiança, será mais fácil avaliá-la e reforçá-la.

Nas grandes corporações, a confiança fortalece a conexão ao longo do tempo, do mesmo modo como os nutrientes que alimentam os filamentos fúngicos nas florestas da pesquisa de Suzanne. Quando os líderes buscam ativamente criar uma organização de alta confiança, a comunidade floresce.

ELEVANDO A CONFIANÇA EM SUA ORGANIZAÇÃO

Mark DiMassimo é fundador e diretor criativo da DiMassimo Goldstein (DiGo), uma agência global de marketing, design e publicidade com sede em Nova York. Mark cresceu em Nova Jersey, cidade onde a inventividade é valorizada. Por exemplo, seus avós moravam na antiga propriedade de Thomas Edison e, toda vez que Mark os visitava, eles faziam uma peregrinação ao local onde Edison inventou a lâmpada.

A família foi toda picada pelo bichinho da inovação: o pai inventou o recurso de discagem rápida para telefones e o tio George foi um engenheiro do Bell Labs e da Ford. Mark cresceu em um ambiente em que as histórias de inventores e suas conquistas já pairavam no ar antes mesmo que ele tivesse consciência do que estava absorvendo. Depois da faculdade, Mark praticou sua natureza inventiva em diferentes agências de publicidade em Nova York, começando na gestão de clientes e, depois, passando para o departamento de criação.

O desejo de inovar persistiu, e Mark sabia que queria abrir a própria agência, com uma abordagem diferente para branding. Mas antes ele queria ter a experiência de trabalhar para outro gestor. Mark percebeu que, para ser um grande líder, até um líder competente, ele tinha que aprender a ser um bom seguidor. Mark encontrou esse líder em Richard Kirshenbaum, cofundador da agência Kirshenbaum Bond Senecal & Partners, onde Mark atuou como diretor criativo. "Gostava de ter Richard como gestor. A gente se dava superbem e ele confiava muito em mim. Eu tinha bastante autonomia. Mas também confiava muito nele." Refletindo sobre o impacto da liderança de Richard, Mark acrescenta: "Richard me ensinou que a confiança é a base não apenas para construir relacionamentos mais fortes, mas também para produzir um trabalho melhor".

Em 1996, munido de 8 mil dólares e uma visão, Mark abriu a própria agência de publicidade. O primeiro cliente foi seu motorista, Nikolay, que acabara de abrir um negócio de chocolates com a esposa, Alexandra. Foi uma excelente oportunidade de criar uma marca desde o início.

Mark sempre soube que a confiança estaria no centro de sua abordagem de liderança. Ele queria muito merecer a confiança que os clientes estavam depositando na nova agência. Mark sabia que, para continuar conquistando a confiança de seus clientes, ele precisava primeiro cultivar a confiança em sua equipe. Para construir uma cultura de confiança, ele não apenas serviu de exemplo dos comportamentos que aprendeu com Richard, como os elevou. "Manter minha palavra era mais que uma prioridade. Era inegociável. Se eu me comprometesse com algo, você poderia apostar que meu compromisso seria cumprido. E, se as coisas mudassem, eu avisaria."

O compromisso de Mark com a confiança extrapolou a integridade pessoal e criou uma cultura de confiabilidade e responsabilidade compartilhada. Uma das maneiras pelas quais a agência desenvolveu uma cultura de confiança foi contratando e cultivando o que Mark chama de "colaboradores de alta responsabilidade", pessoas que não precisam ser motivadas pelo gestor. Elas podem precisar de ajuda em uma ou outra situação ou para descobrir como tirar alguns obstáculos do caminho, mas se responsabilizam por manter a motivação e pedem ajuda quando precisam.

Essa abordagem deliberada para construir confiança contribuiu para o sucesso de longo prazo da DiGo e sua capacidade de inovar e se adaptar continuamente. Alguns anos atrás, a agência adotou uma política que eles chamam de "Work Freedom" ("Liberdade no trabalho") para testar o trabalho remoto. Quatro anos depois de adotar a nova abordagem, Mark refletiu: "Sem uma cultura de confiança, não acho que essa transição teria dado certo. Não apenas confiamos uns nos outros como também confiamos que todos querem dar o melhor de si no trabalho, e confiamos que podemos pedir ajuda quando precisamos".

A transição para o modelo remoto nem sempre foi tranquila. Mark contou que um colaborador, que chamaremos de John, vivia impondo um estresse desnecessário ao fluxo de trabalho sempre que os projetos eram transferidos para sua área. Sem o mesmo nível de supervisão que tinha quando trabalhavam juntos no escritório, John não estava conseguindo confiar nos colegas. Seu microgerenciamento constante criava gargalos para o restante da equipe, que estava ficando cada vez mais frustrada.

A cultura de confiança da DiGo, cujos colaboradores se comprometem com o sucesso uns dos outros, permitia que os colegas de equipe de John lhe dessem um feedback sincero. Mark relatou uma conversa impactante na qual um colega abordou o problema diretamente, dando vários exemplos específicos de quando o microgerenciamento de John interrompeu o fluxo de trabalho e criou um estresse desnecessário. O colega explicou: "Você não precisa controlar todos os aspectos do projeto. Pode confiar na gente. Prometemos falar com você se tivermos alguma dúvida ou precisarmos de ajuda".

Ao dar um feedback sincero e oferecer apoio, os membros da equipe mostraram a John que estavam comprometidos com seu crescimento e com o sucesso da equipe como um todo. Essa comunicação aberta fomenta senso de confiança e respeito mútuo, fortalecendo os relacionamentos e permitindo que todos trabalhem juntos com mais eficácia. Embora tenha sido uma conversa difícil, John não apenas aceitou o feedback, mas abraçou a oportunidade de crescimento. Hoje ele está prosperando na DiGo e contribuindo positivamente para o sucesso da equipe.

Agora que a empresa está trabalhando em um modelo 100% remoto, Mark fica atento ao monitoramento de sinais não verbais e se concentra na benevolência. "Eu digo coisas como: 'Você pareceu meio constrangido naquela reunião. Você pareceu preocupado com isso ou aquilo. Fiquei pensando que talvez suas dúvidas tenham ficado sem resposta. Se quiser, podemos conversar agora'." Mark acredita, mais do que nunca, que confiança é sobre cuidar das pessoas e ajudar todos a priorizar a comunidade e a conexão: "Aprendemos que nada funciona a menos que todos sintam que criar, defender e construir conexões faz parte do trabalho. Cada pessoa, sem exceção, precisa sentir isso". Na DiGo, todos sentem isso.

A confiança no trabalho — como no improviso — é o que faz tudo fluir sem atrito. É crucial para que tudo funcione bem. Quando as pessoas realmente confiam umas nas outras — quando há confiança na integridade, competência e benevolência mútuas —, a conexão é reforçada e o desempenho da equipe melhora. Erica, a coach de improvisação, explicou: "Na improvisação, o ato de criar algo juntos desenvolve um profundo senso de pertencimento. Temos que confiar que estamos todos lá para criar o melhor cenário possível. Estamos todos juntos nisso". No trabalho, fazemos coisas em equipe todos os dias. Cada projeto, cada colaboração, cada interação é uma oportunidade para construir confiança e estabelecer as bases para conexões mais fortes.

A segunda parte do cultivo de conexões é **conceber experiências compartilhadas**. Assim como a confiança, essas experiências compartilhadas têm o potencial de ampliar a colaboração e a coesão na equipe, fortalecendo o senso de comunidade e aumentando o significado.

CONCEBENDO EXPERIÊNCIAS COMPARTILHADAS

No episódio "Office Olympics" da clássica série *The Office*, os colaboradores da filial de Scranton da Dunder Mifflin se veem com um tempo livre quando uma reunião é cancelada. Na tentativa de se livrar do tédio, Jim e Pam decidem sediar sua versão das Olimpíadas ali mesmo, no escritório. Com a ajuda da equipe, eles inventam uma série de jogos improvisados, em diferentes partes do prédio, usando materiais de escritório. Alguns dos jogos memoráveis incluem o "Flonkerton", com os colaboradores correndo desajeitadamente usando resmas de papel como esquis improvisados, e "Quantos M&Ms cabem na sua boca?". O escritório inteiro se envolve e todos aproveitam a oportunidade de competir e se divertir juntos. "Office Olympics" é um dos episódios mais memoráveis da série, capturando a essência da combinação única de humor e emoção que caracteriza a série.

Embora *The Office* não seja exatamente o modelo de trabalho que defendemos, há uma lição a ser aprendida com esse episódio. O que o torna tão especial é como os jogos unem os personagens com um espírito descontraído e lúdico. Eles colaboram, competem e torcem uns pelos outros, promovendo uma camaradagem que vai além de suas funções habituais no trabalho. Experiências compartilhadas, como a que aconteceu no episódio, criam um senso de pertencimento, quando todos fazem parte de algo prazeroso e significativo. E, além disso, criam memórias duradouras que se tornam parte da cultura do escritório, ajudando a derrubar barreiras e fortalecendo laços.

Dedicar tempo para promover interações sociais positivas no trabalho pode ser uma maneira eficaz de criar um senso de pertencimento. Experiências compartilhadas oferecem uma oportunidade para as equipes colaborarem, se divertirem e alcançarem resultados juntos. Pesquisas demonstram que experiências positivas compartilhadas são essenciais para formar e manter relacionamentos fortes. Quando fazemos coisas juntos, seja resolvendo um problema desafiador, celebrando uma conquista coletiva, nos divertindo ou simplesmente usufruindo da companhia um do outro, criamos vínculos que se estendem além dos limites de nossas funções profissionais.

Mas nem todas as experiências compartilhadas são iguais. Descobrimos que líderes orientados a significado criam ativamente uma variedade de experiências para promover interações sociais autênticas. Cada tipo de experiência — como o tradicional happy hour, cafés por videochamada, voluntariado em grupo e resolução de problemas desafiadores em equipe — tem um propósito distinto. Seja promovendo a camaradagem em um bate-papo descontraído ou fortalecendo a colaboração por meio da resolução de problemas, a combinação dessas experiências diversas contribui para uma equipe mais conectada.

UMA ABORDAGEM DE PORTFÓLIO

Augusto Giacoman é sócio da Strategy&, uma empresa global de consultoria em estratégia da PwC. Formado pela Academia Militar dos Estados Unidos em West Point, Augusto passou quase seis anos no exército antes de entrar para a faculdade de Administração e, em seguida, assumir uma função de liderança em consultoria. Nas Forças Armadas, a liderança é considerada uma competência essencial. Tudo gira em torno da liderança — de acordo com Augusto, é a moeda do exército. Mas quando ele começou a trabalhar com consultoria, Augusto descobriu que muitos líderes seniores simplesmente não eram bons líderes. Eles não se destacavam em definir uma visão ou desenvolver uma equipe conectada e motivada para concretizar essa visão.

Esse contraste levou Augusto a pensar em maneiras de encorajar todas as pessoas de sua equipe a se conectar. Ele começou pensando nos diferentes eventos de equipe dos quais participava no trabalho. De jantares em grupo, a oportunidades de aprendizagem até um workshop de improviso no The Second City, experiências diversas geravam diferentes níveis de união.

Quanto mais Augusto pensava a respeito, mais percebia que o workshop de improviso era mais eficaz do que um happy hour porque envolvia mais dificuldade. Com base em sua experiência no exército, ele teorizou que há uma relação entre propósito e dificuldade que pode realmente aprofundar conexões. Quanto mais difícil for uma experiência compartilhada, quanto mais propósito ela tiver, mais ajudará a unir as pessoas. Sua hipótese é que, quando fazemos coisas difíceis juntos, o desafio desenvolve nossa inteligência emocional coletiva. Você aprende vendo como as pessoas trabalham e elas aprendem vendo como você trabalha. Vocês avançam com mais rapidez pelos estágios de formação, confronto, normalização e desempenho da equipe. É claro que, se você forçar demais a dificuldade, estará criando um estresse desnecessário, o que prejudicará a eficácia. A dificuldade deve ter um limite.

Além do workshop de improviso, um evento de montagem de bicicletas se destaca para Augusto como uma das experiências de união mais significativas e impactantes que ele teve no trabalho. Sua equipe de cinco pessoas recebeu peças de bicicletas e foi orientada a montá-las, sem qualquer manual de instruções. No fim do dia, as bicicletas foram doadas a crianças em situação de vulnerabilidade social. Descobrir como montar bicicletas sem instruções foi bem difícil, mas eles conseguiram trabalhar juntos para resolver o quebra-cabeça. Depois, ainda tiveram a satisfação de doar as bicicletas.

O modelo propósito-dificuldade de Augusto pode ajudar você a criar um amplo portfólio de experiências compartilhadas que abrangem toda a escala de propósito e dificuldade. O objetivo é ter uma abordagem autêntica para sua organização e equipe. Assim como em um portfólio de investimentos bem administrado, é crucial garantir a diversidade das experiências compartilhadas. É preciso pensar em oportunidades de baixos risco e retorno — conexões casuais fáceis de lidar em termos de propósito e dificuldade, como happy hours e conversas on-line — e experiências estratégicas de alto retorno, como o workshop de improviso de Augusto. Pense nas conexões casuais como ativos principais em seu portfólio: confiáveis, facilmente acessíveis e que formam a base. Já as experiências mais profundas e desafiadoras são como investimentos de alto rendimento, oferecendo retornos substanciais em termos de coesão e conexão da equipe.

Vamos analisar mais de perto algumas experiências compartilhadas que os líderes de superorganizações conceberam para cultivar a conexão e desenvolver o pertencimento.

EXPERIÊNCIAS DE PROPÓSITO E DIFICULDADE MAIS BAIXOS

Na extremidade inferior da escala propósito-dificuldade estão as conexões casuais, uma excelente oportunidade para que pessoas que não se conhecem se apresentem e façam amizade. Essas atividades são o que a maioria das organizações já está fazendo para aumentar o senso de pertencimento. Incluem experiências como brunches ou almoços e happy hours. Embora possam ser um excelente primeiro passo e sejam importantes para o portfólio, esse tipo de experiência não é suficiente para o desenvolvimento de laços profundos entre colaboradores. Além disso, a maioria é concebida como complemento à rotina de trabalho agitada, o que pode excluir grupos inteiros, como pais de crianças pequenas, que precisam voltar para casa assim que dá o horário, ou os que não consomem álcool.

Uma maneira de criar conexões casuais mais inclusivas é incorporá-las ao dia a dia do trabalho. Boas experiências compartilhadas devem ter um design bem concebido. Priya Parker, autora do livro *A arte dos encontros: como se reunir e a importância de estar perto dos outros*, sugere que um dos erros mais comuns cometidos em encontros e reuniões é a falta de estrutura. Uma estrutura bem concebida permite que as pessoas se adaptem à experiência e façam conexões sem aquela sensação de "salve-se quem puder". O segredo é encontrar o equilíbrio certo entre elementos organizados e interações espontâneas para criar uma reunião dinâmica e envolvente. Vejamos alguns exemplos:

INTERVALOS SINCRONIZADAS

Em um dia de trabalho típico, a maioria de nós faz pausas para recarregar as baterias, pegar um café ou bater um papo rápido com os colegas. Para transformar essa prática em uma oportunidade mais significativa de conexão, você pode dar um jeito de sincronizar esses intervalos diários. Alex Pentland, professor do Instituto de Tecnologia de Massachusetts, MIT, e sua equipe conduziram um estudo de padrões de comunicação no call center de um grande banco dos Estados Unidos. Eles estavam interessados em analisar o impacto da conexão social nos níveis de produtividade como um todo e testar estratégias para intensificar essas conexões. Estudaram colaboradores de quatro equipes compostas de aproximadamente vinte pessoas cada. Originalmente, cada colaborador de uma equipe tinha um intervalo separado de quinze minutos durante o turno. Como os intervalos eram separados, as ligações não sobrecarregavam as outras equipes. O problema é que essa estrutura de intervalos dificultava a formação de relacionamentos coesos, pois as pessoas tinham oportunidades limitadas de interagir entre si.

Para aumentar o número dessas oportunidades, os pesquisadores mudaram a estrutura de intervalos de duas das quatro equipes para que todos os colaboradores de cada equipe fizessem uma pausa juntos. Depois de três meses para a mudança se estabilizar, eles retornaram ao call center e voltaram a analisar o comportamento dos colaboradores. Os resultados foram surpreendentes. Os colaboradores das equipes com intervalos sincronizados renderam à empresa 15 milhões de dólares em ganhos de produtividade e a satisfação dos colaboradores aumentou em até 10%.

Pausas sincronizadas não precisam ser longas para serem significativas. Até um breve intervalo de 10 a 25 minutos pode ser suficiente para promover a conexão e a camaradagem. O segredo é criar um tempo exclusivo para pausas, permitindo que os membros da equipe se afastem de suas mesas, recarreguem as baterias e se conectem em um nível mais pessoal.

Na Suécia, onde os colaboradores vivenciam alguns dos mais baixos níveis de estresse do mundo, os intervalos sincronizados foram adotados como um elemento importante para construir uma comunidade. O *fika*, palavra sueca que significa "pausa para o café" ou "tomar café", tem raízes profundas na cultura sueca e é praticado tanto no trabalho quanto em contextos sociais. Esse costume envolve fazer uma pausa, geralmente para tomar um café e comer um lanche, a fim de socializar e se conectar com as pessoas. Embora tenha surgido na Suécia, o conceito de *fika* ganhou popularidade em outras partes do mundo, com muitas organizações e indivíduos adotando a ideia como uma forma de construir conexões mais fortes.

A Quartz, organização global de notícias, decidiu testar o *fika* por uma semana. A iniciativa, liderada pela repórter Lila MacLellan, começou com uma equipe de seis colaboradores que se comprometeram a fazer seus intervalos no mesmo horário todos os dias. No primeiro dia, Lila ficou sentada sozinha na sala de descanso lendo um livro enquanto uma colega que trabalhava em home office mandou uma mensagem dizendo que ela também estava fazendo uma pausa. Até que outro membro da equipe também apareceu. Eles começaram falando sobre o trabalho, mas, passado o constrangimento inicial, puseram-se a falar de assuntos mais pessoais. O segundo dia do *fika* foi mais festivo, com um prato de salgadinhos e mais colegas presentes. Na sexta-feira eles já tinham pegado o jeito. Não sentiam mais a necessidade de quebrar o gelo e todos estavam apenas *fika-ndo*. Ela contou que "as conversas fluíram e aspectos pessoais da vida de cada um foram revelados. Graças ao *fika*, soubemos que uma pessoa do grupo faria uma cirurgia e outra planejava se mudar para Los Angeles".

Os intervalos sincronizados têm o poder de transformar o que seriam pausas individuais para o café em momentos de conexão. Como a equipe da Quartz demonstrou, os momentos iniciais podem ser um pouco constrangedores, mas, com o tempo, esses minutos se tornam uma parte natural e valorizada do dia. O segredo é manter a consistência e criar um ambiente acolhedor, em que os membros da equipe se sintam encorajados a participar.

HOME BASES

No contexto escolar nos Estados Unidos, uma *home base* é uma espécie de "porto seguro" para um grupo pequeno e fixo de alunos, para que desenvolvam vínculos e recebam apoio individualizado. Nas organizações, grande parte da força de trabalho é distribuída, e os indivíduos geralmente são transferidos a diferentes projetos para trabalhar com diferentes equipes.

Esses fatores podem dificultar o cultivo de conexões fortes ao longo do tempo. Até para equipes que trabalham juntas regularmente, pode ser difícil construir relacionamentos com outras pessoas da organização como um todo. Uma excelente solução é criar equipes de "*home base*", misturando, por exemplo, pessoas de diferentes departamentos e níveis hierárquicos, especialmente para aqueles colaboradores que desejam conexões mais profundas com os colegas. Assim como uma *home base* no ensino fundamental ou uma sala de aula no ensino médio, esses grupos de pessoas permanecem juntos por longos períodos. Eles não trabalham necessariamente nos mesmos projetos, mas se encontram — virtual ou pessoalmente — para se conectar e apoiar uns aos outros.

O Dropbox, plataforma de colaboração e armazenamento de arquivos na nuvem que adotou um modelo de trabalho prioritariamente virtual (*virtual-first*), criou o que chama de "*Dropbox Neighborhoods*", ou "Bairros do Dropbox", comunidades de pessoas que estão em proximidade física. Esses "bairros" — a versão empresarial de uma *home base* — são administrados por um gestor da comunidade local que agrupa pessoas on-line para organizar tudo, desde eventos, voluntariado até encontros informais. Os "vizinhos" também são encorajados a compartilhar novidades divertidas e descobertas interessantes, como os melhores restaurantes da cidade. A ideia é criar um senso de pertencimento em todos os colaboradores.

EXPERIÊNCIAS DE PROPÓSITO E DIFICULDADE MAIS ALTOS

Experiências no extremo superior da escala propósito-dificuldade ajudam equipes a aprofundar suas conexões por meio de interações mais substanciais e desafiadoras. Essas experiências podem ser fundamentais para promover relacionamentos duradouros e um senso de pertencimento entre colaboradores. Exemplos incluem o workshop de improviso e o evento de montagem de bicicletas de Augusto. Essas interações vão além de relacionamentos meramente superficiais entre as pessoas e exigem que os participantes colaborem, resolvam problemas, assumam riscos e se ajudem. Esse tipo de atividade é menos frequente, mas é muito mais significativo.

Você pode pedir à sua equipe sugestões sobre os tipos de atividades nas quais eles teriam interesse e considerariam divertidas. Em nossa pesquisa, a experiência mais comum nesse extremo da escala foram as oportunidades de voluntariado em grupo.

OPORTUNIDADES DE VOLUNTARIADO

Oferecer aos colegas a oportunidade de fazer trabalho voluntário juntos pode fortalecer significativamente a conexão entre vocês. Muitos estudos mostram que programas de voluntariado aumentam o engajamento, a produtividade e a retenção de colaboradores. Pesquisas também mostram que indivíduos que se voluntariam juntos geralmente relatam níveis mais altos de bem-estar. Martin Seligman, fundador da Psicologia Positiva, nos disse que "entre todos os exercícios que testamos, fazer uma gentileza pelos outros produz o aumento mais confiável no bem-estar".

Quando dois ou mais indivíduos sentem emoções positivas simultaneamente — o que os pesquisadores chamam de ressonância positiva —, isso cria laços sociais de confiança e comprometimento ao longo do tempo. Essas emoções positivas compartilhadas, como a alegria de assistir a um concerto ou fazer voluntariado juntos, estão associadas a níveis mais elevados de saúde mental e níveis mais baixos de solidão e depressão. Incorporar oportunidades de voluntariado ao local de trabalho não apenas fortalece as conexões entre colegas como também contribui para o bem-estar individual, promove senso de pertencimento e aumenta o significado no trabalho.

Temos visto programas de voluntariado bem-sucedidos de todos os formatos e tamanhos. Algumas organizações, como a Patagonia, dão aos colaboradores tempo livre remunerado para serem voluntários na causa que escolherem. Outras, como a Zappos, têm um grupo de caridade interno encarregado de criar oportunidades para que os colaboradores sejam voluntários juntos. Embora todos os programas corporativos de voluntariado possam ajudar os colaboradores a se sentirem mais engajados, oportunidades estruturadas são mais eficazes ao cultivar a conexão por meio de uma experiência compartilhada significativa.

A Bombas, empresa de vestuário mais conhecida por suas meias de alta qualidade e pelo modelo "compre uma e doe outra", tem uma equipe interna de doações, encarregada de criar diferentes oportunidades mensais para que os "membros do Hive" ("membros da Colmeia"), como os colaboradores são conhecidos, atuem como voluntários e se conectem. A Bombas foi fundada com a missão de ajudar pessoas em situação de rua. Como as meias são os itens mais solicitados em abrigos, a empresa doa um par para cada par vendido.

A equipe interna de doações cria oportunidades para que os membros do Hive cozinhem e sirvam refeições especiais em uma casa de acolhimento para mulheres, organizem festas de aniversário mensais em abrigos locais, embrulhem presentes de Natal e organizem uma noite de pizza mensal. Talvez uma de suas ações de voluntariado mais significativas tenha sido o "Dia dos 60 mil". Toda noite, em Nova York, onde fica a sede da Bombas, há 60 mil pessoas em situação de rua. A equipe de doações recrutou voluntários de sessenta organizações diferentes, incluindo KIND, LinkedIn e PayPal, para doar 60 mil pares de meias para sessenta abrigos na cidade em uma noite. O dia foi dedicado à construção de comunidade — entre as pessoas e com a cidade —, e foi um grande sucesso.

Seja por meio de atos de serviço menores e mais frequentes ou de momentos mais significativos, o voluntariado em grupo cultiva a comunidade e aumenta nosso significado no trabalho.

Incluímos algumas experiências compartilhadas na matriz a seguir para ilustrar essa abordagem de portfólio. Elas incluem uma combinação de atividades mais comuns e outras únicas, usadas por grandes corporações. Esperamos que esses exemplos sirvam de inspiração para você criar o próprio portfólio de experiências compartilhadas.

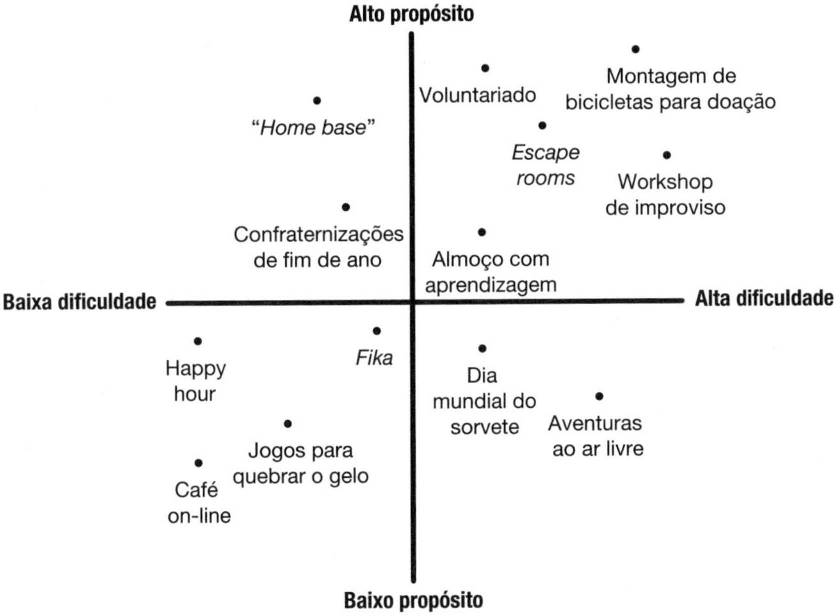

Os exemplos que discutimos destacam como os líderes orientados a significado usam experiências compartilhadas para cultivar conexões. A ideia não é que eles sejam seguidos à risca, mas que sirvam de referência para você montar seu próprio portfólio de vivências em grupo. À medida que as organizações navegam pela mudança em direção a ambientes híbridos e remotos, a necessidade de cultivar conexões se tornou mais evidente, mas também mais desafiadora. No próximo exemplo, veremos como uma equipe está lidando com o desafio.

O CONCIERGE DA CONEXÃO

Como em muitas empresas, a Reddit teve de adotar o trabalho remoto durante a pandemia. Embora tenha sido desafiador, os líderes se basearam no valor da melhoria contínua para navegar pela mudança. Eles usaram a transição para o trabalho remoto como uma oportunidade de aprender e logo perceberam que havia muitas vantagens em administrar e expandir o negócio sem escritórios centralizados. Também perceberam que manter um forte senso de comunidade seria mais desafiador, e redobraram os esforços para cultivar a conexão entre colaboradores.

A missão da Reddit é "levar comunidade, pertencimento e empoderamento a todas as pessoas do mundo", o que também inclui os "Snoos" (como os colaboradores da Reddit se autodenominam em homenagem ao mascote da empresa). A Reddit ainda tem treze escritórios espalhados pelo mundo, que estão abertos para qualquer pessoa usar a qualquer momento, mas ninguém é obrigado a trabalhar presencialmente. No entanto, o tempo presencial ainda é importante para a equipe.

Para ajudar os Snoos a criar experiências baseadas em conexão das quais as pessoas *querem* participar, a diretora sênior de experiência da Reddit, Michelle Lozzi, e sua equipe lançaram o Project Atelier. O Project Atelier é o sistema interno da Reddit para monitorar e dar suporte a reuniões presenciais em todos os níveis, desde uma reunião de alguns colaboradores até um retiro com a empresa toda. A equipe de Michelle atua como um concierge para qualquer gestor que esteja planejando se reunir com a equipe. Além de garantir que o time tenha tudo de que precisa para se conectar quando visita o escritório, Michelle coordena happy hours com outros colaboradores locais, organiza refeições e planeja atividades culturais.

Michelle também garante que sua equipe honre o valor da empresa de "fazer algo que as pessoas amem". Em cada escritório, a equipe de experiência oferece uma iguaria local exclusiva sempre que as pessoas se reúnem. Em São Francisco, por exemplo, eles têm uma padaria local que fornece doces e croissants.

A equipe de Michelle também criou canecas colecionáveis para cada escritório que os colaboradores visitam. "As pessoas exibem essas coleções nas videochamadas e se orgulham muito. Foi um dos nossos programas de maior sucesso", ela disse. Na verdade, foi tão bem-sucedido que a equipe de Michelle facilitou uma troca de canecas entre quinhentas pessoas, na qual os Snoos abraçaram suas comunidades locais e trocaram canecas de um estabelecimento ou ponto turístico favorito de sua cidade.

Para apoiar ainda mais os encontros de construção de comunidade, Michelle e sua equipe também lançaram o Snoo Community Funds (Fundos Comunitários dos Snoos). Qualquer Snoo pode enviar uma solicitação de verba para reunir membros da equipe, virtual ou presencialmente. A equipe de Michelle nunca recusou um pedido de verba para esses eventos liderados por colaboradores. "Como nossa equipe não tem como pensar em todas as maneiras possíveis de unir as pessoas ou deixá-las satisfeitas, lhes damos o poder para fazer o que *elas* querem fazer." Ela ajudou Snoos na Austrália a planejar passeios de caiaque, facilitou um workshop de produção de batons artesanais em Nova York e organizou encontros para ver uma partida de beisebol dos Cubs em Chicago.

Michelle e a equipe de experiência notaram um aumento significativo de reuniões presenciais. No ano passado, o número de Snoos que relataram sentir que tinham oportunidades de construir uma comunidade significativa aumentou 10%. Para Michelle, isso é muito importante.

Nossa pesquisa não deixa dúvidas: promover relacionamentos por toda a organização é fundamental para atribuir significado ao trabalho. É assim que as grandes corporações fazem cada indivíduo se sentir conectado. Não importa se esses vínculos são cultivados durante reuniões, refeições, trabalho voluntário ou outras experiências compartilhadas. O que realmente importa é que os líderes priorizem a construção de pertencimento para fortalecer o senso de comunidade de todas as pessoas. Como Jen Fisher, diretora de bem-estar da Deloitte, declarou: "Como líderes, temos a responsabilidade de ajudar as pessoas a entender que uma carreira significativa depende de relacionamentos significativos dentro da organização".

OUTRAS PESSOAS IMPORTAM

Cabe aqui repetir as palavras de Chris Peterson, um dos fundadores da Psicologia Positiva: "Outras pessoas importam... Qualquer coisa que estreite vínculos contribui para a sua felicidade". Como líderes, devemos reconhecer o papel fundamental dos relacionamentos positivos para imbuir o trabalho de significado.

Em qualquer organização ou equipe, você provavelmente terá indivíduos excepcionalmente talentosos. No entanto, o que os motiva a colaborar, contribuir com ideias e ser verdadeiramente produtivos é a conexão entre eles. A rede de relacionamentos cultivada por meio de conexões pessoais atua como fios invisíveis que criam significado no trabalho.

Quando os líderes desenvolvem a confiança e concebem experiências compartilhadas, eles promovem pertencimento. Para que essas conexões significativas não apenas sobrevivam mas também prosperem, é crucial que os líderes adotem a autenticidade. Como veremos, cultivar conexões só funciona se as pessoas puderem ser elas mesmas.

5. ACOLHA A AUTENTICIDADE

"Autenticidade é a prática diária de abrir mão de quem achamos que deveríamos ser e acolher quem somos."

— Brené Brown

Em um dia fresco de outono, nós dois chegamos à Filadélfia para o início do programa de mestrado em Psicologia Positiva Aplicada (MAPP) da Universidade da Pensilvânia. Caminhando em direção ao centro estudantil Houston Hall, estávamos nervosos e empolgados para o primeiro dia do que esperávamos ser uma experiência transformadora. Em preparação para a semana, havíamos recebido um kit de boas-vindas incluindo pequenas biografias dos 48 alunos da nossa turma. Nossos colegas de classe eram do mundo todo, com idades entre 20 e 60 e poucos anos, com uma lista impressionante de realizações. Entre eles estavam a ex-gestora de gabinete do diretor-geral do Fundo Monetário Internacional, um agente especial do FBI e a assessora jurídica da grife global Chanel. A expectativa para conhecer nossos colegas era palpável quando entramos na sala.

Nós dois nos perguntávamos se realmente pertencíamos àquele lugar. Tamara era uma empreendedora solo, mãe de três filhos, e emigrara do Brasil para os Estados Unidos aos 20 anos. Wes trabalhou em grande parte em startups e, como um homem gay, estava apreensivo, pois nunca sabe como vai ser recebido por novas pessoas. Depois de alguns minutos de interação, durante os quais fizemos o que pudemos para nos integrar, sentamos e o programa começou. Tamara sentou-se mais para a frente e Wes, algumas fileiras atrás. Nós dois ainda não nos conhecíamos.

Quarenta e oito rostos olhavam ansiosos enquanto Marty Seligman, conhecido como o pai da Psicologia Positiva, caminhava lentamente para a frente da sala com um sorriso caloroso no rosto. Ele passou alguns segundos parado, olhando atentamente para cada um de nós. Depois do que pareceu uma eternidade, Marty quebrou o silêncio proferindo três vezes com sua voz profunda de barítono uma frase poderosa: "Vocês pertencem a este lugar. Vocês pertencem a este lugar. Vocês pertencem a este lugar". Nervosos, nos perguntávamos exatamente isto: "Será que merecíamos estar ali?". Ouvir aquelas palavras de um líder ressoou profundamente em nós. Parecia que ele conseguia ler nossa mente.

Mais tarde, quando fizemos amizade com nossos colegas de classe, todos admitiram que se sentiam impostores. Estávamos todos nos perguntando se seríamos aceitos no grupo. Naquele momento transformador, foi como se um peso enorme tivesse sido tirado dos nossos ombros. Poderíamos baixar a guarda e nos concentrar no que nos motivou a cursar a pós-graduação. Foi uma maneira incrível de dar início ao que se tornaria uma das experiências mais significativas da nossa vida: afirmando que todos nós pertencíamos àquele lugar. Marty e os outros líderes do programa fizeram questão de traduzir essas palavras em ações. Ao longo de todo o programa, eles nos mostraram, vez após vez, que éramos aceitos por quem realmente somos.

Como já mencionamos, os seres humanos são fundamentalmente motivados pela necessidade de pertencimento. Alguns dos mesmos alarmes que são ativados no cérebro quando estamos com fome também são ativados quando nos sentimos solitários ou desconectados. O cérebro usa os mesmos sinais para nos alertar de que estamos famintos por comida e por conexão. Muitas das emoções mais intensas que sentimos — positivas e negativas — estão relacionadas à nossa necessidade de pertencimento.

Quando nos sentimos aceitos e incluídos, vivenciamos felicidade, alegria e contentamento. Quando nos sentimos rejeitados ou ignorados, podemos experimentar ansiedade, depressão e solidão. Essa necessidade se faz presente em todas as áreas da nossa vida, inclusive no trabalho.

O que queremos dizer com "pertencer" no trabalho? No capítulo anterior, examinamos como as conexões com as pessoas criam um senso de pertencimento. Relacionamentos fortes e a crença de que as pessoas se importam conosco e gostam de nós são importantes impulsionadores do significado no trabalho. A força dessas conexões depende em grande parte da possibilidade de nos mostrar como realmente somos. Se tivermos que esconder quem somos ou o que pensamos para sermos incluídos no grupo, nossas conexões não podem ser autênticas. Como diz a autora best-seller Brené Brown, "O contrário de pertencer é se encaixar". Só podemos ter um senso de pertencimento no trabalho quando as pessoas nos veem e nos acolhem por inteiro.

A triste verdade é que, em muitas organizações dos dias de hoje, a maioria das pessoas tem um segundo emprego em tempo integral, trabalhando para manter uma versão meticulosamente editada de si mesmas para se encaixar. Essas pessoas — e nós dois já fomos assim — editam o que compartilham sobre si mesmas e escondem o que realmente pensam sobre o trabalho por medo de serem rejeitadas, julgadas ou até demitidas. É como se todos nós andássemos por aí usando máscaras. Não é de surpreender que pesquisas tenham descoberto que esse segundo emprego restringe o crescimento pessoal e organizacional, cria silos, prejudica a produtividade e dificulta a colaboração. É preciso dispender uma quantidade enorme de energia e esforço para filtrar cada comentário, cada e-mail, cada interação para tentar se encaixar. É exaustivo passar o tempo todo agindo da maneira como achamos que as pessoas querem que sejamos, em vez de agir como realmente somos. Quando gastamos tanta energia mantendo uma máscara, é difícil encontrar significado no trabalho.

Os líderes que acolhem as pessoas por completo, por quem elas são e com toda sua gama de ideias, têm o poder de eliminar esse segundo trabalho e permitir que os indivíduos redirecionem essa energia desperdiçada para atividades mais significativas. No início do programa de mestrado em Psicologia Positiva aplicada, Marty nos convidou a abandonar nossa máscara para que pudéssemos construir uma comunidade com mais rapidez e nos conectar e colaborar uns com os outros de maneira mais eficaz. Uma das primeiras coisas que os líderes do programa nos pediram que fizéssemos foi compartilhar uma ocasião da nossa vida na qual sentimos que estávamos no nosso melhor. Eles nos dividiram em pequenos grupos (que depois descobrimos que seria o grupo de trabalho do semestre) e nos pediram que compartilhássemos as histórias, que poderiam ser sobre um grande acontecimento da nossa vida ou apenas um pequeno momento, mas a ideia era destacar um dos principais pontos fortes que víamos em nós mesmos.

Muitas vezes achamos difícil compartilhar eventos negativos porque não queremos parecer vulneráveis, mas compartilhar eventos positivos também é difícil. Pode ser desconfortável falar sobre algo de que você se orgulha, e é preciso coragem para compartilhar seus pontos fortes. E se as pessoas acharem que você está sendo arrogante? E se o ponto forte que você destacar não for valorizado pelo grupo? E se as pessoas acharem que a sua história é trivial demais enquanto a de todos os outros é heroica? Esses pensamentos passaram pela nossa cabeça enquanto falávamos.

Tamara falou sobre quando ajudou uma jovem mãe a encontrar seu filho perdido em uma loja de Nova York. Wes contou sobre o dia em que o pai faleceu inesperadamente e como, mesmo assim, ele encontrou forças para tomar todas as providências de modo que a família pudesse viver o luto. Depois que cada pessoa contou sua história, o grupo teve a chance de responder. Fomos encorajados a fazer perguntas ou destacar algo das histórias dos outros. Como veremos adiante, a maneira como respondemos ao que as pessoas compartilham tem um grande impacto sobre o pertencimento. Ao final do exercício, todos nos sentimos acolhidos e valorizados.

Esse exercício, a Introdução Positiva, concebido para nos apresentar com base em nossa melhor versão, acelerou nossa capacidade de nos abrir e nos conectou com os colegas de equipe, com quem trabalharíamos em difíceis projetos no decorrer do semestre. Quando trabalhamos com novas equipes, aplicamos uma versão desse exercício, e ele invariavelmente se revela muito eficaz para estabelecer as bases de uma boa colaboração. Quando nos sentimos conectados e aceitos, podemos começar a revelar o que realmente pensamos, mesmo quando nossa opinião diverge da do grupo.

Ao longo do programa de mestrado, os líderes continuaram nos encorajando a mostrar quem realmente somos, compartilhando nossas verdadeiras perspectivas e ideias. Os professores faziam perguntas que acolhiam as discordâncias e destacavam os diferentes pontos de vista. Eles acolhiam divergências em sala de aula fazendo perguntas como: alguém discorda? Qual seria outra perspectiva sobre isso? O que eu deixei passar? Essa abordagem enriqueceu as discussões, alavancou a diversidade de opiniões e aprofundou a aprendizagem.

No trabalho, é comum nos curvarmos às vozes mais altas e nos abstermos de revelar o que realmente pensamos. Assim como usar uma máscara para nos encaixar, essa atitude dificulta a colaboração e a inovação e pode ser exaustiva. Somos contratados para trabalhar em uma organização pelo nosso conhecimento, mas não é raro sentirmos que não podemos dizer abertamente o que pensamos ou sabemos. Isso não é apenas frustrante para nós como indivíduos, mas também reduz as probabilidades de sucesso organizacional como um todo. A inovação requer perspectivas diversas. Ao acolher todas as ideias, as organizações ganham insights valiosos para tomar melhores decisões.

Quando nos sentimos seguros para revelar quem somos, sem medo de rejeição ou retaliação, podemos contribuir com nossas ideias mais criativas, confiantes e produtivas. Quando nos sentimos acolhidos e valorizados, podemos deixar a máscara cair. Esse ciclo virtuoso de autenticidade e pertencimento permeou toda a nossa experiência no programa de mestrado e continua presente em nós, como ex-alunos e instrutores do programa. Esse curso foi uma das experiências mais significativas de nossa vida.

Aprendemos lições importantíssimas que nos ajudaram a ser autênticos no trabalho e a ensinar outras pessoas a fazer o mesmo. Quando os líderes promovem a autenticidade, nosso senso de comunidade é reforçado e nosso trabalho se torna significativo.

Na extensa pesquisa que conduzimos durante e depois do programa, descobrimos que os líderes orientados a significado constroem pertencimento ao **acolher totalmente as pessoas e suas ideias**.

DEIXANDO A MÁSCARA CAIR

Chad Thomas cresceu nas fervilhantes e barulhentas ruas de um bairro de baixa renda de Newark, Nova Jersey, como o caçula de três irmãos. A vida na cidade pode ser difícil, mas também tem sua beleza. Newark tinha uma comunidade unida, com pessoas que, mesmo cercadas por pobreza, crime, violência e injustiça, cuidavam umas das outras. Chad nos contou: "Eu e meus irmãos dizíamos, brincando, que só conseguíamos dormir quando ouvíamos a sirene de ambulâncias pelo menos uma ou duas vezes à noite".

Quando Chad e seus irmãos se aproximaram da adolescência, os riscos aumentaram. Naquela época, em Newark, gangues tentavam recrutar meninos de 12 ou 13 anos. Em um dia de verão, Chad, com apenas 12 anos, estava saindo de um restaurante chinês quando um traficante de drogas conhecido da vizinhança o puxou de lado. Mas, em vez de tentar recrutar Chad, ele contou que gostaria de ter tomado um rumo diferente na vida. Disse que se arrependia de ter largado a escola e esperava que Chad estudasse para conseguir sair de Newark. O traficante deixou claro que nunca quis levar aquela vida. Aquele momento foi transformador para Chad. Ele ficou chocado ao saber que, apesar de seu *status* no bairro, o traficante não queria aquela vida para si nem para os outros.

Decididos a garantir um futuro melhor para os filhos, os pais de Chad os inscreveram em um programa de bolsas de estudo que enviava crianças de Newark para internatos da região da Nova Inglaterra. Chad ganhou uma bolsa de estudos na prestigiada Taft School em Watertown, Connecticut. Para transitar entre as diferentes realidades da casa e da escola, Chad teve de passar por uma grande adaptação. Ele contou: "Meus amigos de infância, com quem cresci em Newark, me diziam que eu estava 'falando como branco', só porque comecei a usar a concordância verbal certa, e que estava perdendo minhas raízes por causa do internato chique. Meus colegas no internato não me aceitavam por causa das minhas origens. Eu vivia dividido entre dois universos muito diferentes e sentia que não pertencia a nenhum deles".

Chad passou os primeiros anos no internato sentindo-se como um peixe fora d'água. Os dois primeiros foram particularmente brutais para ele, que ouvia insultos raciais o tempo todo. Foi também a primeira vez que teve dificuldades na escola. A intensidade dos cursos era diferente de tudo o que ele havia vivenciado no sistema público de Newark. Apesar disso, Chad se inspirou no sucesso dos irmãos em seus respectivos internatos e decidiu persistir e seguir em frente, percebendo que seu futuro dependia disso. Nenhum outro menino com quem Chad estudou em Newark chegou a terminar o ensino médio — eles abandonaram os estudos ou tiveram problemas com a lei, ou ambos. Chad se recusou a fazer parte da estatística.

No início do terceiro ano, Chad assumiu o controle de sua experiência no ensino médio. Cansado de apenas sobreviver, decidiu deixar a raiva de lado e aceitar quem era, mostrando seu "eu" autêntico em vez de uma mera sombra de si, mesmo correndo o risco de atrair ainda mais hostilidade dos colegas. Chad entrou no grêmio estudantil, em times esportivos e oficinas artísticas. Na formatura do ensino médio, foi eleito orador da turma e o aluno que mais se destacou. O mais importante é que, quando decidiu ser ele mesmo, tudo mudou. Ele percebeu que ainda poderia ser o Chad de Newark e que não precisava se camuflar para se encaixar. De repente, tudo fez sentido.

Depois do ensino médio, Chad entrou para o Boston College, onde se formou em Psicologia do Desenvolvimento com o objetivo de se tornar psicoterapeuta. Mas seu irmão mais velho estava trabalhando em Wall Street, e ele foi atraído pelo sucesso financeiro. Quando recebeu uma oferta de um banco de investimento, decidiu que "não queria mais viver falido". Na ocasião, acreditava que tudo ficaria bem se tivesse uma renda anual de seis dígitos.

Mas Chad se viu, mais uma vez, em um ambiente onde não conseguia ser quem realmente era. "Não era fácil ser afro-americano em Wall Street", explicou. "Por exemplo, eu e meus colegas negros tínhamos que ouvir que nossa voz naturalmente grave podia intimidar os clientes." Mesmo ganhando bem, Chad se sentia desconectado e insatisfeito no trabalho. Ele refletiu: "Fui trabalhar no mercado financeiro pelo dinheiro, mas isso não me deu um propósito. Eu não queria ter que viver me policiando para deixar as pessoas à vontade. Percebi que o dinheiro que entrava na minha conta não traria a plenitude que eu buscava".

Chad decidiu que não se satisfaria apenas com um bom salário fixo. Motivado pelo desejo de alinhar a carreira com suas paixões e valores, procurou empresas que tivessem um ambiente de trabalho positivo e se importassem em causar um impacto significativo. Sua busca o levou à BetterUp, uma plataforma de coaching digital. Quando se candidatou, a empresa não passava de uma startup e sequer tinha um processo formal de seleção. Chad mandou um e-mail de improviso ao cofundador, Eddie Medina, e eles se encontraram para um café.

Desde aquela primeira conversa, Chad sentiu que poderia ser ele mesmo. Na entrevista, Eddie fez perguntas profundas para conhecê-lo — suas origens e formação, suas esperanças e sonhos. Ele criou um espaço aberto e acolhedor que deixou Chad à vontade para compartilhar pensamentos e preocupações. Eddie demonstrou um verdadeiro interesse pelos valores e aspirações de Chad e falou sobre os próprios valores e sobre a missão da empresa. Mesmo assim, Chad levou um tempo para se convencer. Ele não tinha interesse em trabalhar em uma empresa voltada exclusivamente a clientes organizacionais que já possuíam muitos recursos. "Tenho uma profunda paixão por garantir que todas as comunidades recebam apoio", relata Chad. "Eu disse a Eddie que não queria oferecer coaching apenas para o alto escalão das organizações. Eu não queria trabalhar só para resolver os problemas fúteis desse público."

Eddie garantiu a Chad que o objetivo da BetterUp era democratizar o coaching e torná-lo acessível a todas as pessoas do mundo. Isso o animou. Ele conta: "Eddie criou um espaço para eu poder ser direto com ele e respondeu de maneira positiva à minha opinião. Foi completamente diferente de tudo a que eu estava acostumado".

Chad entrou na BetterUp como o colaborador número 47. Assim que colocou os pés na empresa, soube que havia encontrado seu lar profissional. Ele ainda se lembra da sensação de cordialidade quando entrou no escritório. Dava para ver que todos trabalhavam energizados pela missão de "ajudar as pessoas a viver com mais clareza, propósito e paixão". Ele havia passado toda a sua carreira até então em ambientes de trabalho tóxicos, mas aquele lugar era bem diferente.

Chad não apenas se viu cercado por colegas que buscavam um propósito mais amplo como pôde ser ele mesmo, e foi acolhido por isso. Desde aquela primeira conversa com Eddie, soube que poderia ser verdadeiro. "Eu sou um cara de Newark apaixonado pela psicologia positiva. Posso falar sobre a minha religião. Posso ir ao trabalho usando uma corrente de ouro em um dia, um terno no dia seguinte ou uma camiseta com a estampa de um artista de hip-hop, e ninguém me julga por isso." Chad não precisava mais se encaixar. Agora, ele poderia revelar seu "eu" autêntico e se sentir em casa.

Ao refletir sobre sua jornada, Chad atribui à cultura inclusiva da BetterUp os créditos por empoderá-lo a encontrar sua voz e liberar seu potencial. Ele acredita que o engajamento no trabalho diz respeito à energia que você obtém ali e a possibilidade de ver rapidamente como seu trabalho faz diferença. Para Chad, a BetterUp é uma fonte de energia renovável que só melhora a cada dia. Ele conseguiu crescer e se desenvolver na organização sem precisar abrir mão de quem é.

Os líderes da BetterUp constroem de maneira deliberada um ambiente que permite a todos contribuir com tudo o que são. Oferecem aos colaboradores quatro dias remunerados por ano para o que eles chamam de "trabalho introspectivo" — uma prática dedicada a "olhar para dentro, para o nosso 'eu' autêntico". Eles aprenderam que a capacidade de mostrar quem você realmente é no trabalho melhora a comunicação, aumenta a produtividade e reforça os relacionamentos com os colegas.

Você já sentiu que não podia ser quem realmente é no trabalho? Talvez, assim como Chad no banco de investimento, quando foi forçado a mudar o tom da voz, você tenha sentido que precisava camuflar aspectos de sua identidade para se encaixar. Nesse contexto, o termo *camuflar* refere-se às maneiras pelas quais as pessoas escondem ou minimizam partes de quem são para se encaixar. Pode incluir idade, deficiências, cor, etnia, orientação sexual, *status* civil e de parentalidade, escolaridade, condição de saúde mental e religião. Por exemplo, uma mãe pode evitar falar sobre os filhos no escritório para indicar que está totalmente comprometida com o trabalho. Ou uma pessoa com deficiência pode se abster de usar os recursos de acessibilidade dos quais precisa para evitar ser vista como diferente.

Uma pesquisa recente descobriu que assombrosos 60% dos trabalhadores usam a camuflagem regularmente. Isso tem consequências negativas não apenas para os indivíduos que se valem dessa estratégia como também para a performance da organização. Quase como um segundo emprego em tempo integral, comportar-se em desalinhamento com sentimentos autênticos é muito mais desgastante do que um comportamento autêntico, além de esgotar a autorregulação e o espaço mental.

Por outro lado, quando os líderes criam um espaço para que as pessoas tirem as máscaras e mostrem quem elas realmente são, promovem o pertencimento e fortalecem as conexões. O trabalho passa a ser relacional em vez de transacional, levando a maiores colaboração, inovação e significado. Uma ferramenta que vimos líderes orientados a significado usarem para encorajar as pessoas a mostrar seu "eu" autêntico é uma prática que chamamos de "narrativas do dia a dia".

HISTÓRIAS DO DIA A DIA

Contar histórias pode ser uma ferramenta poderosa para criar pertencimento. Os líderes facilitam as narrativas do dia a dia compartilhando as próprias experiências cotidianas e convidando ativamente os outros a compartilhar as suas. Quando as pessoas se acostumam a falar sobre a vida fora do trabalho, a mensagem por trás disso é que as experiências de todos são bem-vindas e valorizadas.

Pense nos membros da sua equipe. Você sabe quais são os pratos favoritos deles, como passam o tempo livre ou qual foi o último livro que leram e gostaram? Os líderes que veem e valorizam os colaboradores como indivíduos multifacetados, reconhecendo seus papéis como pais, cônjuges e membros ativos da comunidade, reforçam o senso de pertencimento e tornam o trabalho significativo.

As narrativas do dia a dia começam liderando pelo exemplo. Lembrando que, como Rob Waldron aprendeu, as pessoas sempre "seguem a noiva". Você pode fazer isso de maneira direta, falando sobre hobbies e interesses fora do trabalho, ou indireta, mostrando itens pessoais e fotos na sua mesa ou na tela do computador durante uma videochamada. Um pouco de vulnerabilidade pode fazer toda a diferença. A quantidade apropriada de histórias pode variar de acordo com a cultura, mas você pode adaptá-la. Outras ideias para dar o exemplo de como compartilhar histórias do dia a dia incluem:

- Contar histórias ou anedotas da sua vida pessoal nas reuniões da equipe ou em encontros informais. Podem ser experiências memoráveis, lições aprendidas ou incidentes engraçados que permitam que os colaboradores o conheçam em um nível mais profundo.
- Falar sobre seus planos para o fim de semana, seja torcer pelos filhos em uma partida de futebol, participar de cerimônias religiosas ou praticar um hobby específico que muitas pessoas desconhecem.

- Participar ativamente de grupos que reúnem colaboradores com interesses semelhantes é muito eficaz para fortalecer conexões e promover o pertencimento nas organizações. Ao participar, você interage com colegas que têm interesses, experiências ou trajetórias de vida parecidos com os seus.
- Usar a assinatura de e-mail ou planos de fundo virtuais em videochamadas para mostrar algum interesse ou aspecto de quem você é. Por exemplo, você pode incluir uma citação que considera inspiradora, uma foto de um lugar que adora ou um símbolo importante para você.
- Nunca minta caso precise sair mais cedo do trabalho por motivos pessoais. Uma líder sênior com quem trabalhamos reserva em sua agenda um tempo para se exercitar e, ocasionalmente, sai mais cedo para assistir às partidas de lacrosse da filha. Ao exibir abertamente essas atividades em seu calendário, ela promoveu um ambiente mais aberto em sua equipe, incentivando os outros a seguir o exemplo.

Pequenos detalhes como esses podem mostrar vislumbres de quem você realmente é e criar conexão com as pessoas. Mesmo sendo importante que os líderes exemplifiquem, direta e indiretamente, as narrativas do dia a dia para sua equipe, isso não é suficiente. Eles também devem ser explícitos ao permitir que as pessoas façam o mesmo. Atividades do dia a dia no trabalho, como reuniões, apresentam uma oportunidade inexplorada de convidar pessoas a compartilhar as próprias histórias cotidianas. Quando isso acontece, começamos a ver nossos colegas como pessoas multifacetadas.

Vivek Murthy, o cirurgião-geral dos Estados Unidos e autor de *O poder curativo das relações humanas: a importância dos relacionamentos em um mundo cada vez mais solitário*, é conhecido por sua ênfase no bem-estar, na comunidade e na importância de abordar fatores sociais e emocionais nas áreas da saúde e da liderança. Em outubro de 2019, na conferência anual de alunos e ex-alunos do mestrado em Psicologia Positiva Aplicada da

Universidade da Pensilvânia, Murthy compartilhou conosco uma prática que implementou na própria equipe para criar um ambiente mais inclusivo, deixando as pessoas à vontade para compartilhar aspectos da vida pessoal. Ele chama essa prática de "Inside Scoop" (algo como "Por dentro da história").

Nos encontros gerais semanais com a empresa toda, uma pessoa tem cinco minutos para mostrar algumas fotos relacionadas à sua vida e falar sobre elas. Os participantes se revezam a cada semana nessa apresentação. Em entrevista ao *Washington Post*, Murthy compartilhou: "Dávamos a palavra a um colaborador por cinco minutos e ele contava o que quisesse sobre sua vida pessoal. Algumas pessoas falavam sobre a família, outras se concentravam em alguma coisa que tinha acontecido a caminho do trabalho, algumas compartilhavam sonhos para o futuro. Mas, naqueles breves cinco minutos, todas tinham a possibilidade de nos mostrar um aspecto de sua vida ao qual nós [normalmente] não tínhamos acesso. De tudo o que discutíamos naqueles encontros gerais, aqueles cinco minutos eram os mais interessantes". Com o tempo, Murthy observou que a equipe se sentia mais conectada à medida que os colegas sabiam mais sobre sua vida pessoal. Ao dedicar apenas cinco minutos às histórias do dia a dia, a equipe deixou de ver o trabalho como algo transacional e acolheu uma abordagem mais relacional.

Quando alguém revela mais facetas de si e compartilha algo positivo da vida pessoal, isso não apenas promove o pertencimento como gera emoções positivas. Barbara Fredrickson, professora da Universidade da Carolina do Norte em Chapel Hill, lidera as pesquisas sobre emoções positivas. De acordo com sua teoria do "ampliar e construir", emoções como alegria, gratidão e curiosidade expandem nosso modo de pensar e nos estimulam a explorar novas possibilidades e ideias. Esse processo nos ajuda a desenvolver recursos duradouros, como resiliência e habilidades de enfrentamento, contribuindo para melhorar o bem-estar e o crescimento pessoal.

Por exemplo, sentir gratidão nos leva a reconhecer a ajuda que recebemos e nos motiva a agradecer às pessoas. Isso reforça os vínculos e promove um senso de reciprocidade. Sentir esperança nos leva a fazer planos para o futuro, definir metas e manter o otimismo. Isso promove a resiliência, nos dando um senso de propósito e direção, mesmo em circunstâncias difíceis. Esses exemplos destacam como as emoções positivas impulsionam ações, nos permitindo desenvolver recursos cruciais, como agilidade cognitiva, resiliência emocional e motivação.

Ao oferecer oportunidades para as pessoas revelarem outras facetas de quem são e se conectarem em um nível pessoal, você pode usar as reuniões e encontros para ajudar os colaboradores a se sentirem vistos e ouvidos, vivenciar emoções positivas e fortalecer conexões. Você pode criar oportunidades como essas em reuniões de equipe e em conversas individuais, presencial ou virtualmente. O que realmente importa é demonstrar um interesse autêntico pela vida das pessoas fora do trabalho.

As histórias do dia a dia constituem uma abordagem altamente eficaz para revelar outras facetas de quem você é e encorajar as pessoas a fazer o mesmo. No entanto, quando alguém compartilha algo pessoal, a maneira como você responde pode impactar significativamente seus esforços para promover a autenticidade. Sua resposta pode fazer com que as pessoas se sintam vistas e fortalecer conexões ou pode inadvertidamente sinalizar desinteresse e desencorajar compartilhamentos futuros.

"FOI BOM?"

Em um dia ensolarado de maio de 2013 em Cambridge, Massachusetts, Oprah Winfrey fez um discurso de formatura inspirador para a turma de formandos da Universidade Harvard. Em um momento especialmente comovente, Oprah revelou a lição mais importante que tinha aprendido em seus 25 anos entrevistando pessoas todos os dias: "O denominador comum que encontrei em cada conversa é que queremos ser validados. Queremos ser compreendidos".

Oprah contou que conduziu mais de 35 mil entrevistas em sua carreira e que, assim que as câmeras são desligadas, todos os entrevistados se voltam para ela e fazem a mesma pergunta: "E aí? Foi bom?". Ela explicou: "Ouvi essa pergunta do presidente Bush, ouvi do presidente Obama. Ouvi de heróis e donas de casa. Ouvi de vítimas e criminosos. Ouvi essa pergunta até da Beyoncé, com todo o seu esplendor. Ela termina a entrevista, me entrega o microfone e pergunta: 'E aí? Foi bom?'". Oprah encerrou seu discurso enfatizando que todos nós, em todas as nossas interações, queremos saber uma coisa: "Você me ouviu? Você me entende? O que eu disse significa alguma coisa para você?".

Nessa parte de seu discurso, Oprah apontou para uma necessidade humana fundamental: ser aceito e valorizado por quem realmente somos. Quando compartilhamos nossas histórias do dia a dia, sempre nos perguntamos: "Foi bom?".

Em um artigo seminal intitulado "Will You Be There for Me When Things Go Right?" (algo como "Você vai estar comigo quando as coisas derem certo?"), Shelly Gable e seus colegas descobriram que pequenos momentos de conexão em torno de experiências positivas podem fortalecer de maneira significativa os relacionamentos. Os pesquisadores verificaram que normalmente temos quatro reações possíveis quando alguém nos conta boas notícias, mas apenas uma delas gera confiança e pertencimento. Um engajamento sincero quando alguém compartilha momentos de vitória, sucesso e notícias positivas pode ajudar a transformar um relacionamento bom em excelente. É importante manter isso em mente porque eventos positivos ocorrem com três vezes mais frequência do que os negativos. E, no trabalho, as pessoas são mais propensas a compartilhar boas notícias.

Imagine que você está conversando sobre o fim de semana com uma colega de equipe. Empolgada, ela lhe conta uma história sobre o torneio de *wrestling* do filho, que ficou em primeiro lugar. Você está atolado de trabalho, não entende muito de *wrestling* e não conhece o filho dela. Como você responde? Você pode dizer algo como: "Parabéns! Bom para ele!". Embora bem-intencionada, essa resposta provavelmente não faz sua colega se sentir acolhida. Não indica que o acontecimento compartilhado pela colega "foi bom" ou que significou algo para você.

A tabela a seguir ilustra os quatro diferentes estilos de resposta a boas notícias que Gable e seus colegas encontraram e como cada um poderia soar no exemplo acima.

	ENFRAQUECE OS RELACIONAMENTOS			**FORTALECE OS RELACIONAMENTOS**
ESTILO	Anuir e desconsiderar	Redirecionar e celebrar a si mesmo	Criticar e rebaixar	Engajar e elevar
TERMO DA PESQUISA	Passivo e construtivo	Passivo e destrutivo	Ativo e destrutivo	Ativo e construtivo
COMPORTAMENTOS	Distraído e desinteressado; focado em alguma outra coisa	Muda de assunto; tenta roubar a cena	Concentra-se no negativo; aponta problemas	Verdadeiramente engajado; celebra com entusiasmo
COMO SOA	Que bom... Parabéns! (olha distraído para o celular ou para o e-mail)	Uau, que legal! Minha filha também venceu um campeonato de esqui no fim de semana. Você sabia que ela vai para o torneio nacional? Estamos muito orgulhosos dela. Outro dia mesmo...	Você não tem medo de deixar seu filho praticar *wrestling*? Outro dia mesmo li um artigo dizendo que é o esporte que mais gera lesões. Você não se preocupa com a possibilidade de seu filho se machucar?	Que incrível, parabéns! Você deve estar muito orgulhosa. Quantas lutas foram? Como foi a luta final?

O impacto dessas respostas em fortalecer — ou inadvertidamente enfraquecer — os relacionamentos é enorme. No início do nosso programa de mestrado, quando compartilhamos nossas histórias, vivenciar as respostas do tipo "Engajar e elevar" dos nossos colegas de classe foi fundamental para construir relacionamentos fortes. Também nos fez lembrar de várias ocasiões na vida em que as pessoas mais importantes para nós — família, amigos e colegas — compartilharam algo positivo, como uma conquista, e reagimos com desinteresse ou indiferença.

É difícil nos engajar verdadeiramente quando temos incontáveis demandas de tempo e atenção. Quando ensinamos essa habilidade, é comum ouvirmos queixas como: "Não tenho tempo para dar esse tipo de resposta sempre que alguém vem com uma boa notícia". A vantagem é que o "Engajar e elevar" não requer muito tempo: pode ser feito em menos de um minuto. Nossos professores apelidaram essa habilidade de "minuto mágico". Sim, todos nós vivemos na correria, mas todos ansiamos por conexão e pertencimento. Basta tirar um breve momento para nos engajar ativamente quando alguém compartilha uma experiência positiva, dessa forma não apenas contribuímos para a pessoa se sentir vista e validada como também fortalecemos a comunidade em sua totalidade e aumentamos o significado no trabalho.

Responder no estilo "Engajar e elevar" requer se engajar ativamente quando alguém lhe conta algo positivo. Essas experiências podem variar de eventos significativos, como ser promovido, ganhar um prêmio ou reservar as férias dos sonhos, a momentos menores, como conhecer um bom restaurante, ver um lindo nascer do sol ou encontrar dinheiro perdido no bolso. O que importa é que, quando alguém compartilha esses momentos, a pessoa está buscando capitalizar essa experiência positiva e esperando se sentir vista e validada. Você pode dar essa resposta fazendo perguntas abertas, mantendo contato visual, expressando emoções positivas e minimizando distrações.

Parece simples responder dessa maneira, mas pode ser difícil. Chris Peterson, que conhecemos antes, criou uma intervenção prática para nos ajudar com as respostas de engajamento e elevação. Ele a chama de um dia "sem mas". Chris explica: "Quando alguém nos conta uma boa notícia, responda sem usar a palavra *mas*... ou qualquer um de seus similares — contudo, porém, no entanto, entretanto e só que".

Praticar o estilo de resposta "Engajar e elevar" não requer muito tempo, mas seu impacto é profundo. Mesmo em meio à correria do dia a dia, um breve momento de engajamento autêntico transmite uma grande mensagem: "Você tem valor". Encoraja as pessoas a compartilhar mais, pois reforça que todas as suas facetas serão acolhidas. Com o tempo, as pessoas poderão largar o segundo emprego em tempo integral, liberando energia para contribuir com mais eficácia.

TODO MUNDO QUER TER VOZ

Você se lembra das descobertas da pesquisadora de ecologia Suzanne Simard? Florestas com apenas uma espécie de árvore enfrentam dificuldades, enquanto as com várias árvores diferentes prosperam, compartilhando recursos e aumentando sua força coletiva. Do mesmo modo, equipes diversificadas nutrem a inovação, a criatividade e a resolução de problemas. A segunda prática para facilitar a autenticidade é acolher toda a gama de ideias.

Apenas quando as pessoas se sentem à vontade sendo elas mesmas é que podem colaborar com suas verdadeiras e diversas perspectivas. Afinal, não se pode esperar que alguém que não se sente incluído diga o que realmente pensa. Mas, para alcançar o pleno potencial de equipes diversificadas, você precisa de um ingrediente indispensável: a segurança psicológica.

Segurança psicológica é a crença de que as pessoas são livres para contribuir com ideias, fazer perguntas e levantar preocupações sem receio de serem rejeitadas, minimizadas ou punidas. Isso cria uma cultura na qual as pessoas se sentem à vontade revelando o que realmente pensam. Você sabe que tem segurança psicológica quando divergências construtivas são bem-vindas, pontos de vista diversos são respeitados e as pessoas sabem que podem — e até devem — ser sinceras. Do mesmo modo como os nutrientes que alimentam a rede micorrízica, a segurança psicológica possibilita a troca de ideias, promove a comunicação aberta e cultiva um ambiente em que as pessoas se sentem empoderadas para assumir riscos.

No primeiro retiro com todos os colaboradores da BetterUp, os cofundadores Alexi Robichaux e Eddie Medina enfatizaram a importância da diversidade. Chad, que era relativamente novo na empresa, aproveitou a oportunidade para levantar um ponto crítico: "Dizer que precisamos melhorar a diversidade é como dizer que precisamos nos dar bem. Se não for mensurável, não quer dizer nada". Chad disse à equipe que eles deveriam ser específicos com suas metas; caso contrário, correriam o risco de ser como todas as outras empresas de tecnologia — atingiriam a marca de 10% de diversidade e se contentariam com isso.

Os comentários de Chad foram recebidos por um breve silêncio seguido de alguns aplausos nervosos, enquanto todos aguardavam ansiosamente a resposta dos cofundadores. Para a surpresa e a satisfação do novo colaborador, Alexi e Eddie acolheram sua perspectiva, expressando que valorizavam o questionamento e perguntando o que ele achava que a empresa poderia fazer. Chad conta: "O mais legal foi que eles disseram que eu tinha razão, e estavam sendo realmente sinceros". No fim da sessão, os cofundadores o convidaram para ajudá-los a definir algumas metas concretas. Chad diz: "Eles se mostraram vulneráveis, dizendo: 'É a primeira vez que administramos uma empresa e não vamos fingir que sabemos tudo. Seria ótimo contar com você para resolver essa questão'".

Chad ajudou os fundadores a se concentrarem não apenas na diversificação de talentos da organização como também em promover espaços para conversas difíceis sobre diversidade e inclusão. Eles criaram fóruns para encorajar essas conversas e se esforçaram para colocar o discurso em prática. No caso da BetterUp, isso significou investir em ONGS dedicadas a apoiar minorias sub-representadas. "Ajudamos adolescentes sub-representados de comunidades de baixa renda de todo o país", explica Chad. "Nós os preparamos para o sucesso nas áreas STEM [Ciência, Tecnologia, Engenharia e Matemática], disponibilizando orientação e coaching profissional. E o que eu mais gosto na BetterUp é que não fazemos isso para aparecer. Não alardeamos esse trabalho no nosso site. Fazemos porque é a coisa certa a fazer."

Seis anos depois de entrar na BetterUp, Chad continua questionando as crenças estabelecidas da organização e não vê problemas em ser questionado também. "Todos querem ter voz e contribuir. Contratamos pessoas por sua incrível experiência e conhecimento. Qual seria a vantagem se não as deixarmos dizer o que pensam?"

Quando sentimos que nossas ideias e perspectivas são importantes, nosso senso de pertencimento aumenta e o trabalho se torna mais significativo. Por outro lado, em um ambiente no qual nossas ideias e perspectivas não são reconhecidas, tendemos a nos retrair e deixamos de contribuir com toda a expertise pela qual fomos contratados. Essa tendência dificulta o crescimento pessoal e priva a equipe dos valiosos insights e habilidades com os quais poderíamos colaborar.

Pesquisas avaliaram que, nas equipes mais eficazes, o que realmente importa não é quem as compõe, mas a capacidade de acolhimento das diferentes ideias. A segurança psicológica promove a comunicação aberta e gera confiança. Permite que as pessoas assumam riscos e inovem porque sabem que suas contribuições e ideias serão valorizadas, mesmo se não derem certo. O problema é que a maioria dos locais de trabalho não promove um ambiente de segurança psicológica, o que prejudica o desempenho da organização. Um levantamento recente verificou que apenas 26% dos líderes exibem comportamentos que geram segurança psicológica.

Estamos falando de uma grande oportunidade inexplorada para os líderes darem mais significado ao trabalho da equipe. Uma pergunta que ouvimos muito é: "Por onde eu começo?". A segurança psicológica é criada (ou destruída) nas interações cotidianas com o grupo e, mais uma vez, recomendamos desenvolvê-la já na sua próxima reunião.

Comece dizendo com clareza que você espera que todos, independentemente de posição ou *status*, contribuam e questionem suposições quando apropriado. Diga explicitamente que valoriza as diferenças de perspectiva. Você pode dizer algo como: "Podemos ter ideias diferentes sobre a melhor maneira de levar esse projeto adiante. Se vocês discordarem e disserem o que pensam, vou poder entender melhor todas as questões envolvidas e tomar uma decisão com mais embasamento". No início do nosso trabalho com um de nossos clientes, criamos a regra de que "ninguém fala duas vezes até todos falarem uma vez" ao discutir os novos valores da organização e os comportamentos esperados em torno deles. Essa simples regra ajudou a mostrar que as ideias de todos eram necessárias. Evitou que a conversa fosse monopolizada por aqueles que tendiam a falar mais e permitiu que aqueles que precisavam de mais tempo para formular ideias pudessem refletir e contribuir. Também encorajou as pessoas que viam a iniciativa com desconfiança a se pronunciar e expor suas inquietações.

Feito isso, convide colaboradores a participar e peça a todos que expressem suas dúvidas ou receios. Pesquisas mostram que as equipes têm desempenho três vezes melhor em ambientes que acolhem diferentes pontos de vista. Assim como você quer que as pessoas mostrem quem elas realmente são, deve convidá-las explicitamente a dizer o que pensam de verdade, fazendo perguntas como: "Quem discorda? O que vocês acham? Quais são nossos pontos cegos?". Essas perguntas sinalizam ao grupo que diferentes perspectivas são bem-vindas. Nossos professores da pós-graduação faziam perguntas como essas para nos encorajar a opinar. Com isso, sentíamos que nossas perspectivas importavam, e a abordagem também enriqueceu o aprendizado de todos.

Por fim, seja humilde sobre o que você não sabe e enfatize que sempre há espaço para aprender. Na BetterUp, Alexi e Eddie institucionalizaram um comportamento de alto impacto que chamam de "trabalhar para aprender". No início de novos projetos, os líderes perguntam à equipe: "O que estamos tentando aprender?". A ideia é desestigmatizar o fracasso e reforçar a aprendizagem contínua. Quando um líder diz "não sei", ele exemplifica vulnerabilidade, demonstra disposição para aprender e deixa as pessoas mais à vontade para fazer perguntas.

É importante destacar que trabalhar em um ambiente psicologicamente seguro não significa que as pessoas sempre vão concordar umas com as outras, e também não é sobre "ser legal" ou não assumir responsabilidade pelo trabalho. A segurança psicológica abre espaço para a franqueza e empodera as pessoas a compartilhar ideias autênticas e se engajar em discordâncias construtivas para melhorar a equipe e a organização.

Segurança psicológica é sobre reconhecer que não há problema em se sentir desconfortável. Afinal, raramente será fácil discordar do gestor, expressar preocupações sobre a direção de um projeto ou questionar o *status quo* em uma sessão de brainstorming. A segurança psicológica incentiva os indivíduos a aceitar o desconforto como uma parte natural do crescimento, da colaboração e da inovação. É como o desconforto que sentimos durante um treino extenuante: sabemos que vai fortalecer e melhorar o corpo. Da mesma forma, em um ambiente psicologicamente seguro, o desconforto temporário de apontar erros ou questionar ideias pode melhorar a dinâmica da equipe, reforçar o senso de pertencimento e dar mais significado ao trabalho.

Quando você convida as pessoas explicitamente a participarem e pede que expressem dúvidas ou receios, é provável que elas compartilhem ideias com as quais você não concorda. Quando isso acontece, sua resposta tem o poder de reforçar ou destruir os esforços para desenvolver a segurança psicológica.

O PODER DE ESCOLHER SUA RESPOSTA

Pode ser difícil responder produtivamente quando as pessoas levantam dúvidas, discordam ou questionam nossas suposições. É natural ficar na defensiva quando alguém aponta nossos pontos cegos. Mas você é a "noiva" e todos, não apenas a pessoa que levantou o questionamento, estão observando sua resposta. Se você realmente quer construir uma comunidade na qual colaboradores se sintam à vontade para dizer o que pensam de verdade, suas respostas produtivas precisam servir de exemplo. Essa atitude cria um efeito propagador que se estende muito além da reunião. Cada resposta produtiva é como um tijolo na construção da comunidade, mas até uma única resposta improdutiva pode destruir toda a construção.

Gostamos muito de uma citação de Viktor Frankl: "Entre o estímulo e a resposta há um espaço. Nesse espaço está o nosso poder de escolher nossa resposta. Na nossa resposta está o nosso crescimento e a nossa liberdade". A habilidade da qual estamos falando é sobre criar deliberadamente esse espaço. Para ajudá-lo a dar respostas produtivas, desenvolvemos o modelo PARA, que envolve os seguintes passos: pausar, acolher, responder com perguntas e analisar. Vamos dar uma olhada em cada um.

PAUSAR

Quando alguém indica um ponto cego ou critica uma decisão que você tomou, o primeiro passo é parar e respirar fundo. Geralmente associamos regulação emocional com coisas importantes que fazemos para nos sentir melhor, como sair para uma caminhada ou praticar um hobby, e esquecemos as estratégias das quais precisamos no momento de estresse. Respirar fundo desativa nossa resposta de luta ou fuga e nos ajuda a criar espaço entre o estímulo (um feedback difícil, por exemplo) e a resposta (ser deliberado sobre o que você diz e faz).

ACOLHER

Em seguida, acolha o que foi dito e agradeça à pessoa por se pronunciar. Quando alguém expressa uma preocupação, está se colocando em uma posição vulnerável e correndo um grande risco. Ao acolher e agradecer, você reforça e recompensa comportamentos que geram confiança e segurança psicológica. Se a opinião da pessoa pegá-lo desprevenido, você pode dizer algo como: "Agradeço por levantar essa questão. Estou surpreso em ouvir isso e vou precisar de um tempinho para pensar". Essa resposta a um feedback sincero reforça uma cultura na qual todos se sentem empoderados para dizer o que pensam, o que leva a menos erros, mais inovações e decisões melhores.

RESPONDER COM PERGUNTAS

O próximo passo de uma resposta produtiva é fazer perguntas para entender melhor a perspectiva da pessoa. Tenha curiosidade em vez de se colocar na defensiva. Você pode dizer coisas como: "Eu não tinha pensado nisso. Você pode explicar?" ou "Que interessante. Como você chegou a essa conclusão?". Ao praticar a escuta ativa e buscar outras informações, você sinaliza que a opinião do colaborador é valorizada e tem o potencial de levar a resultados mais positivos. Essa abordagem não apenas incentiva a comunicação honesta como também reforça a ideia de que perspectivas diversas são essenciais para tomar decisões mais embasadas e promover o crescimento da equipe.

ANALISAR

Depois de participar de uma conversa na qual alguém compartilhou uma ideia, opinião ou feedback sincero, reserve um tempo para analisar e refletir sobre o que foi dito. Considere o que a pessoa disse, como você reagiu e qual foi o impacto provável de sua reação. Esse momento de reflexão lhe permite obter insights mais profundos sobre suas reações, seus vieses e suas áreas de crescimento. É uma oportunidade de integrar novas perspectivas, aprender com as experiências e aperfeiçoar sua abordagem para as próximas interações. Ao adotar a reflexão como uma prática regular, você cultiva a autoconsciência, aprimora suas habilidades de comunicação e contribui para uma cultura de melhoria contínua na sua equipe e organização.

Com essa abordagem — fazer uma pausa para criar um espaço, acolher explicitamente as contribuições, responder com perguntas e analisar a interação —, lançamos as bases para um diálogo construtivo, uma colaboração significativa e uma inovação transformadora. Cada resposta deliberada, cada tijolo na estrutura da comunidade, reforça um ambiente psicologicamente seguro, no qual ideias autênticas florescem e perspectivas diversas são bem-vindas. Essa atitude não apenas leva ao crescimento individual como também reforça o pertencimento e eleva o potencial coletivo de equipes e organizações.

DOS MÚSCULOS AO CÉREBRO E AO CORAÇÃO

Promover uma cultura de trabalho que acolhe e valoriza a identidade e as ideias autênticas de cada indivíduo é mais do que um objetivo louvável; é uma necessidade estratégica. Em uma entrevista recente, Minouche Shafik, que atuou como presidente da Universidade Columbia, declarou: "No passado, os empregos eram sobre músculos. Hoje são sobre o cérebro. Mas, no futuro, serão sobre o coração".

Esse futuro já chegou e exige que os líderes ajam com empatia, reconhecendo que os membros da equipe são indivíduos com uma vida multifacetada. Você se importa com o que acontece na vida pessoal da sua equipe fora do trabalho? Você pergunta e se lembra de detalhes sobre os colaboradores? Quando alguém da equipe está com dificuldades pessoais, essa pessoa sente abertura para falar a respeito com você? Essas não são perguntas retóricas, mas reflexões cruciais para qualquer líder.

O futuro do trabalho requer líderes que sejam não apenas inteligentes, mas compassivos; não apenas qualificados, mas compreensivos. É um futuro que devemos assumir agora. Em seu inspirador livro de memórias *A bailarina de Auschwitz*, Edith Eva Eger, uma sobrevivente do Holocausto, conta sua experiência angustiante nos campos de concentração nazistas, sua incrível recuperação e sua jornada para se tornar uma psicóloga clínica de renome internacional. Ela escreve que o diagnóstico mais comum entre seus pacientes não é depressão ou transtorno de estresse pós-traumático, mas fome. Fome de sermos nós mesmos. Em seu consultório, Eger tratou pessoas com diversas condições, mas o desejo de ser autêntico se destacou para ela como a raiz de praticamente todos os sofrimentos humanos.

Como líderes, podemos ajudar a saciar essa fome. Ao reconhecer, valorizar e apoiar a totalidade de cada indivíduo, os líderes possibilitam a autenticidade. Quando isso acontece, nossa pesquisa mostra que o trabalho é imbuído de significado. Os líderes têm o poder de promover um ambiente como esse antes mesmo de uma pessoa entrar na organização.

Quando uma semente cria raízes em uma floresta, imediatamente se conecta a uma extensa comunidade subterrânea de espécies diversas. Com isso, a nova semente pode prosperar e crescer forte. Assim como essa semente, os novos colaboradores também podem se beneficiar do conhecimento coletivo e da rede de apoio existentes na organização. No próximo capítulo, abordaremos práticas de contratação e integração que dão um verdadeiro sentido ao trabalho dos colaboradores.

6. A IMPORTÂNCIA DO INÍCIO

> "Você nunca tem uma segunda chance de causar uma primeira boa impressão."
>
> — Will Rogers

Você já entrou em um lugar novo e imediatamente sentiu empolgação ou criou expectativas? Ou sentiu uma conexão instantânea ao conhecer alguém? Ou começou em um emprego e formou rapidamente uma ideia de como seria trabalhar naquele lugar? Esses são exemplos do que é conhecido como o *viés da primeira impressão.* As experiências e percepções iniciais impactam profundamente nossas atitudes e comportamentos de longo prazo em relação a pessoas, lugares e situações.

No início de um relacionamento com uma organização, os novos colaboradores formam impressões imediatas com base em suas interações e experiências iniciais. Essas primeiras impressões são cruciais porque estabelecem o tom no decorrer de todo o tempo que o colaborador passar na organização. Nesses primeiros momentos, os líderes têm a oportunidade de mostrar aos novos colaboradores que a organização será um lugar significativo para trabalhar.

Nossa pesquisa revelou claramente que a maneira como você inicia o relacionamento com um novo membro da equipe tem grande impacto no quão significativo será o trabalho dele. Cultivar esses momentos de primeira impressão é crucial para construir uma parceria significativa e bem-sucedida de longo prazo.

Os líderes podem preparar o terreno para um bom relacionamento criando uma experiência significativa de contratação e integração. Isso começa com uma **contratação alinhada aos valores** e continua por meio de um **processo deliberado de integração social e cultural**. Neste último capítulo sobre a comunidade, exploraremos essas práticas, a começar pela contratação alinhada aos valores.

RECRUTAMENTO ALINHADO COM OS VALORES

"Foi o melhor emprego do mundo. Em apenas três anos, abordei navios cargueiros que estavam furando bloqueios na costa da península coreana, no mar Amarelo, procurei potenciais criminosos de guerra na Albânia e operei minissubmersíveis do interior de submarinos nucleares no Mediterrâneo." É assim que Jeff Gibson descreve o tempo que passou como um Navy SEAL. Jeff, caçula de quatro filhos, cresceu em St. Louis, Missouri. Sua infância foi marcada por aventuras: praticar esportes, explorar florestas e rios, fazer canoagem e acampar — atividades que mais tarde moldariam sua carreira. Quando chegou a hora de Jeff cursar a faculdade, ele escolheu a Universidade do Missouri e entrou para o Navy ROTC para ajudar os pais a pagar seus estudos e, ao mesmo tempo, servir seu país. O Navy ROTC (Reserve Officers' Training Corps da Marinha dos Estados Unidos) é um programa universitário que forma civis para se tornarem oficiais da Marinha depois de se graduarem na universidade. Na faculdade, Jeff dedicou as férias de verão a sessões intensivas de treinamento de quatro semanas, que o expuseram a várias facetas da Marinha, incluindo submarinos e aviação. Foi em um desses verões que Jeff conheceu os Navy SEALS.

Os SEALS são equipes especializadas em operações no mar, no ar e em terra e constituem a principal força de operações especiais da Marinha americana. São um grupo altamente especializado e de elite, treinado e equipado para realizar uma ampla gama de operações militares não convencionais e de alto risco. Dois anos depois de ter se formado na faculdade, Jeff se juntou à equipe, na qual permaneceu pelos dez anos seguintes.

Tornar-se um Navy SEAL é um processo altamente seletivo, que começa com o treinamento inicial chamado BUD/S, sigla de Basic Underwater Demolition/SEAL (Demolição Subaquática Básica/SEAL). Esse treinamento, que dura aproximadamente seis meses, é conhecido por desafios físicos e mentais extremos, criados para manter apenas os mais resilientes e determinados. Concluir o BUD/S é uma grande conquista — apenas 20% a 25% dos indivíduos o fazem e, ao final, não apenas suas habilidades foram avaliadas, mas também seus valores e caráter. Embora os desafios físicos e mentais do BUD/S sejam bem conhecidos, a ênfase dos SEALS no caráter é menos reconhecida. Durante o treinamento, além das habilidades físicas e mentais de um candidato, a instituição também verifica se ele possui as características adequadas para se integrar a ela.

Para os SEALS, não basta ter um alto nível de habilidades técnicas; é igualmente importante demonstrar alto nível de confiabilidade — a qualidade mais valorizada pela instituição. Como operam em pequenas unidades em ambientes remotos e de alto risco, os SEALS precisam contar uns com os outros para garantir a segurança e o sucesso da missão. Isso inclui preparar os equipamentos que serão utilizados — armas, equipamentos de mergulho, paraquedas e rádios. Nessas unidades, diferentes membros da equipe são selecionados para se responsabilizar por um dos grupos de equipamentos. Eles devem garantir que tudo esteja funcionando corretamente, armazenado de forma apropriada e pronto para o uso quando necessário. Por exemplo, o líder de operações aéreas garante que os paraquedas, as cordas e os equipamentos de escalada estejam prontos para a missão. Na hora de usar o equipamento, o resto da equipe precisa confiar que o equipamento está pronto, testado e totalmente funcional. Essa confiança é literalmente um fator de vida ou morte.

Os SEALS, uma das organizações de elite e de mais alto desempenho do mundo, aprenderam que um indivíduo que demonstra baixo nível de confiança pode se tornar um membro tóxico da equipe, levando a resultados terríveis, especialmente em combates de alto risco. Por mais que um indivíduo seja de alto desempenho, se não demonstrar alto nível de confiabilidade, não será designado a uma equipe. Essa avaliação continua mesmo depois de os candidatos passarem pelo BUD/S.

Após concluir o BUD/S, os futuros SEALS são designados para uma equipe de experiência por seis meses. Durante esse período, a proficiência nas habilidades que aprenderam é avaliada e, mais importante, a maneira como interagem e engajam com os outros é observada. Entre 5% e 10% dos SEALS em período de experiência não conseguem obter a certificação SEAL por não terem qualidades como a confiabilidade.

Pesquisas confirmam a eficácia da prática dos SEALS. Anteriormente, destacamos a importância do alinhamento de valores para promover um trabalho significativo. Ao tomar decisões de contratação, o alinhamento é especialmente crucial. Contratar um candidato supostamente competente cujos valores estejam alinhados com os valores da organização resulta em melhor desempenho geral. No entanto, contratar alguém que não compartilha os valores da empresa, mesmo se o indivíduo tiver um desempenho excepcional, acabará sendo prejudicial para a organização.

É importante garantir o alinhamento de valores *antes* de a pessoa entrar na empresa porque o caráter dela no trabalho — seus valores em ação — é altamente estável ao longo do tempo. Uma meta-análise com mais de 28 mil pessoas mostrou que os valores relacionados ao trabalho mudam muito pouco ao longo da carreira, especialmente depois de alguns anos no mercado de trabalho. Em outras palavras, exceto para contratações de nível júnior, você geralmente está contratando alguém com um conjunto já consolidado de valores sobre como aborda o trabalho. As pessoas podem evoluir, é claro, mas isso raramente acontece sem um investimento significativo de tempo e energia. É bastante improvável que um colaborador de alto desempenho cujos valores não estejam alinhados com os valores de uma organização mude. Por outro lado, candidatos que compartilham a visão e os valores de uma organização provavelmente permanecerão alinhados em longo prazo.

A primeira missão operacional de Jeff depois de concluir o BUD/S e o período de experiência de seis meses foi como oficial assistente encarregado de um pelotão dos SEALS. Seu pelotão foi designado para passar por um ano de treinamento, que incluía todas as responsabilidades em missões operacionais atribuídas a unidades especiais em vários ambientes, como deserto, selva, floresta, áreas urbanas e frio extremo. Após completar o treinamento de um ano, seu pelotão seria enviado ao exterior e ficaria de sobreaviso, pronto para agir sob o comando das Forças Armadas americanas. No entanto, cerca de oito meses após o início do período de treinamento, o oficial encarregado do pelotão foi transferido devido a circunstâncias imprevistas. E, em vez de pedir um substituto, o comandante promoveu Jeff a novo oficial encarregado daquele pelotão — uma posição geralmente reservada a oficiais mais experientes. A escolha por Jeff se deu por ele já ter provado suas habilidades operacionais, e, o mais importante, conquistado a confiança e o respeito do pelotão durante os estágios de treinamento.

Esteja sua equipe combatendo o terrorismo em situações de vida ou morte, como as equipes de Jeff nos SEALS, ou concretizando a missão orientada a propósito de sua empresa, a lição é a mesma: as habilidades são importantes, mas o alinhamento de valores é essencial para garantir o sucesso sustentável.

A NBA DO FAST FOOD

Na Chick-fil-A, rede de fast food famosa por seus sanduíches de frango e batatas fritas em formato de waffle, sua chance de operar uma franquia é apenas um pouco maior do que a de se tornar um jogador de basquete da NBA. Todos os anos, 60 mil pessoas se candidatam para operar uma franquia, mas apenas cerca de oitenta são selecionadas. A empresa tem um rigoroso processo de seleção que pode levar até doze meses, incluindo um formulário de inscrição detalhado e uma série de entrevistas por telefone, vídeo e presenciais. A empresa, inclusive, entrevista familiares de potenciais operadores para saber mais sobre os candidatos, seus relacionamentos e, por fim, seu caráter.

Até sua morte, em 2014, o fundador, Truett Cathy, fazia questão de entrevistar pessoalmente todos os candidatos antes de serem aceitos. Ele acreditava que selecionar as pessoas certas era crucial para o sucesso da empresa. Dee Ann Turner, ex-vice-presidente de talentos da Chick-fil-A, nos disse: "Definir quem poderia administrar uma franquia era a decisão mais importante de Truett, porque a reputação da empresa dependeria disso. Truett selecionava meticulosamente as pessoas certas sabendo que elas, por sua vez, saberiam selecionar os candidatos ideais para trabalhar nas lanchonetes".

A Chick-fil-A cresceu de uma única loja em 1946 para uma franquia enorme, com receita anual estimada em mais de 20 bilhões de dólares. Eles têm uma das menores taxas de rotatividade entre os franqueados, de apenas 5% ao ano. Entre os trabalhadores pagos por hora, a rotatividade é quase metade da média do setor. Eles atribuem esse sucesso em grande parte à ênfase no caráter durante a seleção. Dee Ann explica: "O caráter é o fator mais importante a ser avaliado na contratação. A cultura de uma organização é a soma total do caráter dos indivíduos que a compõem. As pessoas podem aprender a fazer muita coisa, mas, se tiverem problemas de caráter, nem todas as habilidades e talentos do mundo compensarão o impacto negativo que elas podem ter em uma empresa". Na Chick-fil-A, o caráter é avaliado de acordo com o alinhamento aos quatro valores centrais da empresa: "Estamos aqui para servir, somos melhores juntos, somos orientados a propósito e buscamos o que está por vir". Os entrevistadores pedem aos candidatos exemplos específicos de ocasiões em que cada um desses valores influenciou suas decisões. Como veremos, perguntas de entrevista como essas podem ajudar na seleção de candidatos alinhados com os valores centrais da empresa.

Por que funciona melhor contratar dessa maneira? Seria tentador para a Chick-fil-A recrutar um gestor com um bom desempenho comprovado em outra rede de fast food, independentemente de seus valores. É assim que a maioria das empresas contrata. Mas pesquisas apontam que o caminho escolhido pela Chick-fil-A é sábio. Mesmo se um talento excelente for contratado pela organização, um desalinhamento de valores pode ser devastador. Depois que está na organização, pesquisas mostram que o desempenho do colaborador desalinhado com os valores despenca, assim como a eficácia da equipe como um todo. A razão é que os outros membros da equipe perdem a motivação e a confiança na liderança, resultando em perda significativa de produtividade. Com o tempo, membros importantes da equipe saem e a rotatividade aumenta, prejudicando ainda mais o moral.

Além disso, as habilidades das pessoas se tornam obsoletas mais rapidamente hoje em dia. Diante dos contínuos avanços tecnológicos, das pandemias globais e da incerteza constante, mesmo contratando o Michael Jordan do seu setor, você pode descobrir que, em vez de basquete, o mercado passou a exigir beisebol, e bem... todo mundo sabe como essa história acaba. A boa notícia é que novas habilidades podem ser desenvolvidas, enquanto o caráter é, em grande parte, fixo.

Ao colocar os valores, e não apenas as habilidades, no centro do processo de recrutamento, você obtém insights sobre o caráter do candidato e também tem a chance de apresentar a ele uma visão transparente da cultura de sua organização. Esse alinhamento é crucial para promover um ambiente de trabalho no qual todos tenham um senso de pertencimento e sejam inspirados pelos valores compartilhados que impulsionam a organização.

Quando trabalhamos com empresas em expansão e líderes de aquisição de talentos, é comum nos perguntarem: "Por que eu contrataria alguém que não demonstra habilidades e experiência no mais alto nível para fazer o trabalho?". O que descobrimos é que *quem a pessoa é* (seu caráter) é mais importante do que *o que ela sabe* (suas competências) quando se trata de convidá-las para entrar na sua organização.

QUEM VOCÊ ESCOLHERIA?

Imagine a seguinte situação: você tem uma oportunidade incrível de passar um ano viajando pelo mundo. Você terá a chance de explorar diversas culturas, países e experiências. Ao se preparar para a jornada, você se vê diante de uma decisão crucial: quem convidar para se juntar a você nessa aventura? Você pensa em alguns amigos e parentes e reduz a lista a duas opções.

A primeira é um amigo bem viajado, que tem um profundo conhecimento de geografia, idiomas e habilidades de planejamento. Mas já aconteceu de ele se mostrar um pouco egocêntrico. Por exemplo, sempre insiste em escolher os restaurantes sem considerar suas preferências alimentares. Quando você estava passando por uma situação difícil e precisou de apoio emocional, ele minimizou seu problema e não lhe ofereceu empatia ou compreensão.

A outra opção é um amigo que sempre quis conhecer o mundo, mas nunca teve a chance de sair do país. Mesmo sem ter experiência em viagens, essa pessoa tem um coração gigante e uma grande capacidade de ouvir e se conectar de maneira autêntica. Você sempre pôde contar com ele quando precisou de apoio, fosse em momentos de necessidade ou de alegria.

Ao ponderar a decisão, você considera os desafios que provavelmente enfrentará: barreiras linguísticas, alimentos desconhecidos, contratempos inesperados e diferenças culturais. Seu amigo altamente qualificado pode ser proficiente em lidar com os aspectos logísticos da viagem, mas suas tendências controladoras poderiam criar muitos conflitos. As tensões poderiam até impedir vocês de chegarem ao destino.

Por outro lado, o amigo alinhado com seus valores precisará aprender muito em sua primeira viagem para o exterior. Mas você acha que ele vai conseguir, com sua gentileza e compaixão, desenvolver conexões autênticas, neutralizar potenciais conflitos e criar um espírito de colaboração ao longo da jornada.

Quem você convidaria para essa aventura? A maioria de nós provavelmente escolheria o segundo amigo. Mas um processo convencional de entrevista provavelmente selecionaria o primeiro.

Hoje em dia, a maioria das organizações dá mais valor ao currículo, às experiências e às conquistas de um candidato do que ao indivíduo que ele é, o que ele valoriza e como age. Do mesmo modo como o amigo altamente qualificado não tem as características que promovem harmonia e sucesso, ao colocar as habilidades acima dos valores, as organizações aumentam as chances de tensões internas, conflitos culturais e maior rotatividade. Todos esses problemas desgastam o significado no trabalho.

Mas a questão permanece: como avaliar corretamente o caráter de um candidato em uma entrevista? É o que veremos a seguir.

O CARÁTER VALE O DOBRO

Na pós-graduação, Angela Duckworth era uma de nossas professoras favoritas. De alguma forma, ela conseguia deixar a disciplina de estatística fácil e, ousamos dizer, até divertida. A pesquisa de Angela se concentra em fatores que contribuem para a realização e o sucesso, particularmente o papel da garra. Ela define garra como uma combinação de paixão e perseverança para atingir objetivos de longo prazo. A garra é nossa capacidade de manter um esforço sustentado ao longo do tempo.

Uma de suas lições sobre a garra realmente se destacou para nós dois. Ao prever o sucesso, tendemos a nos concentrar nos talentos inatos de uma pessoa. Nossa cultura valoriza a ideia de que as pessoas já nascem com alguns talentos em determinadas áreas. "Ela tem jeito para a coisa" ou "Ele nasceu para isso". No entanto, a pesquisa de Angela mostra que "você pode ter todo o talento do mundo, mas o esforço vale o dobro". Ou seja, podemos começar com diferentes níveis de talento inato, mas o esforço é indispensável para transformar esse talento em habilidades práticas. A pesquisa confirma que precisamos nos esforçar para usar essas habilidades e atingir nossos objetivos. Angela representa essa ideia com uma fórmula:

$$\text{Talento} \times \text{Esforço} = \text{Habilidade}$$
$$\text{Habilidade} \times \text{Esforço} = \text{Realização}$$

O esforço conta em dobro no cálculo da realização. Com esforço, o talento se transforma em habilidade e a habilidade se transforma em realização. É por isso que, com o tempo, a paixão e o trabalho duro muitas vezes são mais valiosos do que o talento inato.

Ao longo de nossa pesquisa, ouvindo incontáveis histórias de organizações que priorizam o caráter na contratação, não conseguíamos parar de pensar na fórmula de Angela. Aos poucos fomos percebendo que, por mais qualificado que o candidato seja, quando se trata de contratar para um trabalho significativo o caráter tem peso dois. Tomando de empréstimo mais uma vez a pesquisa de Angela, definimos caráter como os *valores em ação*. Por exemplo, uma pessoa pode dizer que valoriza o respeito. Mas, a menos que ela *aja* respeitosamente, esse valor não faz parte do caráter da pessoa. O caráter de uma pessoa é a soma total de seus valores em ação.

Em outras palavras, ao contratar com base no caráter, você precisa saber como os valores do candidato são demonstrados em seu dia a dia. Descobrimos que a melhor maneira de fazer isso é com uma **entrevista orientada a valores**.

ENTREVISTA ORIENTADA A VALORES

Quando Tony Hsieh assumiu o cargo de CEO da varejista on-line Zappos, em 2000, a empresa enfrentava sérios desafios. Tony sabia que a organização precisava de uma transformação completa, a começar pela cultura. Foi quando ele envolveu a equipe na criação de um conjunto de valores centrais para a empresa. Hsieh priorizou a construção de uma cultura em torno de valores compartilhados e do compromisso em oferecer um atendimento excepcional ao cliente. Esse compromisso contribuiu para o estabelecimento da cultura pela qual a Zappos ficou famosa e para o sucesso meteórico da organização. A Zappos teve um crescimento exponencial e foi comprada pela Amazon em 2009 por mais de 1 bilhão de dólares. Parte da transformação promovida por Tony começou com o recrutamento alinhado aos valores.

A Zappos desenvolveu um processo de entrevista orientada a valores profundamente institucionalizado. Na ocasião do nosso estudo, a equipe de recursos humanos entrevistava cada candidato para verificar o alinhamento com os valores da empresa e tinha a última palavra sobre a contratação. Christa Foley, ex-diretora sênior de cultura e visão de marca e diretora de aquisição de talentos, nos disse: "Se temos um candidato espetacular para a posição de engenheiro de software, com habilidades aprovadas pela equipe de desenvolvimento, e que vai realmente nos ajudar a elevar o patamar técnico da empresa, mas ele mostrar sinais de alerta na entrevista de valores centrais, não o contrataremos".

Embora experiência e habilidades sejam importantes, os valores são cruciais para a Zappos, uma organização na qual o caráter conta o dobro.

Mesmo depois que alguém é contratado, a Zappos oferece um mês de salário para a pessoa sair caso ela não acredite que a empresa é uma boa opção para ela. Hsieh explicou: "Deixamos passar muitas pessoas inteligentes e talentosas que poderiam ter impactado de imediato nossos resultados financeiros, mas, se elas não se encaixarem na nossa cultura, que é mais uma questão de longo prazo, preferimos não contratá-las. Estamos dispostos a sacrificar os benefícios de curto prazo pelos ganhos de longo prazo".

A Zappos tem uma cultura única e peculiar, e um de seus valores é "Criar diversão e um pouco de esquisitice". Uma pergunta a que todo candidato precisa responder na entrevista orientada aos valores é: "Em uma escala de um a dez, quanto você se acha esquisito?". Tony Hsieh explicou: "Se a sua nota for um, você provavelmente é conservador demais para a cultura da Zappos; se você for um dez, pode ser psicótico demais para nós. Não é tanto no número que realmente focamos, mas na maneira como as pessoas respondem. Acreditamos que todo mundo é um pouco esquisito de um jeito ou de outro, e essa é mais uma maneira divertida de dizer: 'Nós acolhemos e celebramos a individualidade e queremos que sua verdadeira personalidade brilhe no trabalho'". Algumas outras perguntas que a Zappos faz para avaliar esse valor central específico na entrevista de emprego são: "Que coisa esquisita te faz feliz? No seu emprego atual ou anterior, o que você fez para tornar o ambiente de trabalho mais divertido?".

Nossa pesquisa indica que o simples fato de perguntar sobre os valores de um candidato no processo de entrevista está associado a um melhor desempenho, maior retenção e mais significado no futuro. Discutir os valores indica que o caráter importa na organização. Essa abordagem é particularmente importante para atrair trabalhadores da geração Z, um grupo que olha para os valores da organização ao escolher um trabalho. Discutir os valores no processo de entrevista transmite a mensagem de que você tem uma cultura forte e deliberada e que espera que os candidatos contribuam para ela. Candidatos cujos valores se alinham com os da organização são mais atraídos para trabalhar nela. Aqueles cujos valores não correspondam podem escolher sair do processo ou ser eliminados pela equipe de recrutamento.

Incluir uma entrevista orientada a valores ao processo de recrutamento pode ajudar a afastar candidatos desalinhados e levar sua equipe a se concentrar em contratações com foco no longo prazo. Vamos dar uma olhada em três maneiras de conceber uma boa entrevista orientada a valores.

1. *Pergunte aos candidatos sobre seus valores.*
   Comece desenvolvendo várias perguntas focadas nos valores centrais de sua organização. Como vimos no Capítulo 3, ter valores organizacionais claros e agir alinhado a eles é um requisito para um trabalho significativo. Para avaliar os valores de um candidato durante a entrevista, você pode usar um estilo de entrevista comportamental, pedindo exemplos específicos de ações baseadas em valores. A entrevista comportamental envolve pedir aos candidatos exemplos de momentos nos quais enfrentaram dilemas éticos ou situações desafiadoras em que demonstraram integridade. Essa abordagem ajuda a avaliar o alinhamento dos valores do candidato com os de sua organização e fornece uma visão mais detalhada do caráter dele.

   Na Patagonia, renomada varejista de vestuário para atividades ao ar livre, os líderes acreditam que o impacto da organização se baseia em demonstrar que as empresas podem e devem viver de acordo com seus valores. Uma abordagem que a Patagonia usa é contratar pessoas comprometidas com os mesmos valores e que sejam apaixonadas por suas comunidades, pelo meio ambiente e por cuidar dos outros. Eles procuram pessoas dedicadas a passar o maior tempo possível nas montanhas, no mar e na natureza.

   Essa atitude ficou clara para Theresita Richard, diretora de pessoas e cultura da Patagonia, desde seu primeiro contato com a organização, quando o grupo de entrevistadores perguntou sobre sua relação com o trabalho ambiental e pediu exemplos. Na entrevista, os entrevistadores não se limitaram a indagar a Theresita: “Por que você quer trabalhar na Patagonia?”, mas também fizeram perguntas como: “Que lugar a causa ambiental ocupa na sua vida e como isso se traduz no seu dia a dia?”. Theresita se identifica profundamente com um dos valores da Patagonia: “Não se restringir a convenções”. Para ela, esse valor dá à equipe permissão para se engajar na experimentação, uma grande fonte de motivação para ela. Na entrevista, eles tiveram uma longa conversa sobre esse valor, e Theresita deu muitos exemplos de momentos em sua vida nos quais ela liderou com curiosidade e experimentação. Ela nos contou que conversar sobre os valores da organização — que claramente se alinhavam com os dela — ajudou a confirmar que a Patagonia era o lugar certo para ela.

Uma maneira fácil de começar a incorporar os valores em seu processo de recrutamento é simplesmente perguntar aos candidatos: “Quais são seus valores mais importantes em relação ao trabalho? Cite de três a cinco. Você pode me dar um exemplo de como colocou isso em prática em seu último emprego?”. Você aprenderá muito com a maneira como os candidatos respondem a essa pergunta — ou com a dificuldade deles em respondê-la. Ao mesmo tempo, eles saberão se a sua organização é a opção certa para eles.

2. *Crie um cartão de pontuação.*

Nós, seres humanos, temos muito vieses, sendo que alguns deles são difíceis de reconhecer conscientemente. Achamos que somos excelentes juízes de caráter com base na intuição, mas, na ausência de critérios objetivos, somos mais propensos a tomar decisões com base em vieses e estereótipos inconscientes. Criar um cartão de pontuação, com instruções claras sobre o que perguntar aos candidatos para avaliar cada valor e como pontuá-los com base em suas respostas, ajuda a reduzir os vieses do entrevistador. Também facilita a comparação de candidatos entrevistados por pessoas diferentes.

Na Zappos, os recrutadores verificam o alinhamento dos valores durante a entrevista. À medida que o candidato responde a perguntas como as mencionadas anteriormente, "Criar diversão e um pouco de esquisitice", por exemplo, o recrutador o pontua em uma escala que vai de um (discordo totalmente que o candidato é compatível com a cultura) a cinco (concordo totalmente que o candidato é compatível com a cultura), usando os critérios específicos fornecidos. Feito isso, o recrutador indica ao responsável pela vaga se os valores do candidato estão alinhados aos da empresa.

3. *Procure valores agregados, não apenas conformidade com os valores.*
Ao enfatizar o caráter no processo de contratação, é possível errar a mão e ir longe demais. Como Katie Burke, da HubSpot, nos disse: "Não queremos contratar clones. Buscamos pessoas que compartilhem nossos valores e ao mesmo tempo nos desafiem a colocá-los em prática de maneira ainda mais profunda". Como vimos no capítulo anterior, pesquisas mostram que a diversidade de perspectivas é um grande trunfo para as organizações. Quanto mais pessoas de diversas origens e experiências se engajarem em torno de valores compartilhados, mais a inovação e a criatividade serão estimuladas.

A Patagonia busca candidatos ativistas, mas a empresa reconhece que o ativismo pode se manifestar de muitas maneiras. Theresita explica: "Queremos saber: 'O que é importante para você?'. Pode ser algo ligado ao meio ambiente, às mudanças climáticas ou a algo totalmente diferente. O que queremos saber de verdade é o que você está fazendo em relação às questões com as quais se importa". O ativismo de Theresita se traduzia em seu envolvimento com a comunidade local, na qual ela dava cursos gratuitos de liderança e desenvolvimento de equipe para ONGs cujas missões apoiava.

Theresita nos disse que a Patagonia não quer apenas honrar sua história e seu legado, também quer crescer para se tornar a Patagonia do futuro. Isso requer abertura e receptividade a diferentes vozes e experiências. Contratar pessoas com perspectivas diversas é um fator essencial para fazer disso uma realidade.

Contratar com base no caráter é um bom negócio. As pessoas anseiam por trabalhar em organizações onde possam realizar um trabalho com significado e alinhado a seus valores. Além disso, priorizar o caráter expande o pool de candidatos e abre as portas para indivíduos com experiência limitada. Há muitas pessoas por aí como aquele seu segundo amigo — ansiosas por viajar e esperando uma chance de participar da aventura.

Em uma entrevista recente, Hubert Joly, ex-presidente e CEO da BestBuy que liderou a recuperação da empresa, enfatizou a importância de contratar com base no caráter: "Um erro que cometi por muitos anos foi dar ênfase demais à experiência e ao conhecimento ao recrutar candidatos. Com o tempo, fui me voltando cada vez mais a descobrir quem aquela pessoa era. E deixando claras as nossas expectativas para a liderança... Eu disse aos executivos da BestBuy: 'Tudo bem se vocês não concordarem com esses princípios. Mas só tem um detalhe: vocês não podem trabalhar aqui'".

Contratar pessoas com base em quem elas são e no que elas valorizam é o primeiro fator de um início significativo. Em seguida, os líderes podem alavancar o processo de integração a fim de preparar um novo colaborador para uma carreira longa e significativa na organização.

OS INGREDIENTES DE UMA INTEGRAÇÃO COM SIGNIFICADO

Mise en place é um termo culinário francês que se traduz como "tudo em seu lugar". Refere-se à prática de preparar e organizar todos os ingredientes e utensílios necessários para fazer uma receita antes de começar a cozinhar. A *mise en place* garante que o chef tenha tudo pronto e ao alcance da mão, tornando o preparo dos alimentos mais eficiente, organizado e divertido.

Ao investir tempo na preparação antes de cozinhar, os chefs podem avançar com mais eficiência pelas etapas da receita. Uma de nossas chefs favoritas, Kelcy Scolnick, tem um ótimo mantra: "Comece como você pretende continuar". Ela acredita que a *mise en place* prepara o terreno para uma boa experiência gastronômica.

Adotar um processo de integração de novos colaboradores é como usar a *mise en place* para preparar uma refeição. Só que, em vez de vegetais lavados e picados e temperos, os ingredientes cruciais para uma integração significativa são a construção de relacionamentos autênticos e a imersão cultural. Ao preparar com antecedência, você está estabelecendo as bases para que os novos membros da equipe tenham uma carreira significativa e de sucesso em sua organização. Você está começando como pretende continuar.

Muitas empresas investem tempo, recursos e dinheiro no recrutamento de novos talentos. Mas, no primeiro dia, os novos colaboradores são recebidos com um computador e a expectativa de começar a trabalhar imediatamente. Uma experiência de integração meticulosamente concebida e executada pode garantir que os novos membros da equipe tenham todos os elementos necessários para começar bem na organização. Também garante que todo o tempo e dinheiro investidos em recrutamento, seleção e contratação de novos colaboradores não sejam desperdiçados.

As primeiras impressões que os colaboradores têm quando entram em uma nova organização são importantíssimas na criação de significado no trabalho. A maneira como a empresa opta por integrar um novo colaborador impacta significativamente o engajamento durante todo o tempo que ele passa nela. Vinte por cento da rotatividade de funcionários ocorre nos primeiros 45 dias. Por outro lado, os colaboradores que são integrados com eficácia são até dezoito vezes mais comprometidos com o trabalho, 89% mais engajados e trinta vezes mais propensos a relatar satisfação profissional.

Estamos falando de uma oportunidade em grande parte inexplorada. Os processos convencionais de integração tendem a focar em aspectos burocráticos e questões triviais, como sistemas de TI e documentação. Isso pode deixar os novos contratados perdidos e até sobrecarregados por um volume de informações impossível de processar em tão pouco tempo.

Por outro lado, a integração pode ser o que um dos líderes que participou de nossa pesquisa chamou de "momento sagrado" — o momento perfeito para criar uma base sólida para um relacionamento de longo prazo. Uma experiência de integração projetada — como a *mise en place* — é importante porque prepara o terreno para a experiência do novo colaborador na organização.

Os líderes que desejam começar como pretendem continuar devem se concentrar em dois ingredientes essenciais (e normalmente negligenciados) para criar uma experiência de integração significativa: **domínio cultural**, que envolve apresentar aos colaboradores a cultura única de sua organização por meio de histórias e rituais compartilhados, e **construção de relacionamentos autênticos**, que inclui ajudar os novos colaboradores a revelarem seu "eu" autêntico e a cultivar conexões imediatamente.

DOMÍNIO CULTURAL

Vincent Stanley foi um dos primeiros funcionários da Patagonia. Sua ideia inicial era passar seis meses na organização, guardar dinheiro e fazer um mochilão pela Europa. Mas a oportunidade de fazer parte de algo maior o manteve na Patagonia por mais de cinquenta anos. No começo, ele e o fundador, Yvon Chouinard, se reuniam e trocavam ideias sobre como queriam conduzir os negócios, o que defendiam e como queriam crescer. Vincent ajudou a colocar essas filosofias no papel, que se tornaram a base do livro best-seller de Chouinard, *Lições de um empresário rebelde.*

Hoje, Vincent é o diretor de filosofia da Patagonia e, informalmente, o principal contador de histórias da empresa. Parte de seu trabalho envolve integrar os novos colaboradores à organização contando histórias que ilustram como cada um dos cinco valores — qualidade, integridade, ambientalismo, justiça e não se restringir a convenções — é colocado em prática na Patagonia. Ele disse: "Acho incrível ver que, cinquenta anos depois de eu ter entrado, as melhores qualidades da empresa ainda persistem".

A ênfase da Patagonia no *storytelling* foi um aspecto memorável do processo de integração de Theresita. Vincent foi uma das primeiras pessoas que Theresita conheceu quando entrou na empresa. Na primeira semana, ela fez um treinamento com ele sobre a filosofia da empresa e ficou muito impressionada com uma história que ele contou a respeito da revitalização do rio Ventura. Colaboradores da Patagonia ajudaram a revitalizar um rio que se acreditava estar morto. Por meio de pequenas ações, como fornecer uma mesa, um telefone e uma caixa de correio para organizações locais, eles ajudaram a promover importantes melhorias ambientais. Para Theresita, essas ações destacaram o poder do ativismo, um dos principais valores da Patagonia, e mostrou como pequenos investimentos por parte de pessoas apaixonadas podem fazer grande diferença.

Ao contar histórias como essa, os líderes orientados a significado criam um rito de iniciação para novos colaboradores. O processo de contar as histórias se torna uma espécie de ritual pelo qual cada colaborador passa como parte de sua aceitação na comunidade.

É comum pensarmos em rituais como cerimônias formais ou eventos religiosos, como casamentos ou formaturas, mas eles também podem ser práticas menores repletas de significado. Rituais como o curso de Vincent sobre a filosofia da Patagonia dão vida à cultura, unem as pessoas e ajudam todos a avançar em direção a um propósito compartilhado. Ajudam a transformar o ordinário em algo significativo. Os rituais têm o poder de transformar a integração de um processo trivial em um momento sagrado. Durante a integração, representam aceitação na equipe e criam um senso de pertencimento.

Narrativas são uma abordagem eficaz para refletir e reforçar culturas fortes. Assim como Vincent na Patagonia, líderes orientados a significado usam histórias para ensinar aos novos colaboradores os valores da organização e os comportamentos desejados ou "como fazemos as coisas por aqui".

Pesquisas mostram que, quando os colaboradores concordam totalmente que seu processo de integração proporcionou um bom entendimento da cultura da organização, eles têm quase cinco vezes mais probabilidade de elogiar sua experiência de integração.

Após a contratação com base no caráter, os líderes da Zappos dão início a um processo de integração de quatro semanas, em que os valores da empresa são apresentados no detalhe. O objetivo é esclarecer para os novos colaboradores as expectativas e o significado exato de cada um dos dez valores centrais da organização. Eles convidam pessoas de toda a organização para contar uma história sobre um valor específico, explicar por que esse valor é importante para elas, e como as ajudou a crescer na Zappos. Uma história famosa vem de Tony Hsieh sobre o primeiro valor central da empresa: "Entregar o UAU por meio do atendimento".

Tony contou sobre uma ocasião quando levou alguns clientes para um happy hour. Quando o bar fechou, todos voltaram para o hotel. Um de seus clientes estava com fome e queria comer pizza, mas o horário do serviço de quarto já havia encerrado. Tony sugeriu que o cliente ligasse para o atendimento da Zappos. A Zappos é uma varejista de calçados, mas ele confiava na capacidade de sua equipe de entregar o UAU. O representante de atendimento ao cliente atendeu a ligação às 2 horas da manhã, encontrou três pizzarias abertas perto do hotel e fez o pedido para o cliente.

Ao compartilhar histórias que representam os valores centrais da empresa, os líderes não apenas dão vida a esses valores como também criam um espaço para que os novos colaboradores contribuam com as próprias histórias. Esse diálogo começa já no processo de entrevista, com perguntas comportamentais para investigar como os candidatos incorporam esses valores no dia a dia. Estender essa abordagem ao processo de integração enriquece a experiência, transformando-a de um procedimento padrão em uma jornada profundamente significativa.

Além de contar histórias, os líderes orientados a significado envolvem os novos colaboradores em uma variedade de outros rituais compartilhados durante a integração, transformando-os de meros observadores da cultura em participantes imersos nela. Por exemplo, algumas organizações têm o hábito de dar aos novos colaboradores um objeto físico que simboliza sua aceitação no grupo. No Google, os novos colaboradores, ou "Nooglers", recebem um boné de beisebol com uma hélice em cima, simbolizando a cultura peculiar da empresa. Os Nooglers, orgulhosos, tiram selfies com o boné para compartilhar no LinkedIn ou em outras redes sociais e repetem o ritual anos depois, quando recebem uma grande promoção ou são transferidos para um novo projeto interessante. Na Airbnb, pessoas de toda a organização formam um túnel humano pelo qual os novos colaboradores passam. Esse ritual foi criado para dar as boas-vindas aos novos colegas e representa a missão da empresa de "criar um mundo onde qualquer um possa pertencer a qualquer lugar".

Os melhores rituais são simples, exclusivos da cultura da organização e criam uma identidade compartilhada que faz com que os novos contratados se sintam "como um de nós". Rituais como esses podem ser criados para serem eficazes em experiências de integração tanto remotas quanto presenciais. Apesar de todos os benefícios do trabalho remoto, essa modalidade também trouxe muitos desafios para as organizações, incluindo a reformulação do processo de integração de novos colaboradores. Sem os rituais tradicionais que sinalizam novos começos, os colaboradores podem deixar um trabalho em uma sexta-feira e começar um novo emprego na segunda-feira trabalhando na mesma mesa, no mesmo home office. Além disso, sem contato pessoal e experiências compartilhadas, a capacidade de formar novos relacionamentos pode ser comprometida.

A Humu, uma empresa de tecnologia de mudança comportamental, adaptou seu processo de integração e criou uma experiência totalmente remota em 2020. Parte da mudança envolveu a criação de rituais para aumentar o senso de pertencimento dos "Numus" (como eles chamam seus novos contratados — até esses nomes engraçados fazem todo mundo entrar na brincadeira desde o primeiro dia). Lynn Chikasuye, diretora de

TI da organização, nos contou: "A integração oficial de duas semanas da Numu termina com uma cerimônia de 'formatura' com a empresa toda, quando cada gestor fala sobre seu Numu e suas realizações pessoais até o momento. Celebrar pequenas vitórias, como a formatura, ajuda os novos contratados a sentirem que já fazem parte da equipe e ajuda a criar um relacionamento entre os gestores e seus subordinados diretos".

Ao criar rituais de domínio cultural para seu processo de integração, considere as seguintes questões:

- Como você pode integrar o *storytelling* sobre os valores e a cultura da sua organização ao processo de integração para garantir que os novos colaboradores saibam "como fazemos as coisas por aqui"?
- Quais atividades e rituais específicos podem ser incorporados para promover profundas conexões interpessoais entre os novos contratados e os membros existentes da equipe?
- De quais maneiras você pode tornar a experiência de integração mais interativa e envolvente para ajudar os novos colaboradores a se sentirem conectados e motivados desde o início?

Incorporar o *storytelling* e outros rituais significativos à integração é uma maneira eficaz de cultivar o senso de propósito compartilhado e o pertencimento. Começar com um gesto pequeno, mas deliberado, como um boné engraçado ou um túnel humano, pode definir o tom de uma experiência acolhedora para os colaboradores.

Além de garantir que os novos contratados desenvolvam o domínio cultural ao aprender sobre o propósito, os valores e os comportamentos esperados da organização, um processo de integração significativo é deliberadamente pensado para promover a construção de relacionamentos autênticos.

CONSTRUÇÃO DE RELACIONAMENTOS AUTÊNTICOS

Quando os filhos de Tamara tinham 10, 9 e 7 anos, ela e o marido, Ted, tomaram a difícil decisão de deixar a pequena cidade que havia sido seu lar por muitos anos. Uma nova oportunidade de emprego os levou para uma comunidade a mais de 80 quilômetros de distância. Eles passaram meses ponderando a decisão. Tamara e Ted relutavam em sair daquele lugar onde os filhos eram tão felizes para ir morar em uma cidade onde não conheciam ninguém. As crianças conseguiriam fazer amizades facilmente? A comunidade compartilharia os valores que eles prezavam como família? Eles se sentiriam incluídos?

As crianças estavam no ensino fundamental. Tamara e Ted sabiam que a experiência dos filhos na nova escola seria um fator-chave na adaptação da família à nova cidade. Embora o sistema escolar tivesse uma excelente reputação, todos estavam nervosos. Então algo extraordinário aconteceu.

Uma semana antes do início das aulas, Tamara recebeu um e-mail da diretora da nova escola, a sra. Fernandez, convidando-os para um tour privado pelo colégio. A sra. Fernandez lhes mostrou as instalações, destacando áreas que ela sabia que eram de especial importância para as crianças. Mostrou cada uma das salas de aula, o refeitório, o ginásio e, o mais importante, o playground. Enquanto conduzia a família pela escola, a sra. Fernandez antecipou dúvidas que ela sabia que as crianças teriam — por exemplo, como comprar o almoço, se elas precisariam de autorização para ir ao banheiro (sim) e quantos intervalos teriam por dia (pelo menos dois, mas às vezes mais, dependendo do professor). Ao fim do tour, as crianças estavam animadas para começar na nova escola. Mas a sra. Fernandez tinha outra surpresa. Ela contou à família que a escola tem um programa de integração para novos alunos chamado Programa Nova Família, que envolve alocar o aluno recém-chegado a um colega de sua turma, que atuaria como um mentor.

A sra. Fernandez havia revisado detalhadamente os questionários que Tamara submetera ao matricular as crianças. Em seguida, ela escolheu a dedo um colega para cada uma das crianças com base em interesses em comum e no que ela acreditava serem personalidades complementares. Ela disse à família que os pais dos colegas ligariam no dia seguinte. Os pais organizariam um encontro entre as crianças antes do primeiro dia de aula para que os novos alunos tivessem pelo menos um rosto conhecido na turma, alguém com quem almoçar e um amigo para brincar no recreio.

É difícil descrever, mesmo depois de todos esses anos, o quanto aquele momento significou para a família de Tamara. Naquele instante, toda a ansiedade e medo desapareceram, e eles souberam que tinham escolhido a comunidade certa. Ao ter o cuidado de conhecer os novos alunos antes mesmo de começarem na escola e ainda por cima apresentá-los a outros pais da comunidade, a direção da escola fez com que todos se sentissem incluídos.

Naquela semana, depois de uma troca de e-mails com as três famílias, eles se encontraram com os alunos da escola em um parque do bairro. As crianças brincaram juntas enquanto os pais conversaram. Conhecer aquelas famílias foi uma tábua de salvação não só para as crianças como também para Tamara e Ted. Agora eles tinham amigos a quem podiam ligar com perguntas sobre atividades e a comunidade: "Como fazemos para matricular nosso filho no futebol? A comunidade oferece um bom programa de teatro? Qual é o restaurante de sushi favorito de vocês?". Essas famílias também os convidaram para eventos sociais e os apresentaram a outros amigos da comunidade.

O Nova Família era, em essência, um programa de *onboarding buddy* — no caso, um aluno da escola ajudando um novo colega a se integrar ao ambiente. A sra. Fernandez criou o programa para promover relacionamentos e uma rede de apoio para novos alunos e suas famílias. Foi uma experiência muito significativa não apenas no primeiro dia de aula, mas nos anos seguintes. Eles fizeram amizade com uma das famílias, com a qual viajam com frequência e celebram as vitórias uns dos outros, sempre lembrando com carinho daquele primeiro encontro embaraçoso no parque.

ONBOARDING BUDDIES

Depois de alguns anos trabalhando para melhorar seu processo de integração, em 2018, a Microsoft testou um programa de *onboarding buddies*. A empresa começou a alocar um colaborador experiente para ajudar na adaptação de cada novo contratado. O programa foi um enorme sucesso, melhorando a produtividade, a satisfação e o domínio cultural dos novos colaboradores. No programa piloto da Microsoft, novos contratados alocados a colegas experientes ficaram 23% mais satisfeitos com sua experiência de integração em comparação com os outros. Os colegas ajudam os novos colaboradores, uma das coisas mais importantes das quais um novo contratado precisa para ter sucesso. Um programa como esse pode levar a primeiros meses positivos e produtivos no trabalho, o que tem efeitos propagadores ao longo de toda a carreira do colaborador.

Evelyn* é uma gestora sênior de programas de cultura e experiência de colaboradores da Microsoft. Seu processo de *onboarding buddies* levou apenas algumas semanas, mas ela e sua colega mantiveram contato por vários meses. Evelyn contou: "Minha colega manteve as portas abertas para mim, o que achei melhor do que ter que marcar uma reunião formal. Ela deixou claro que eu poderia procurá-la para tirar dúvidas sempre que precisasse".

Quando entrou na Microsoft, Evelyn teve que enfrentar uma enorme curva de aprendizado para desenvolver a própria dinâmica com os líderes seniores que patrocinavam seus programas. Isso envolveu aprender a construir relacionamentos com a alta gestão, algo que ela não fazia em sua empresa anterior. Sua colega de integração deu exemplos de ocasiões em que ela trabalhou bem com os líderes seniores e compartilhou desafios comuns que ela ou os colegas enfrentavam. Com isso, Evelyn pôde construir um relacionamento forte com o gerente de negócios de seu

* O nome foi alterado para proteger o anonimato.

patrocinador, um relacionamento que ela mantém até hoje, anos depois. O resultado foi que ela assumiu a função com muito mais confiança do que o faria sem apoio da sua *onboarding buddy*. Alguns anos depois, Evelyn e sua colega mantêm contato. Elas se encontram uma ou duas vezes por mês e continuam apoiando o trabalho uma da outra.

Um *onboarding buddy* é seu primeiro amigo no trabalho — alguém a quem pode fazer perguntas triviais, como onde fica o banheiro ou onde almoçar, até perguntas mais sutis sobre normas culturais e dinâmicas do escritório. Pesquisas sugerem que 65% dos novos contratados se sentem frustrados porque não têm uma interface clara na empresa para tirar dúvidas. Esse colega designado também ajuda os novos colaboradores a formar relacionamentos por toda a organização.

Embora a abordagem esteja crescendo em popularidade, menos da metade das organizações tem um programa formal de *onboarding buddy*. Mas você não precisa de um programa formal para facilitar a construção de relacionamentos durante a integração. Simplesmente ajudar os novos contratados a fazerem conexões na organização pode ser poderoso. Na Patagonia, os líderes de Theresita se concentraram em ajudá-la a construir relacionamentos e conhecer uma variedade de pessoas na organização. Mesmo sem ter um programa formal de *onboarding buddy*, eles a colocaram em contato com "pessoas que ela deveria conhecer". Dessa forma, deram início ao processo de construção da rede de relacionamentos interna de Theresita.

Promover a construção de relacionamentos durante a integração é crucial para que os novos colaboradores se integrem naturalmente à organização e comecem a contribuir rapidamente. É como picar a cebola e o alho para a *mise en place* de uma receita. Mas os líderes orientados a significado não param por aí. Tomam o cuidado de incluir especiarias e temperos para realçar ainda mais o sabor.

AUTENTICIDADE NA INTEGRAÇÃO

Como já vimos, a autenticidade — a capacidade de mostrar seu verdadeiro "eu" — aumenta o senso de pertencimento e significado. Quanto mais rápido um novo colaborador puder se apresentar de forma autêntica, mais cedo poderá construir relacionamentos significativos.

Pesquisadores conduziram um estudo na Wipro BPO, uma organização sediada na Índia que fornece suporte por telefone e chat, para verificar se o incentivo à autenticidade no processo de integração melhoraria o desempenho e a retenção de colaboradores. Eles escolheram um call center indiano porque é comum esperar que esses colaboradores sejam menos autênticos no trabalho, adotando um sotaque ocidental ao falar com os clientes. Os pesquisadores alocaram aleatoriamente novos colaboradores da Wipro a uma das três condições a seguir durante seu processo de integração.

A primeira condição se concentrou em como os novos colaboradores poderiam contribuir com suas perspectivas e pontos fortes para o trabalho. Primeiro, um líder sênior explicava como o trabalho na Wipro daria aos recém-chegados a chance de se expressar e criar oportunidades individuais de crescimento profissional. Em seguida, os novos colaboradores faziam um exercício individual de resolução de problemas e eram solicitados a passar os próximos quinze minutos refletindo sobre as decisões que tomaram no exercício e sobre como aplicar seus pontos fortes no trabalho. Os novos colaboradores então passavam quinze minutos se apresentando e explicando suas decisões ao grupo para se conhecerem melhor. Por fim, eles recebiam um crachá de colaborador e um moletom com seu nome.

A segunda condição começava com a suposição de que os novos colaboradores teriam melhor desempenho caso se orgulhassem de trabalhar na organização e aceitassem as normas e os valores da empresa. Nesse caso, um líder sênior explicava os valores da Wipro e por que ela é uma organização excepcional, seguido por um colaborador de destaque que fazia o mesmo. Então, os novos contratados eram convidados a passar quinze minutos refletindo sobre o que ouviram e outros quinze minutos conversando sobre o tema entre si. Por fim, eles recebiam um crachá e um moletom com o nome da empresa.

Na terceira condição, o grupo de controle, os novos colaboradores passaram pelo processo de integração tradicional da Wipro, que se concentrava principalmente no treinamento de habilidades e em aspectos burocráticos.

Os resultados foram notáveis. Os participantes que foram integrados na primeira condição — a que encorajou a expressão autêntica das perspectivas e dos pontos fortes — relataram maior satisfação no trabalho e tiveram retenção 33% superior nos primeiros seis meses no trabalho. Seus clientes também ficaram mais satisfeitos.

Os pesquisadores replicaram essas descobertas em diferentes cenários e descobriram que, quanto antes os novos colaboradores são incentivados a mostrar seu "eu" autêntico, melhor será seu desempenho. Eles também são mais propensos a colaborar com os colegas, são mais criativos e inovadores e mais satisfeitos no trabalho.

Em sua integração na Patagonia, Theresita foi solicitada a criar o próprio "manual de usuário", conhecido internamente como *Leia-me*, que seria compartilhado com sua equipe. Um *Leia-me* é uma apresentação de PowerPoint criada pelos novos colaboradores contando quem eles são, o que é importante para eles e as coisas que lhes trazem alegria. Além disso, o *Leia-me* inclui estilos e preferências pessoais no trabalho — os pequenos, porém importantes, detalhes, como: você é o tipo de pessoa que gosta de sintetizar os assuntos em tópicos ou prefere elaborar uma narrativa em parágrafos? Você é o tipo de pessoa que prefere pegar o telefone e conversar ou prefere receber uma mensagem ou e-mail da equipe? Para Theresita, era importante que as pessoas soubessem que ela tinha o hábito de madrugar.

Ela queria que sua equipe soubesse que começa o dia cedo, lá pelas 4h30, antes de o sol nascer e de sua família acordar. Esse hábito lhe permite ter o que chama de "tempo sagrado" para seus rituais matinais e um espaço para refletir antes de o mundo acordar. Por outro lado, ela precisa dormir muito cedo e provavelmente não verá mensagens enviadas mais tarde da noite. Theresita fez questão de enfatizar que isso é uma coisa *dela* e que não espera que a equipe faça o mesmo.

O *Leia-me* da Patagonia foi criado para acelerar o processo de construção de relacionamentos e conhecer o "eu" autêntico de cada um. Como os formulários que a sra. Fernandez usou para encontrar colegas compatíveis para orientar os filhos de Tamara na escola, esses manuais de usuário personalizados permitem que as pessoas compartilhem seus estilos de trabalho, interesses, fontes de energia e preferências de comunicação.

Os "manuais de usuário" podem ser uma ferramenta altamente eficaz para agilizar a integração da equipe e construir relacionamentos autênticos, oferecendo insights sobre os pontos cegos e os pontos promissores de uma pessoa. Para ajudar você a criar o seu, disponibilizamos alguns exemplos de diferentes organizações e um modelo em nosso site, www.makeworkmeaningful.com/recursos.

Construir relacionamentos durante o processo de integração não envolve apenas conhecer pessoas ou fazer amizades. Também reduz o tempo que os novos contratados levam para se adaptar. O Programa Nova Família não era apenas sobre ter um colega com quem almoçar no refeitório, embora isso fosse significativo e crucial. Essa pequena rede de apoio também ajudou a família de Tamara a se informar sobre atividades, conhecer o bairro e a cidade e se integrar à comunidade com mais rapidez. Da mesma forma, o *Leia-me* dos colegas ajudou Theresita a fazer mais do que construir conexões: ela também pôde aprender rapidamente as preferências de trabalho da equipe e reduzir o tempo necessário para colaborar de modo saudável com eles. Seja por meio de programas estruturados ou conexões orgânicas, promover esses relacionamentos iniciais prepara o terreno para um início mais tranquilo e significativo.

É comum só pensarmos em integração quando novos colaboradores ingressam na organização. Mas essas práticas podem ser valiosas sempre que você tiver a oportunidade de causar uma primeira impressão. Mesmo se não tiver como controlar o processo de integração de sua organização, você ainda pode usar o domínio cultural e práticas autênticas de construção de relacionamentos para receber novos integrantes na sua equipe, para iniciar um novo projeto ou até para organizar um evento especial.

MOSTRE, NÃO CONTE

Recentemente tivemos a oportunidade de apresentar nossa pesquisa sobre os processos de integração em uma conferência de ex-alunos do mestrado em Psicologia Positiva Aplicada da Universidade da Pensilvânia e vimos uma oportunidade de colocar algumas dessas práticas de liderança em funcionamento. Em vez de lhes *contar* sobre nossa pesquisa, pensamos que seria mais impactante e divertido lhes *mostrar* como se dá um excelente processo de integração. Criamos um miniprograma de integração para a conferência com foco no domínio cultural e na construção de relacionamentos autênticos.

Começamos convocando Jan Stanley, nossa colega e referência global em rituais. Ela criou uma bela experiência meditativa com o objetivo de nos ancorar no lugar, nas pessoas e no momento presente. Para colocar em prática os valores de engajamento, conexão e diversão da nossa comunidade, convidamos três colegas para contar histórias sobre esses valores em ação, a fim de dar uma ideia da nossa cultura e de como pessoas diferentes aplicam nossos valores de maneiras diversas.

Por fim, para desenvolver conexões autênticas, criamos uma atividade para encorajar as pessoas a se conectar e aprofundar os relacionamentos entre si. Antes de os participantes chegarem, colocamos dados em todas as mesas e criamos uma lista de seis tópicos de discussão para facilitar a construção de relacionamentos autênticos. Os tópicos eram lúdicos (em alinhamento com nosso valor de diversão) e incluíam perguntas como: "Você pode aprender a resposta para um mistério da história da humanidade. Qual você escolheria e por quê?" e "Como foi assistir ao seu primeiro show de música ao vivo?". Os tópicos foram numerados de um a seis. Os participantes formaram duplas, jogaram o dado e se revezaram respondendo à pergunta relativa ao número correspondente. Em poucos minutos, a sala fervilhava de entusiasmo e conexão.

Essas práticas simples de integração ajudaram nossos colegas a desenvolver novos relacionamentos, a ter uma ideia de como seria nosso fim de semana juntos e a saber quais comportamentos eram esperados deles. Depois, muitas pessoas nos disseram que esse processo de integração cultural e comunitária havia despertado seu entusiasmo e as ajudado a fazer conexões significativas que floresceram no decorrer da conferência. Cultivar esse início significativo levou menos de uma hora.

Embora as práticas apresentadas neste capítulo sejam simples, geralmente não são usadas. Uma pesquisa da Gallup mostrou que apenas 12% dos trabalhadores acreditam que sua organização faz um ótimo trabalho de integração de novos colaboradores. A falta de tempo é apontada por líderes como um dos maiores obstáculos quando sugerimos redesenhar o processo de integração para tornar o trabalho mais significativo. Eles nos dizem que há necessidade de treinar rapidamente os novos colaboradores para que possam começar a produzir. Acreditamos que essa é uma visão míope. Como vimos, investir em uma experiência de integração significativa aumenta o engajamento e a produtividade.

Do mesmo modo como a *mise en place* é um investimento de tempo com o potencial de garantir uma experiência gastronômica perfeita, investir tempo e energia em um processo de integração bem concebido pode garantir que os novos membros de sua equipe tenham todos os ingredientes necessários para alcançar o sucesso na organização. Ao redesenhar o processo de integração para incluir a construção de relacionamentos autênticos e o domínio cultural, você pode tornar o trabalho mais significativo, construir uma comunidade e preparar o terreno para que os novos colaboradores sejam altamente engajados e produtivos.

Na Parte II deste livro, exploramos como as práticas voltadas à construção da comunidade atribuem significado ao trabalho. Desde criar uma cultura alinhada a valores até construir relacionamentos autênticos e gerar oportunidades de experiências compartilhadas, todas são práticas cruciais que geram pertencimento e aumentam o significado. A seguir, voltaremos o foco a práticas para aumentar o senso de contribuição no trabalho.

PARTE III

CRIANDO SIGNIFICADO POR MEIO DA CONTRIBUIÇÃO

Durante o desenvolvimento do programa espacial Apollo, o presidente John F. Kennedy visitou a sede da Nasa em Houston, Texas. Dizem que, ao percorrer as instalações, ele viu um funcionário da limpeza esfregando o piso e o abordou para se apresentar. Depois de apertar a mão do homem, perguntou o que ele estava fazendo, ao que o colaborador respondeu: "Estou ajudando a colocar um homem na Lua".

A resposta não foi um golpe do acaso. A Nasa havia passado anos investindo em conectar o trabalho de cada colaborador ao propósito da organização. Em um estudo realizado com funcionários da Nasa na década de 1960, o psicólogo Andrew Carton descobriu que os esforços para vincular as contribuições dos colaboradores ao sucesso da organização aumentavam o senso de significado dos colaboradores no trabalho. Quando o foco dos líderes passou de administrar tarefas do dia a dia, desde consertar circuitos elétricos a contar a história de como essas tarefas ajudavam a organização a concretizar suas aspirações, como expandir os limites do conhecimento humano, as pessoas viram que estavam contribuindo para algo maior do que elas mesmas.

A comunidade gera significado ao ajudar os colaboradores a verem como eles importam para as outras pessoas da organização. Nosso segundo C, a contribuição, gera significado ao ajudar as pessoas a ver como seu trabalho importa — não só dentro da organização, mas também para clientes, parceiros e comunidade.

Como já vimos, a ideia de ter um propósito organizacional é bastante conhecida. Apoiamos completamente os esforços para articular o impacto de sua organização para o bem maior, mas essa visão por si só não cria significado. Um propósito claro ajuda a inspirar as pessoas a se unir à sua causa e tem o poder de construir uma comunidade ao lhes dar objetivos comuns pelos quais trabalhar, mas isso é só uma parte da equação. Um senso de contribuição resulta de ver o progresso em direção a esses objetivos — de promover esse propósito. Esses objetivos podem incluir uma missão grandiosa, como o compromisso da Nasa de colocar um homem na Lua, ou ser tão simples quanto ajudar as pessoas a poupar um pouco de tempo, missão da empresa de software de agendamento Calendly. Como veremos, é fácil identificar um forte senso de contribuição quando os líderes estruturam o trabalho com eficácia.

A contribuição também resulta de receber feedback positivo de líderes e colegas. O feedback positivo valida o esforço que investimos em nosso trabalho e nos dá um senso de realização. Embora seja comum negligenciar e subutilizar essa prática, o reconhecimento vindo de um líder ou membro da equipe pode ser incrivelmente significativo.

Quando as pessoas veem o impacto das tarefas que executam no dia a dia e entendem como elas ajudam a promover algo maior, o trabalho se torna significativo. Essas contribuições podem ser encontradas em pequenos gestos, como um cliente contando a um representante de vendas que o produto da empresa o auxiliou a fechar um novo negócio, uma mensagem instantânea de um colega agradecendo a assistência em um projeto, ou um e-mail de um gestor elogiando um subordinado direto por contribuir e elevar o patamar da empresa. Os líderes orientados a significado mostram às pessoas que seu trabalho é importante de duas maneiras: dando feedback positivo que destaca suas contribuições para a equipe e vinculando o trabalho ao impacto maior da organização.

7. O PODER DO FEEDBACK POSITIVO

"O princípio mais profundo da natureza humana
é o anseio por ser valorizado."
— William James

Toda sexta-feira, lá pelas 16 horas, Kathy Rollins* faz um ritual para encerrar a semana. Kathy, diretora-geral de auditoria de uma grande empresa de contabilidade, reserva meia hora para refletir sobre o progresso da equipe. Ela repassa a agenda para identificar os momentos significativos da semana. Em seguida, redige e envia cinco e-mails rápidos a cinco membros da equipe. Nessas "notas de gratidão", como Kathy as chama, ela reconhece cada pessoa por algo que fez para ajudar a equipe naquela semana. Kathy se concentra em uma ação específica que a pessoa realizou e explica o impacto positivo dessa ação. Então ela encerra cada mensagem agradecendo a contribuição e desliga o computador para o fim de semana.

* O nome foi alterado para proteger o anonimato.

Vários anos atrás, Kathy percebeu que tinha algo faltando. Como auditora, ela passa muito tempo procurando erros. Os clientes contratam sua equipe para analisar livros contábeis e encontrar erros e irregularidades que precisam ser corrigidos. Kathy percebeu que passava o tempo todo procurando o que estava errado, mas nunca reconhecia ou celebrava quando as coisas iam bem.

Embora a maioria de nós não trabalhe no departamento de auditoria, todos temos uma tendência natural de focar no que está errado. Pesquisas mostram que tendemos a perceber eventos negativos três vezes mais rápido do que os positivos. Esse viés foi vantajoso para nós de uma perspectiva evolutiva. Permanecer vivos depende em grande parte de identificar ameaças e lidar com elas. Os ancestrais que ficavam de olho nos leopardos à espreita nas árvores viviam mais do que os que andavam admirando as belas flores silvestres no chão da floresta. Mas, no trabalho, nosso viés de negatividade pode ser uma desvantagem. Pode nos manter tão focados no que está errado que nos esquecemos de reconhecer o que está certo. Kathy decidiu mudar isso e começou a enviar notas de gratidão semanais para lembrar a si mesma e à sua equipe do que estavam fazendo bem. Ela esperava que isso a animasse e que a equipe também pudesse se beneficiar, mas não esperava o que aconteceu a seguir.

Poucas semanas depois que as mensagens de Kathy passaram a chegar às caixas de entrada, elas começaram a se multiplicar. Sem que ninguém pedisse, os membros da equipe também começaram a enviar notas de gratidão. Ela percebeu que eles faziam mais questão de agradecer uns aos outros no decorrer da semana. De repente, reuniões, chats on-line e conversas informais passaram a ser salpicados de elogios. A prática simples de Kathy se transformou em uma cultura de feedback positivo que se espalhou pela equipe toda.

Ao apontar aos membros da equipe que seus esforços eram importantes para ela, Kathy mostrou que o trabalho deles era valorizado. Com um senso de contribuição reforçado, os colaboradores ficaram mais energizados e engajados no trabalho. Essa energia se espalhou quando, por sua vez, eles passaram a mostrar que o trabalho dos colegas também era valorizado. Em vez de apenas auditar o trabalho dos outros em busca de erros, eles começaram a contabilizar suas vitórias.

Ansiamos por receber um feedback positivo dos outros porque isso nos mostra que nosso trabalho é importante. Quando os colaboradores recebem um feedback positivo de líderes e colegas, seu senso de contribuição aumenta e seu trabalho se torna mais significativo. Não importa se sua organização chama isso de reconhecimento, gratidão, apreciação, celebração ou qualquer outra coisa, o feedback positivo serve como um sinal importante de uma contribuição significativa.

Dan Ariely, professor de economia comportamental da Universidade Duke e autor de vários best-sellers, desenvolveu um estudo incomum para entender como o reconhecimento do trabalho de uma pessoa afeta seu desejo de continuar nele. A equipe de Dan pagou três grupos de participantes para analisar uma sequência de letras em uma folha de papel e circular as que apareciam mais de uma vez. Mas o experimento realmente começou quando os participantes entregaram suas tarefas. O primeiro grupo recebeu um reconhecimento explícito pelo trabalho: os pesquisadores examinaram a folha de papel e disseram "ahã" antes de colocá-lo de lado. Os papéis do segundo grupo foram colocados em uma pilha sem qualquer reconhecimento. No terceiro grupo, houve uma desvalorização explícita do trabalho — os papéis foram imediatamente triturados na frente dos participantes. Em seguida, todos os participantes tiveram a opção de fazer outra tarefa por um pagamento adicional.

Não é de surpreender que o grupo cujo trabalho foi reconhecido tenha optado por fazer mais tarefas. Mas o mais fascinante no estudo foi que, como Dan descobriu, os integrantes do grupo cujas tarefas iniciais foram colocadas em uma pilha sem qualquer reconhecimento fizeram aproximadamente o mesmo número de tarefas adicionais que os do terceiro grupo. Eles reagiram quase da mesma forma que o grupo cujo trabalho fora destruído.

Saber que nosso trabalho importa para a equipe — que nossas contribuições ao grupo são reconhecidas e apreciadas — atribui significado ao trabalho e nos motiva a fazer mais. Mas não receber qualquer reconhecimento é quase tão ruim quanto ver nosso trabalho ser jogado no lixo.

Relatos recentes mostram que menos de 40% dos colaboradores acreditam que são adequadamente reconhecidos por seu trabalho. Sem feedback positivo, os colaboradores têm 74% mais chances de sair da organização em um ano. Quando nossos esforços não são reconhecidos, como os participantes do estudo de Dan, não temos o feedback necessário para dar significado às tarefas. Ficamos nos perguntando se nosso trabalho valeu a pena.

Feedback é qualquer informação que recebemos sobre o impacto de algo que fizemos. No trabalho, geralmente vem de superiores, colegas e clientes. É com o feedback que aprendemos se nossas ações estão ou não alcançando os objetivos desejados. Cinquenta anos de pesquisa sobre definição de metas e realização mostram que o feedback tem um papel crucial no sucesso. Sem receber informações regulares sobre como estamos indo, é incrivelmente difícil saber se estamos progredindo ou se precisamos ajustar nosso comportamento.

Quando ouvimos a palavra *feedback*, tendemos a nos preparar, roendo as unhas de ansiedade, para receber uma lista de erros ou falhas pessoais. Ou, pior ainda, para receber o famoso "feedback sanduíche" — uma crítica ao nosso comportamento intercalada entre dois elogios forçados, em uma tentativa de amenizar o golpe. Em muitas organizações, o feedback é dado de forma inadequada e se concentra quase exclusivamente no que deu errado.

Quando feito com eficácia, um feedback construtivo é importante para melhorar o desempenho. O feedback deve ser contextualizado, vinculado a um comportamento específico e focado em como melhorar no futuro. Mas o feedback construtivo não é do que mais precisamos para atingir nossos objetivos. Ele nos diz que talvez precisemos parar ou mudar um comportamento específico. Assim como arrancar ervas daninhas, o feedback construtivo pode nos ajudar a remover as coisas que estão atrapalhando. Já o feedback positivo, como o "ahã" de Dan Ariely ou as notas de gratidão de Kathy, nos permite saber que nossos esforços estão valendo a pena. Assim como a luz solar, é uma fonte de energia que nos ajuda a crescer e prosperar. Somos naturalmente atraídos pelo sol.

Imagine que você está indo de carro de Nova York, na costa leste dos Estados Unidos, para Los Angeles, na costa oeste. Você aluga um conversível, enche o tanque e dá início à sua jornada para cruzar o país. Depois de alguns quilômetros, o GPS do celular para de funcionar. E, por alguma razão maluca, o governo retirou todas as placas de sinalização das rodovias. Você tem certeza de que precisa seguir para o oeste, mas, com o passar das horas, fica cada vez menos claro se está se aproximando de Los Angeles. Sem nenhum sinal de progresso, é difícil saber se está indo na direção certa. O feedback positivo, como placas de quilometragem em rodovias, nos permite saber se estamos progredindo em direção ao destino. Sem esses indicadores, é fácil se perder. O feedback construtivo nos ajuda a evitar obstáculos, mas somente o feedback positivo nos mantém no caminho certo.

Os líderes podem nos inspirar a ir mais longe quando nos mostram o que fizemos bem. Pesquisas indicam que as pessoas têm mais probabilidade de aprender com o feedback positivo do que com o crítico. Uma série de estudos mostrou que os participantes que fizeram uma prova de conhecimentos aprenderam mais e, posteriormente, tiveram melhor desempenho depois de receber um feedback positivo sobre seus esforços. Quando foram informados das questões que tinham acertado, eles se lembraram das informações com mais clareza e tiraram notas mais altas em uma segunda prova do mesmo material. Os pesquisadores observaram que "nossa sociedade celebra o fracasso como um momento de aprendizagem. No entanto, descobrimos que [focar apenas no] fracasso faz o contrário: prejudica a aprendizagem. Os participantes se desinteressam e param de processar informações". Pete Berridge, coautor de *Feedback Reimagined: Transform Your Organization Through Positive Psychology and Social Support* e designer do método de feedback ShiftPositive, explicou: "Dizer às pessoas o que deu errado não é uma maneira produtiva de lhes mostrar como avançar. Elas são informadas do que *não* fazer da próxima vez, mas não recebem informações sobre como melhorar o desempenho. Não há oportunidade de aprendizagem e reforça a impressão de que o trabalho que elas fizeram foi um esforço desperdiçado". Mas, quando dizemos às pessoas onde elas acertaram, validamos seu trabalho e lhes damos um guia para continuarem progredindo. O comportamento que é reconhecido é repetido.

Mesmo assim, é comum subestimarmos o feedback positivo. Um estudo descobriu que os participantes que foram solicitados a dar feedback positivo subestimaram significativamente quanto isso seria importante para a pessoa que o receberia bem como quão surpresa a pessoa ficaria ao ouvi-lo. Os participantes presumiram que o feedback positivo seria menos surpreendente e menos significativo para o destinatário do que realmente foi. Tendemos a achar que as pessoas já sabem o quanto apreciamos o trabalho delas e acabamos não lhes dizendo isso. Na verdade, as pessoas não sabem.

No mesmo estudo, os participantes hesitaram em dar feedback positivo porque acreditavam que os destinatários ficariam constrangidos ao recebê-lo. Descobriu-se que o constrangimento foi maior para quem dava o feedback positivo do que para quem o recebia. Essa relutância em dar feedback positivo pode drenar a energia das pessoas. Antes de começar a enviar as notas de gratidão semanais, Kathy presumia que os membros da equipe sabiam que ela apreciava o trabalho deles. Ela achava que as pessoas poderiam ficar envergonhadas se ela fizesse muita cerimônia ao elogiá-las. Mas, como descobriu, ela havia subestimado o poder do feedback positivo.

Existem duas maneiras pelas quais os líderes podem alavancar o poder da contribuição por meio de feedback positivo: **oferecendo feedback positivo diretamente** e **criando estruturas para que os colegas deem feedback positivo uns aos outros**.

FEEDBACK POSITIVO DOS LÍDERES

Tunde Oyeneyin é uma das instrutoras de spinning mais populares da Peloton, plataforma de fitness global que oferece aulas on-line e presenciais. Suas sessões costumam atrair mais de 20 mil spinners, que se inspiram em sua atitude engajadora e no incentivo que ela lhes dá. Se você fizer uma sessão de spinning com Tunde, logo vai entender o apelo de suas aulas. Apesar da reputação de ser uma das instrutoras mais exigentes, ela também faz você sentir que o esforço vale a pena. Tunde reconhece os spinners por superar cada trecho difícil. Também faz menções especiais aos que estão atingindo marcos de dez, cem ou até mil sessões, bem como aos que estão pedalando pela primeira vez. Os elogios de Tunde são ainda mais significativos porque os spinners sabem que ela entende o esforço que cada um está fazendo. Ela compartilha regularmente as próprias histórias de dificuldades e vitórias para que as pessoas saibam que ela já passou pela mesma situação.

Tunde cresceu como filha de imigrantes nigerianos em um subúrbio de Houston, Texas. Desde a infância, teve problemas com o peso e sofria com baixa autoestima. Ela nem sempre se sentia incluída. Em um momento especialmente tocante, sua mãe teve que costurar dois vestidos juntos para que Tunde fosse dama de honra no casamento de um parente. Ao ver sua frustração, a mãe olhou para ela e disse: "Se você quer mudar as coisas, cabe a *você* mudar as coisas". Decidida, Tunde se matriculou na academia do bairro e se pôs a trabalhar. O caminho foi longo, mas ela acabou perdendo 30 quilos e se reinventou física e mentalmente. No decorrer do caminho, recebeu elogios e incentivos da mãe, o que a ajudou a seguir em frente.

"Eu tinha três irmãos, e eles iam tirar sarro de mim de qualquer jeito", Tunde ri, "então posso dizer que eles não ajudaram muito." Mas sua mãe a encorajou a cada passo, mostrando que seu trabalho duro e sua determinação estavam sendo notados. "Da minha mãe, eram só elogios. Ela me reconhecia, elogiava meu empenho e me dizia que eu estava fazendo um bom trabalho." Ao dar feedback positivo, a mãe de Tunde lhe mostrava que seus esforços estavam valendo a pena. Sem criticar seu comportamento no passado ou fazê-la se sentir inadequada, a mãe de Tunde a ajudou a aprender a importância de focar no que estava dando certo e canalizar sua energia ao que estava fazendo para melhorar.

Por fim, Tunde mudou-se para Los Angeles em busca de uma oportunidade de trabalho em uma empresa de beleza que ela admirava. Como maquiadora, adotou uma abordagem semelhante com as clientes, focando seus pontos fortes. "Minha mãe me ensinou que maquiagem não é sobre esconder, e sim realçar quem você é. O objetivo é realçar a beleza natural que já está lá. E essa era a minha filosofia." Costumamos pensar na maquiagem como uma maneira de esconder manchas ou consertar coisas de que não gostamos em nós, mas Tunde acredita que os cosméticos são mais eficazes quando amplificam o que cada pessoa tem de especial e único. Como instrutora da empresa, Tunde levou essa mesma atitude a seu estilo de ensino. Ao treinar novas representantes de vendas, ela lhes pedia que praticassem maquiar umas às outras. As trainees se frustravam quando cometiam erros, mas, quando Tunde destacava pequenos sucessos, elas se animavam imediatamente.

Em uma viagem da empresa a Nova York, Tunde decidiu fazer uma aula de spinning que uma amiga havia indicado. A experiência foi transformadora e ela se apaixonou na hora. Quando voltou a Los Angeles, Tunde se matriculou em uma aula de spinning e, com o tempo, foi chamada para ser instrutora. Em seu livro *Speak: Find Your Voice, Trust Your Gut, and Get from Where You Are to Where You Want to Be*, Tunde escreve: "No papel de instrutora, meu trabalho é extrair o melhor das pessoas, e eu sabia como fazer isso, não importava se estivesse trabalhando com maquiadores ou spinners. Eu sabia como dar feedback e motivar as pessoas". Logo ela deixou sua carreira em cosméticos para se dedicar ao spinning em tempo integral. Não demorou muito para que sua reputação como instrutora inspiracional chamasse a atenção da Peloton. Eles entraram em contato e perguntaram se ela teria interesse em entrar para a empresa.

Em seu primeiro teste para a Peloton, Tunde não foi selecionada. Ela ficou semanas repassando-o várias vezes na cabeça, tentando entender o que havia dado errado. Foi a música escolhida? Seu visual? Sua vibe? Oito meses depois, quando teve outra chance de fazer o teste, perguntou a Cody Rigsby, um dos principais instrutores da Peloton, como poderia melhorar sua performance. Em vez de focar o que poderia ter errado, Cody disse a ela que se concentrasse no que tinha feito bem na primeira vez. A equipe da Peloton ficou deslumbrada com sua autenticidade e seu foco incansável em trazer uma energia encorajadora para a aula. Eles lhe ofereceram uma cobiçada vaga na equipe da Peloton... e ela não decepcionou.

Seu estilo motivador e o uso de feedback positivo lhe renderam uma legião de seguidores fiéis. Lisa Richardson, spinner de longa data da Peloton e pesquisadora de Psicologia Positiva que estudou a empresa, diz que o feedback de Tunde é inspirador. "Como todo mundo, tenho uma vida muito corrida. Não é fácil acordar cedo e cavar um tempo para uma sessão de spinning. Mas, quando recebo um elogio de Tunde, isso me faz querer dar meu melhor e continuar voltando." Lisa, que recentemente celebrou sua sessão de número 2.500, obtém motivação e senso de significado por saber que alguém a vê e aprecia seu trabalho duro.

"No início de uma aula recente, Tunde me elogiou por simplesmente comparecer, por fazer um esforço para pedalar", compartilhou Lisa. "Não foi nada de mais, mas eu precisava muito daquilo. Havia tantas outras coisas que eu poderia estar fazendo, e confesso que estava mesmo pensando em faltar. Aquele feedback positivo reconheceu o esforço que fiz para não desistir. Foi a motivação da qual eu precisava para continuar indo."

Tunde se baseou na prática do feedback positivo que aprendeu com sua mãe e a usa para ajudar os spinners. Ela sabe que o incentivo é o que nos mantém em movimento: é como combustível em nosso tanque de gasolina. "Sou uma instrutora bem rigorosa e sei que, para as pessoas me escolherem, elas precisam saber que estão fazendo um bom trabalho. Caso contrário, para que pedalar? Qual é o sentido?", Tunde explicou.

Em um estudo conduzido por Lisa sobre as experiências dos usuários da Peloton, eles citaram o incentivo dos instrutores como um dos principais fatores para permanecerem na plataforma. Quanto mais feedback positivo os instrutores davam, maior a probabilidade de os spinners se empenharem mais e continuarem voltando.

Para reforçar o significado e a motivação no trabalho, precisamos de líderes como Tunde. Quando estamos no caminho certo, líderes orientados a significado nos sinalizam isso elogiando nossos esforços e nos encorajando a continuar na direção certa. Eles veem e validam nosso trabalho. Eles estão lá para nos redirecionar quando saímos dos trilhos, mas seu maior impacto vem de nos encorajar a continuar no caminho certo. Não importa se estamos pedalando em uma bicicleta ergométrica ou passando horas no escritório, precisamos de feedback positivo para saber se nossos esforços estão valendo a pena. Destacar as contribuições de uma pessoa cria significado para ela. E significado alimenta a motivação. No trabalho, assim como na bicicleta, o comportamento elogiado é amplificado.

"Não é fácil manter a forma", disse Tom Cortese, cofundador da Peloton. "Com certeza podemos correr mais que animais nos perseguindo na floresta. Mas, quando não precisamos fazer isso, ficar no sofá vendo Netflix é simplesmente maravilhoso. Usamos grande parte da nossa força de vontade no dia a dia para criar os filhos, ir ao trabalho, ter um bom desempenho, ser um bom parceiro e um bom amigo. Usamos muita dessa força de vontade para fazer todas essas outras coisas todos os dias. E, para manter a forma, precisamos tirar ainda mais força de vontade de algum lugar. Precisamos de ajuda."

Quando Tom e sua equipe lançaram e expandiram a Peloton de uma startup com poucos recursos a uma empresa bilionária de capital aberto, ele desenvolveu sua equipe corporativa com base nessa mesma atitude. Assim como os spinners da Peloton, Tom queria que sua equipe se sentisse reconhecida. No início, muito antes de eles terem clientes, os fundadores faziam questão de reconhecer as contribuições que cada membro da equipe fazia à empresa.

"Gravávamos vídeos de conquistas simples, como quando um problema técnico era corrigido e o *leaderboard* digital finalmente era exibido em duas bikes ao mesmo tempo, do jeito que deveria ser", Tom ri. John Foley, outro cofundador e ex-CEO da Peloton, pegava esses vídeos e os compartilhava com os investidores para atualizá-los sobre o progresso da empresa, mas também para reconhecer o trabalho da equipe. John escrevia e-mails celebratórios e detalhados e mencionava os nomes de todos os que haviam contribuído para atingir um novo marco. Essa atitude ajudou a unir a equipe e a engajar todos a continuar. "Como líder, você pode se esquecer de que celebrações e pequenos momentos de feedback positivo fazem uma diferença enorme", disse Tom.

Tom foi responsável pelo design de todos os produtos da Peloton, incluindo a bicicleta e o software por trás dela. Enquanto trabalhava para integrar o feedback positivo na experiência do cliente, ele aprendeu lições que também o ajudaram a moldar a experiência dos colaboradores. Logo no início, descobriu que os clientes da Peloton usavam a bicicleta de forma intermitente. Embora alguns usuários atípicos fizessem aulas todos os dias no mesmo horário, poucos eram tão disciplinados, especialmente no começo. Tom e sua equipe experimentaram incluir "sequências" à plataforma Peloton. Se você usasse a bicicleta por dois dias seguidos, daria início a uma sequência, o que lhe renderia uma medalha, o equivalente da plataforma ao feedback positivo. Sua sequência aumentaria até você faltar um dia, e então você perderia a medalha.

Tom se surpreendeu ao descobrir que, em vez de incentivar os spinners a se exercitarem mais, as sequências, na verdade, tiveram o efeito oposto. Atrelar medalhas à necessidade de pedalar todos os dias, sem falta, aumentava muito o risco de fracasso. Poucas pessoas conseguiam manter suas sequências por muito tempo. Em vez de um lembrete positivo de progresso, a primeira versão das sequências serviu como um aviso de que as pessoas não estavam atingindo suas metas. Acabou sendo mais frustrante do que inspirador. Tom e sua equipe redesenharam a funcionalidade em torno de sequências semanais, para torná-las mais viáveis. Em seguida, adicionaram recompensas extras para quem se exercitasse até duas vezes por semana, e depois três vezes por semana ou mais. Tom percebeu que a Peloton precisava se ajustar aos usuários e reconhecê-los por suas realizações, em vez de criticá-los por fracassarem. As sequências atualizadas foram um sucesso e ajudaram a motivar os spinners a permanecer no caminho certo.

À medida que a empresa se expandia, tornou-se impossível para os fundadores da Peloton elogiarem todo o bom trabalho que os colaboradores estavam fazendo. Ao mesmo tempo, a organização cresceu e incluiu um conjunto diversificado de colaboradores com diferentes experiências e níveis de habilidade. Um sistema padronizado de feedback deixou de fazer sentido tanto para a equipe corporativa quanto para os clientes. Se eles recompensassem apenas os vendedores que atingiam grandes metas, os que estavam apenas começando teriam pouca motivação para chegar lá. Seria desanimador. Era importante reconhecer que nem todos começavam do mesmo patamar. Tom ajudou a injetar a quantidade certa de feedback positivo na cultura da Peloton desenvolvendo um conjunto de recomendações para os gestores. Líderes foram incentivados a reconhecer regularmente cada um dos colaboradores pelas realizações apropriadas a seu nível de habilidade. Para garantir a eficácia do processo, os colaboradores respondiam a um questionário diversas vezes ao ano, para a empresa saber se estavam sendo reconhecidos e garantir que todos estivessem no caminho certo.

Como Tom acabou descobrindo, cada reconhecimento de um líder era um marco no caminho para o significado dos membros da equipe.

MODELO DE FEEDBACK BEST

Expressar gratidão — ou seja, o ato de agradecer alguém por suas ações — é uma maneira de dar feedback positivo. No experimento de Dan Ariely, um simples "ahã" foi suficiente para que os participantes soubessem que seus esforços faziam a diferença. Uma pesquisa recente descobriu que receber um simples "obrigado" de um superior uma vez por semana pode dobrar o engajamento no trabalho e reduzir pela metade a rotatividade de colaboradores. Os funcionários que recebem agradecimentos regularmente têm 90% menos probabilidade de burnout. As organizações com altos níveis de gratidão são mais resilientes e têm melhor desempenho financeiro.

Para investigar como o feedback positivo de um líder afeta a produtividade, pesquisadores montaram um experimento simples em um call center. Eles dividiram os colaboradores em dois grupos. No primeiro, tudo continuou como era. No segundo, um gestor sênior veio agradecer pelo trabalho. Na semana seguinte, o segundo grupo aumentou seus esforços em mais de 50%. Assim como colocar combustível no tanque, o feedback positivo dos líderes impulsiona o desempenho.

Embora reconhecer marcos faça uma grande diferença, a jornada se torna ainda mais significativa quando os líderes destacam o que está indo bem. Você pode ampliar o impacto de um simples "obrigado" ao dar um feedback positivo focado no comportamento, explícito, baseado em pontos fortes e realizado no momento certo. Pensando nesse tipo de reconhecimento, desenvolvemos o modelo de feedback BEST, acrônimo para "Baseado em comportamento, Explícito, Ser focado em pontos fortes e no Tempo oportuno". Desenvolvemos esse modelo como uma estrutura para que os líderes deem feedback positivo de alto impacto às equipes. O modelo ajuda o colaborador a entender e continuar fazendo o que está funcionando. Vamos dar uma olhada mais de perto nos componentes do feedback BEST.

BASEADO EM COMPORTAMENTO

O feedback se concentra nas ações (comportamento) do colaborador. Em vez de elogiar um resultado ("Obrigado por entregar este relatório"), o feedback comportamental destaca as ações específicas que você observou e que levaram ao bom resultado ("Você fez uma excelente pesquisa de mercado para este relatório e foi além ao adicionar as várias personas de clientes para dar vida à pesquisa"). Concentrar-se em comportamentos específicos melhora o desempenho futuro, pois fornece ao colaborador um direcionamento sobre o que fazer mais da próxima vez.

EXPLÍCITO

O feedback explicita como o comportamento de um colaborador afetou você e os outros. Como já vimos, é comum subestimarmos o poder de dizer às pessoas a importância de algo que elas fizeram. Seja explícito sobre como o comportamento do colaborador impactou você. Em um artigo revelador da *Harvard Business Review* sobre o feedback, os especialistas em liderança Marcus Buckingham e Ashley Goodall enfatizam a importância dos elogios explícitos: "Descreva o que você sentiu quando o momento de excelência [da pessoa] chamou sua atenção. Não há nada mais convincente e verdadeiro do que compartilhar o que viu [na pessoa] e como isso fez você se sentir".

Voltando ao exemplo anterior de comportamento, você pode acrescentar: "Fiquei bastante impressionado com seu trabalho no relatório. Ele me ajudou muito a entender melhor os clientes potenciais. Acabamos fechando o contrato, em parte, graças aos seus esforços". Esse contexto adicional ajuda a comunicar como o comportamento ajudou você e a equipe.

SER FOCADO EM PONTOS FORTES

O feedback faz referência a um ponto forte demonstrado pelo colaborador. Quando reconhecemos os pontos fortes das pessoas, elas se sentem vistas e valorizadas pelo que são e sabem que suas contribuições são importantes.

Destacar um ponto forte aplicado na prática faz o feedback parecer mais pessoal e ajuda a pessoa a saber o que você valoriza nela e no que ela faz. Por exemplo, você pode dizer: "Você foi criativa ao fornecer perfis detalhados dos clientes potenciais e demonstrou iniciativa ao ir além do que foi pedido".

TEMPO OPORTUNO

Dê o feedback logo após o comportamento. Não espere uma avaliação anual para dizer a um colaborador o que ele está fazendo bem. Quanto antes você reforçar o comportamento, mais cedo verá ele se repetir. Pesquisas demonstram que o feedback é mais eficaz quando dado no momento certo. É muito mais eficaz dar um feedback sobre o que alguém fez nesta semana do que dar feedback sobre algo que ele fez no mês passado.

Um exemplo completo do feedback BEST seria: "Lena, obrigado pela pesquisa extra que você fez ontem para ajudar na nossa apresentação para o cliente. Fiquei muito impressionado com seu trabalho e me ajudou muito a conhecer melhor os potenciais clientes. Foi criativo da sua parte usar ilustrações para dar vida aos perfis. Os clientes adoraram e fechamos o contrato, em grande parte, graças a você".

Você pode encontrar exemplos e ferramentas adicionais para desenvolver o feedback BEST em nosso site, www.makeworkmeaningful.com/recursos.

Agora, tire um minuto para refletir sobre como você pode incorporar mais feedbacks positivos em seu local de trabalho. Aqui vão algumas perguntas para ajudar você a identificar oportunidades:

- Como você poderia desenvolver o hábito de agradecer às pessoas da equipe com mais frequência? Em qual etapa dos processos existentes esse hábito poderia ser incorporado?
- Como poderia usar o modelo de feedback BEST para ir além de um simples agradecimento e destacar os comportamentos específicos que gostaria de ver mais?

- Quais reuniões semanais ou mensais da equipe já estão marcadas na sua agenda? Como você poderia reservar um tempo para elogiar os membros da equipe pelo trabalho bem-feito?
- Na conclusão de um projeto, como você reconhece os membros da equipe que contribuíram?

Como vimos com as notas de gratidão de Kathy, os líderes que dão feedback positivo podem inspirar outras pessoas a fazerem o mesmo. Quando ela criou o hábito semanal de enviar as notas de gratidão, não demorou muito para a ideia se espalhar por toda a equipe. A regularidade das mensagens criou uma cultura de feedback positivo e, em pouco tempo, outros times da organização adotaram a prática.

Além de dar o exemplo e servir de inspiração, os líderes podem criar uma cultura de feedback positivo por toda a equipe, lançando programas para encorajar os colegas a reconhecer uns aos outros. Descobrimos que os líderes orientados a significado fazem isso criando e disponibilizando uma infraestrutura para os membros da equipe reconhecerem uns aos outros e celebrarem grandes momentos.

FEEDBACK POSITIVO DE COLEGAS

O reconhecimento de colegas, assim como o reconhecimento de líderes, satisfaz nosso profundo anseio de saber que nosso trabalho faz a diferença. Infelizmente, tal qual o feedback positivo de líderes, o feedback positivo de colegas é uma oportunidade perdida na maioria das organizações. Pesquisas descobriram que apenas 10% das pessoas expressam gratidão aos colegas diariamente e que 60% raramente ou nunca fazem isso.

Ao formalizar programas de reconhecimento e práticas de gratidão entre colegas, os líderes podem criar fontes autossustentáveis de contribuição que exigem menos de seu tempo e energia. Como líder, dar feedback positivo tem um grande impacto. Mas criar uma cultura de feedback positivo o amplifica. Como uma célula se dividindo em duas, depois em quatro, oito e dezesseis, o crescimento se torna exponencial quando a prática do feedback positivo se espalha. E, entre colegas, torna-se uma fonte de significado renovável e de baixo custo para as pessoas de toda a organização.

O feedback entre colegas ativa a contribuição ao mesmo tempo que ajuda a fortalecer a comunidade. Colaboradores que acreditam que o reconhecimento é uma parte importante da cultura de sua organização têm quase quatro vezes mais chances de se engajar e cerca de metade das chances de sofrer burnout do que os que não acreditam. Em um estudo, quando colaboradores deram feedback positivo a um colega, a força da conexão entre eles aumentou 55%.

Pense em uma ocasião em que você recebeu um feedback positivo de um colega. Como você se sentiu quando o recebeu? Como isso impactou seu relacionamento com a pessoa? Para Lisa, a spinner da Peloton, a gratidão de um colega de trabalho mostra que algo que ela fez foi importante e agregou valor. Em uma de suas funções anteriores, Lisa era responsável por facilitar reuniões semanais com executivos seniores. Depois de uma conversa particularmente tensa, ela recebeu um e-mail de um membro de sua equipe dizendo que ficara muito impressionado com a maneira como ela conduziu a discussão e mencionou sua atitude imperturbável. "Além de reconhecer meu trabalho, o feedback também mencionou uma habilidade específica e um ponto forte. Foi significativo ter recebido aquele feedback, e agora sei como lidar com uma situação parecida da próxima vez."

O feedback entre colegas não beneficia apenas as pessoas que o recebem, mas também quem o dá. Expressar gratidão libera dopamina e serotonina no cérebro, neurotransmissores responsáveis pela emoção positiva. Além de nos sentirmos bem de imediato, a liberação repetida desses neurotransmissores pode alterar de maneira permanente a configuração do cérebro, levando a um aumento de bem-estar a longo prazo. Um estudo descobriu que expressar gratidão regularmente aumenta a massa cinzenta na região do cérebro associada ao processamento visual e à memória. Outro constatou que pessoas que expressaram gratidão apresentaram menos sinais de estresse e melhor desempenho cardiovascular, além de se tornarem mais resilientes. Outras pesquisas mostram que colaboradores que dão feedback positivo aos colegas também se esforçam mais para atingir os próprios objetivos.

O simples fato de testemunhar um ato de gratidão pode nos comover e nos dar mais satisfação na vida. Pense na última vez que você assistiu ao Oscar, ao Grammy ou a outra premiação. Os momentos mais emocionantes tendem a ser os discursos dos vencedores. Eles agradecem à família, aos amigos e aos colegas que os ajudaram na longa jornada até o reconhecimento na forma da premiação. Assistimos a esses eventos menos para ver quem vai ganhar e mais para sentir a emoção e o senso de possibilidade que emanam das palavras de agradecimento dos vencedores.

Quando Eimear Marrinan, vice-presidente de cultura da HubSpot, está tendo um dia difícil, ela pega um pote de vidro que fica no canto de sua mesa, abre a tampa e tira do interior um dos vários pedaços de papel dobrados. Em cada um deles há uma nota de agradecimento de um de seus colegas da HubSpot. Em um dos bilhetes, por exemplo, um colega agradece pela ajuda e por ela lhe ter mostrado o "caminho das pedras" quando ele entrou na empresa.

Muitas equipes da HubSpot formalizaram a prática de fazer potes de gratidão no início de cada ano. Os colaboradores escrevem pequenos bilhetes de agradecimento a cada um de seus colegas e os colocam em um pote de vidro. A qualquer momento do ano, um HubSpotter pode pegar um bilhete do pote e receber uma dose de feedback positivo. Para Eimear, esses bilhetes ajudam a renovar a sensação de que seu trabalho importa. Na prática, a equipe da HubSpot literalmente criou uma espécie de "banco de feedbacks positivos", uma maneira de acumular feedbacks positivos que os colaboradores podem "sacar" quando mais precisam.

A maneira mais fácil de incentivar o feedback positivo em sua organização é incorporá-lo aos canais de comunicação existentes. Considere onde as pessoas da organização já estão reunindo e compartilhando informações. Se vocês usam alguma plataforma de comunicação virtual, como Slack ou Teams, basta criar um novo canal #gratidao e pedir à equipe que elogie os colegas. Você também pode criar um espaço para as pessoas se elogiarem nas reuniões, reservando cinco minutos no começo ou no fim.

Plataformas de gestão de desempenho como a 15Five podem ajudar a formalizar a prática de compartilhar feedback positivo com colegas que não costumam trabalhar no mesmo ambiente. A 15Five desenvolveu um recurso chamado de High Fives. À medida que o trabalho híbrido e o remoto se tornaram a norma em muitas empresas, a 15Five viu o uso desse recurso entre seus clientes disparar como uma forma de demonstrar gratidão, não importa onde as pessoas estiverem. Criado a partir de práticas da psicologia positiva baseadas em evidências, o High Fives se concentra em pontos fortes e reconhecimento baseado em valores de maneira semelhante ao modelo de feedback BEST.

Courtney Bigony, ex-diretora de ciência de pessoas da 15Five, ajudou a criar o High Fives para estimular feedbacks mais específicos e significativos. A plataforma tem um check-in semanal que encoraja o usuário a dar um High Five a um colega para reconhecer algo positivo daquela semana. O recurso incentiva que se compartilhe o impacto específico que esse colega teve sobre o usuário, em vez de simplesmente comunicar que o colaborador fez um bom trabalho. Os High Fives são postados em um feed visto por todos — desde estagiários até o CEO. Esse feed permite que todos sintam os benefícios de testemunhar a gratidão e mostra que o reconhecimento é central para a cultura da empresa. Também torna o feedback visível para líderes e colaboradores que talvez não trabalhem na mesma sala ou no mesmo escritório.

Depois de incorporar o feedback positivo, como os High Fives, a seus canais de comunicação existentes, você pode adicionar novas práticas para se concentrar no reconhecimento e na gratidão. Na varejista de roupas Kenneth Cole, o reconhecimento entre colegas faz parte do evento mensal Wine Wednesday (ou "Quarta-feira do Vinho"). Uma vez por mês, a equipe toda vai ao escritório para demonstrar gratidão e brindar às grandes e pequenas coisas que as pessoas fizeram umas pelas outras e pela organização.

Ingrid Yan, a colaboradora da Kenneth Cole, foi uma das primeiras pessoas reconhecidas pelos colegas no Wine Wednesday. Seus colegas falaram de quão valioso era seu trabalho para a empresa e de quanto a respeitavam. Como alguém que normalmente trabalha nos bastidores, foi um momento significativo para ela. "Minha semana normalmente envolve passar de uma tarefa à outra, tentando dar conta de tudo. Foi muito bom receber esse reconhecimento dos colegas porque me fez parar e perceber: 'Caramba, eu fiz muita coisa'. Foi uma confirmação de que eu estava fazendo um bom trabalho." Investir em encontros periódicos como o Wine Wednesday transmite a mensagem de que reconhecer os colegas é algo valorizado na organização e incentiva o feedback positivo no dia a dia.

Concentrar-se repetidamente em pequenas vitórias por meio de canais digitais, bilhetes físicos ou reuniões regulares nos ajuda a continuar no caminho certo. De vez em quando, contudo, vale a pena investir em uma celebração maior. Pesquisas indicam que grandes eventos podem ter um profundo e duradouro impacto no senso de contribuição das pessoas. Esses grandes eventos nos inspiram a progredir ainda mais juntos.

CELEBRANDO GRANDES MOMENTOS

Na KPMG, o Prêmio Distinção é a maior honra que um colaborador pode receber. Anualmente, algumas pessoas são reconhecidas por exemplificar os valores da empresa e impactar positivamente as equipes. Dos 35 mil colaboradores norte-americanos da KPMG, apenas 24 são homenageados — menos de 0,07% da comunidade. Os potenciais ganhadores do prêmio são indicados pelos colegas e os agraciados são selecionados por um comitê de membros seniores da equipe.

"O reconhecimento no dia a dia é muito importante. Nos mantém motivados ao longo do tempo", disse Kyle Bodt, um recém-premiado. "Mas ser reconhecido com esse prêmio foi incrível. Faz uma diferença enorme saber que meu trabalho duro está impactando a empresa. Se eu trabalhasse só para ganhar um salário, acho que não me sentiria realizado. Quero passar meu tempo fazendo algo significativo. Quero saber que eu realmente fiz a diferença. Quero saber que meu trabalho é importante."

Na cerimônia de premiação, Kyle foi reconhecido pelos líderes seniores da empresa, incluindo o CEO. Para ele, foi um momento marcante receber um feedback positivo naquele nível, mas o que mais o marcou foram as palavras das pessoas que o indicaram ao prêmio. Ao fim do processo, os premiados têm acesso às indicações dos colegas — muitas vezes, essas mensagens são a parte mais importante do processo. Para Kyle, as recomendações dos colegas o fizeram se sentir visto e saber que seus esforços foram notados, e ele ficou profundamente grato pelos colegas, que reconheceram com tamanha efusividade o que ele fazia. Kyle pôde ver quanto seu trabalho era valorizado.

Grandes momentos de celebração ajudam a consolidar um senso de contribuição em longo prazo para pessoas como Kyle. Deixam claro quais comportamentos são valorizados e mostram aos colaboradores da empresa toda que os esforços são reconhecidos e recompensados. Ao destacar colaboradores que colocam em prática os valores da organização e fazem contribuições extraordinárias, esses grandes eventos também destacam exemplos inspiradores para os outros. O efeito desses momentos tende a perdurar e pode ajudar a enfrentar tempos difíceis.

Como Kyle contou: "O trabalho nem sempre é um mar de rosas. Às vezes as coisas não vão bem e pode ser bem difícil. Sabemos que isso faz parte do caos de resolver problemas difíceis. Grandes momentos como o Prêmio Distinção nos dão uma motivação enorme. Poder olhar para trás e lembrar o motivo pelo qual estou aqui e sentir que as pessoas também veem isso é muito poderoso. E continua me energizando, com certeza".

Esses grandes momentos são possíveis até para organizações que não conseguem reunir as pessoas presencialmente. Para o fim de cada ano, a HubSpot, que tem colaboradores espalhados no mundo todo, criou um evento global de feedback positivo. O Great Gratitude Relay (Grande Revezamento da Gratidão) é uma maratona de 24 horas. Um HubSpotter posta notas de gratidão aos colegas em um canal específico na plataforma virtual Slack e os marca na postagem. O bastão é então passado para as pessoas marcadas, que receberam a gratidão, para que compartilhem as próprias notas de gratidão a outros colegas. Ao longo do dia, o revezamento envolve quase todos os HubSpotters, de Dublin a Tóquio e Toronto. Líderes também contribuem em vários momentos do revezamento para compartilhar vídeos expressando gratidão.

Além de incorporar o feedback positivo ao trabalho diário de sua organização, investir em grandes momentos comemorativos pode criar doses maiores de contribuição que duram o ano todo. Na correria do dia a dia, eventos como o Great Gratitude Relay colaboram para um momento de verdadeira conexão. Criam uma oportunidade para todos pararem um pouco e apreciarem as contribuições significativas dos colegas.

Nós encorajamos você a criar as próprias práticas de feedback positivo, grandes e pequenas. Cada organização é diferente, e as práticas de feedback positivo devem estar alinhadas ao estilo e à cultura da sua. O mais importante é que sejam autênticas para sua equipe e concebidas de forma a engajar o maior número possível de pessoas.

No próximo capítulo, exploraremos estratégias para mostrar às pessoas como o trabalho que elas fazem todos os dias contribui para a missão da organização e impactam clientes, parceiros e membros da comunidade.

8. COMUNICANDO O IMPACTO MAIOR

"Causar um impacto positivo nos outros está no cerne do que fazemos. Quero ter um impacto significativo não apenas no guarda-roupa das pessoas mas também na vida delas. No fim das contas, o trabalho tem que ser mais do que apenas um salário."

— Kenneth Cole

No fim do século XX, quando o computador pessoal se espalhou pelos lares de todo o país e o Windows 95 foi substituído pelo 98, os programas de computador eram desenvolvidos em um processo altamente estruturado e compartimentado. As empresas empregavam o método em cascata, no qual cada departamento reunia requisitos, criava um plano e passava a tarefa adiante para implementação. Como em uma corrida de revezamento, cada unidade de negócio concluía sua parte do processo e passava o bastão para nunca mais vê-lo.

Analistas de negócios pesquisavam o mercado e determinavam os requisitos para o software, incluindo necessidades funcionais e de design. Em seguida, a equipe de tecnologia pegava esses requisitos, geralmente na forma de documentos longos e detalhados, e os traduzia em um conjunto de documentos ainda mais longos e detalhados, descrevendo a arquitetura, as funcionalidades e as tabelas de dados necessárias para o projeto. Quando os engenheiros de software finalmente entravam em cena, recebiam centenas de páginas de instruções para codificar e implementar o software. Eles basicamente executavam ordens e tinham pouca influência no design do produto.

Esse processo de desenvolvimento de software era caro e lento, geralmente levando vários anos entre os principais lançamentos — daí o intervalo de três anos entre o Windows 95 e o 98. Muitas vezes, no período entre a definição dos requisitos originais e a conclusão do software, as necessidades dos clientes já haviam mudado. Engenheiros podiam passar anos trabalhando em um software que se revelaria irrelevante quando finalmente fosse lançado. Às vezes projetos eram abandonados antes da conclusão, e o trabalho de um engenheiro era arquivado para nunca mais ser utilizado. Mesmo quando o software finalmente chegava ao mercado, os engenheiros já haviam seguido para o próximo projeto. Os engenheiros que criavam o software eram separados das pessoas que o utilizavam por várias camadas burocráticas. Eles nunca tinham contato uns com os outros. De maneira similar ao segundo grupo de participantes do estudo de Dan Ariely sobre o feedback, o trabalho de muitos engenheiros era basicamente ignorado.

À medida que o software baseado em nuvem substituiu os CD-ROMS, a necessidade por inovação e agilidade tornou obsoleto o processo burocrático em cascata. Em fevereiro de 2001, um grupo de engenheiros proeminentes se reuniu em Snowbird, Utah, para encontrar uma maneira melhor de produzir. Cansados do ineficiente e desmoralizante processo em cascata, eles se puseram a pensar em um novo modelo. Três dias depois, saíram com o que hoje é conhecido como o Manifesto Ágil, que propôs um novo processo de desenvolvimento de softwares baseado em quatro valores centrais:

1. Indivíduos e suas interações acima de processos e ferramentas.
2. Software funcional acima de documentações abrangentes.

3. Colaboração com o cliente acima da negociação de contratos.
4. Responder a mudanças acima de seguir um plano.

O terceiro valor — priorizar a colaboração com o cliente em detrimento do rígido processo de documentação em cascata — coloca os usuários do software no centro do modelo ágil. Foi transformador. Em vez de uma corrida de revezamento, engenheiros e clientes passaram a correr lado a lado.

O Manifesto Ágil ganhou força rapidamente e deu início a uma revolução na indústria de tecnologia. O desenvolvimento ágil impulsionou a ascensão de empresas como Google, Amazon e Salesforce — de startups com poucos recursos a titãs tecnológicos que dominaram o mundo. Quase todo software que se usa hoje, desde o ios no iPhone até a interface da Netflix na TV, foi desenvolvido e é continuamente atualizado por engenheiros seguindo um processo ágil.

Essa metodologia difere do processo em cascata de duas maneiras principais. A primeira é o ciclo mais curto entre conceituação e desenvolvimento. Em vez de levar anos para desenvolver um software complexo, equipes ágeis dividem o trabalho em partes menores e criam protótipos funcionais em questão de dias. A segunda diferença é que a equipe inteira é envolvida do início ao fim. Desde o começo, os engenheiros ajudam a coletar informações e elaborar requisitos. E, ainda mais importante, eles conhecem as pessoas que usarão o software criado. Os fundadores do método ágil fizeram da interação com o cliente uma parte essencial do modelo.

Hamish Cook se tornou um evangelista do processo ágil enquanto trabalhava como gestor de produto da Pivotal Labs (hoje VMware Tanzu Labs), uma consultoria de software e uma das primeiras defensoras do método. A Pivotal não apenas cria softwares para clientes como também os ajuda a redesenhar suas equipes internas de desenvolvimento de software com base no modelo ágil. Hamish foi de empresa em empresa espalhando o evangelho da metodologia ágil e reorientando a abordagem dos engenheiros de processos para pessoas. Ele viu como colaboradores podem ter o trabalho transformado ao compreender o valor de sua contribuição.

Hamish nos contou sobre um projeto que liderara para um cliente do setor de transporte rodoviário de cargas. A empresa de caminhões precisava redesenhar seu sistema de gestão de frotas, o software que possibilita monitorar a localização, a carga e as necessidades de manutenção de seus milhares de veículos. Para a sede da empresa, obter essas informações sobre a frota em tempo real era essencial para uma operação eficiente. Também os ajudava a se adiantar a possíveis problemas de manutenção e impedir que os caminhões quebrassem na estrada. Nem é preciso dizer que esse software tinha o potencial de causar um grande impacto positivo nos negócios do cliente e nos motoristas de caminhão.

Hamish trabalhou com a equipe de engenharia da empresa para redesenhar o software e lhes ensinar o método ágil. Quando ele chegou, a empresa ainda usava o processo em cascata, no qual alguém da área de negócios dizia aos engenheiros "vão construir isso", e as coisas não estavam indo bem. Os engenheiros, que só recebiam ordens, trabalhavam isolados nos respectivos cubículos e codificavam até tarde da noite. Às vezes, a pessoa que fazia os pedidos comunicava o valor do produto aos colaboradores, mas, na maioria das vezes, não.

Hamish se lembra bem de um engenheiro de software em particular que já não estava aguentando mais. "O cara odiava o trabalho", lembra. "Ele ficava isolado em uma salinha, não se sentia conectado ao cliente e não achava que seu trabalho era valorizado. Em todos os anos em que trabalhou lá, ele nunca teve a chance de falar com nenhuma das pessoas que usavam o software. Ele não tinha como ver o impacto de seu trabalho."

Hamish levou o engenheiro e sua equipe a um centro de distribuição para conhecer o gestor da frota e conversar com alguns caminhoneiros. Conforme interagia com as pessoas e compreendia a importância do software no trabalho diário delas, a atitude do engenheiro mudou. Usando o processo ágil, Hamish lhe mostrou uma nova maneira de se conectar com os operadores que usavam o software e com os caminhoneiros que dependiam dele para trabalhar em segurança. "Ele ficou chocado", Hamish nos contou. "Ver esse impacto foi transformador." Quando o projeto terminou, o engenheiro havia encontrado uma nova paixão por seu trabalho.

No início do livro, falamos que o cérebro é programado para ser social, o que impulsiona o desejo de sermos autenticamente incluídos em nosso grupo. Essa programação também impulsiona a necessidade de saber que nosso trabalho importa para os outros. Um trabalho pró-social, que beneficia outrem de alguma forma, é altamente significativo. Quando entendemos o impacto do nosso trabalho, o senso de propósito é ativado. Nossa motivação, nosso desempenho e nossa dedicação são impulsionados. O trabalho pró-social reforça a autoestima e o senso de contribuição.

Portanto, além do senso de contribuição que temos ao receber feedback positivo dos colegas, saber que nossas tarefas beneficiam os clientes ou contribuem para os objetivos da organização, o que chamamos de *impacto maior*, nos mostra que nosso trabalho importa. Todos nós queremos ver como nosso trabalho ajuda a colocar um homem na Lua. Quanto mais nos conectamos com o impacto maior que nosso trabalho tem, mais significativo ele se torna.

A conexão com o impacto maior pode ocorrer naturalmente quando os colaboradores interagem regularmente com os clientes. Se você trabalha em um restaurante ou em uma loja, provavelmente tem contato com os clientes todos os dias. Mas muitas pessoas têm pouco ou nenhum contato. Na verdade, é provável que o número de camadas de burocracia entre nossas tarefas diárias e as pessoas que impactamos tenha aumentado nos últimos anos. O modelo de trabalho híbrido nos deu flexibilidade, mas passamos a maior parte dos dias olhando para uma tela em vez de para os olhos de outra pessoa. O valor do nosso trabalho pode parecer distante. Nesse caso, os líderes precisam se empenhar ativamente para conectar as tarefas diárias ao impacto maior.

Líderes orientados a significado fazem isso de várias maneiras: **conectando diretamente os colaboradores com os clientes e outras partes interessadas**; **coletando e compartilhando histórias de momentos que importam**; e **ressignificando as tarefas diárias como oportunidades de gerar impacto positivo**.

CONECTANDO-SE COM OS CLIENTES

O psicólogo organizacional Adam Grant estava curioso para ver o que aconteceria se ele mostrasse às pessoas o impacto maior de seu trabalho. Em um estudo seminal, Grant acompanhou voluntários de uma universidade encarregados de telefonar para ex-alunos pedindo doações para o fundo de bolsas de estudo da instituição. Você já deve ter recebido uma ligação como essa e sabe como elas podem ser incômodas. Uma análise desse tipo de captação de recursos apontou uma taxa de fracasso de 99%, o que torna a tarefa bem frustrante. Para as pessoas que fazem essas ligações não solicitadas em grande volume, pode parecer que o trabalho não importa.

Adam separou os voluntários em três grupos. O primeiro grupo conheceu um bolsista, o "cliente", que passou cinco minutos falando sobre o impacto que a bolsa teve em sua carreira acadêmica e em sua vida. No segundo grupo, um gestor leu a carta de um bolsista contando que o programa lhe possibilitou se formar e melhorar de vida. O terceiro grupo, o grupo de controle, não recebeu nenhuma informação sobre um bolsista. Um mês depois, o segundo e o terceiro grupos não apresentaram mudanças significativas no tempo gasto ao telefone (a medida de engajamento do estudo) ou na quantia total arrecadada (a medida de desempenho). Ao contrário dos outros, algo incrível aconteceu com o grupo que conheceu o bolsista pessoalmente.

Apesar de todos os grupos terem trabalhado o mesmo número de horas, os voluntários do primeiro passaram 142% mais tempo ao telefone e arrecadaram uma quantia impressionante de 171% a mais. Compreender o impacto maior do trabalho por meio de uma breve interação com alguém que se beneficiara dele foi o suficiente para aumentar o engajamento de voluntários e quase triplicar a receita.

Bastaram alguns minutos com um bolsista para que os participantes encontrassem significado em tarefas que até então consideravam frustrantes. Essa breve interação teve o poder de conectar os arrecadadores de fundos com o impacto maior de seus esforços na vida dos bolsistas. Esse sentimento de contribuição os motivou a cada ligação. O retorno sobre tal investimento para os voluntários e para a universidade foi surpreendente. Adam Grant e outros pesquisadores replicaram esse estudo de diversas formas. Em todos os casos, o contato direto com os beneficiários melhorou drasticamente os resultados.

Os líderes orientados a significado buscam maneiras de alavancar o poder da contribuição aumentando o contato com clientes e outros beneficiários. Os fundadores do método ágil reconheceram o valor do contato direto com usuários e reinventaram todo o processo de desenvolvimento de software com base nisso. Mesmo se você não estiver em posição de redesenhar as operações de sua organização, ainda há muitas oportunidades de criar um senso de conexão. Um estudo sugeriu que algo muito mais simples, como ver a foto de alguém que se beneficia do nosso trabalho, pode ativar nosso senso de contribuição e melhorar o desempenho. Esse estudo se concentrou na conexão entre radiologistas que trabalhavam remotamente e seus pacientes.

Os radiologistas selecionados para o estudo raramente viam os pacientes: o hospital lhes enviava radiografias, imagens de ressonância magnética e tomografias computadorizadas para análise e elaboração do laudo. Os pesquisadores enviaram aos radiologistas duas tomografias computadorizadas: uma que eles receberam imediatamente, e a outra, três meses depois. Os radiologistas não foram informados de que os exames eram idênticos. A única diferença entre os dois exames foi que um deles veio com uma fotografia do paciente. Os mesmos radiologistas, analisando os mesmos exames, fizeram diagnósticos mais precisos e escreveram laudos mais detalhados quando a foto foi incluída. O simples fato de lembrar que há uma pessoa por trás dos exames ajudou a transformar as tarefas dos radiologistas de transações em contribuições.

O contato com o cliente não precisa ocorrer todos os dias para ser eficaz. No experimento dos telefonemas de arrecadação de fundos, alguns minutos com o cliente bastaram para gerar um senso de contribuição que durou um mês. Algumas pesquisas chegam a indicar que momentos menos frequentes, porém mais significativos, podem ser mais eficazes do que doses pequenas e regulares. Como líder, pense em como você pode criar essas conexões em intervalos regulares, por exemplo, planejando uma visita da equipe à empresa de um cliente ou convidando um parceiro de negócios para falar no encontro anual de sua organização. O investimento vai valer a pena. Encontrar o equilíbrio entre inspiração e impacto para a equipe exigirá alguma experimentação. O mais importante é ajudar a conectar os colaboradores diretamente com o impacto maior do trabalho deles.

Apesar da grande eficácia da conexão com o cliente, nem sempre é possível ou financeiramente viável facilitá-la o tempo todo. Nesse caso, os líderes têm outra maneira de criar senso de contribuição: coletando e compartilhando momentos que importam.

MOMENTOS QUE IMPORTAM

Agora, convidamos você a pausar a leitura por alguns minutos e pensar em uma ocasião na qual considerou seu trabalho especialmente significativo. Escolha um momento em que conseguiu ver o impacto maior que seu trabalho teve na vida de um cliente ou membro da comunidade. Pode ter sido quando você recebeu um e-mail de um cliente agradecendo pelo esforço em ajudá-lo. Ou talvez uma conversa inesperada no supermercado com um vizinho que adora os produtos da sua empresa.

Anote os detalhes desse momento significativo de contribuição usando o Quadro dos Momentos que Importam, indicado a seguir. Onde você estava quando aconteceu? O que mudou para a pessoa que foi impactada pelo seu trabalho? Qual foi seu papel para possibilitar a mudança? Por que esse momento tem significado para você?

Você também pode preencher e baixar uma versão digital do Quadro dos Momentos que Importam em nosso site, www.makeworkmeaningful.com/recursos.

MOMENTOS QUE IMPORTAM

Preencha cada parte do quadro para registrar e refletir sobre um momento específico no qual seu trabalho teve significado especial para você.

Quando o momento aconteceu? Qual foi o contexto? Quais foram os acontecimentos que levaram a esse momento?	Com quem você interagiu? Foi um cliente, parceiro de negócios ou outro beneficiário? Qual papel eles desempenharam?
O que você fez que resultou nesse momento? Como você contribuiu?	Qual aprendizado tornou o momento significativo? Quais aspectos dessa experiência você pretende replicar ou manter?

Observe como você se sente ao se lembrar desse momento. Você se orgulha da experiência que mapeou no quadro? Como se sente em relação ao trabalho do qual essa experiência fez parte?

Quando conduzimos esse exercício, o significado desses momentos fica claro no rosto dos participantes. Essas interações, mesmo se forem muito breves, podem ser fontes poderosas de significado. Quando o engenheiro de software da empresa de transporte de cargas finalmente se conectou com um cliente que usa e valoriza os frutos de seu trabalho, tudo mudou para ele. Reservar um tempo para se engajar com esses momentos valiosos pode ter um impacto surpreendente no significado do nosso trabalho.

Refletir sobre os próprios momentos que importam, como acabamos de fazer, é uma maneira eficaz de criar um senso de contribuição. Como líder, uma maneira de ajudar as pessoas a se conectar com o impacto maior do trabalho delas é compartilhar como você se conecta com o impacto maior do seu próprio trabalho. Falar dos seus momentos que importam dá à sua equipe a oportunidade de ver o trabalho pelos seus olhos. Essa nova perspectiva os ajuda a ver impactos maiores que eles talvez não considerem. Ao explorar o impacto maior de seu próprio trabalho com a equipe, você exemplifica uma prática significativa e incentiva as pessoas a fazer o mesmo. Compartilhar um momento significativo demonstra autenticidade e gera confiança, o que também ajuda a construir uma comunidade.

Wes teve uma experiência como essa em seu primeiro emprego corporativo. Depois de se formar na faculdade, ele se mudou para Nova York, animado com a perspectiva de morar na cidade grande. O problema foi o timing: ele chegou logo após a crise das pontocom, e a economia estava em baixa. Não era o melhor momento para arranjar um emprego, mas ele teve a sorte de ser efetivado em uma grande seguradora, onde havia passado vários meses trabalhando como temporário. O novo emprego era no departamento de compliance e Wes passava a maior parte do dia analisando contratos. Na época, a tecnologia para identificar alterações em um documento ainda não existia, então ele lia todos os contratos mais de uma vez. Cada uma das cinquenta filiais da empresa nos Estados Unidos enviava por fax contratos recém-assinados de clientes e ele os revisava para identificar potenciais problemas para o departamento jurídico. Todos os contratos deveriam seguir o modelo padrão, a menos que as alterações tivessem sido aprovadas com antecedência. Basicamente, Wes lia o mesmo contrato repetidas vezes em busca de mudanças. Nos seis primeiros meses na função, ele revisou mais de 3 mil.

Como você pode imaginar, Wes achava esse trabalho extremamente chato. Também era difícil ver como isso agregaria algum valor à empresa além de identificar colaboradores descumprindo as normas para puni-los. Um dia, depois de alguns meses, o gestor de seu chefe passou no escritório e começou a conversar com Wes. Perguntou como ele estava e o que estava achando do trabalho. Sendo jovem e inexperiente na política de escritório, Wes brincou dizendo que parecia que todo dia era o Dia da Marmota, sempre igual. O líder sênior achou graça e fez algo inesperado: contou a Wes o que atribuía significado ao trabalho dele.

O departamento jurídico da seguradora elaborou o contrato padrão com o cliente para garantir que ambos, a seguradora e o segurado, estivessem adequadamente protegidos. Como uma seguradora, a equipe estava protegendo os clientes contra riscos excessivos e lhes dando a proteção necessária para crescer e prosperar diante de desafios inesperados. Se os contratos não fossem sólidos, isso não apenas colocaria a seguradora em risco, como também ameaçaria a segurança dos clientes. O líder sênior via o trabalho tedioso como um serviço importante. Ele ajudou Wes a entender que suas tarefas talvez nem sempre fossem empolgantes, mas ainda agregavam valor. Depois que o líder sênior saiu, Wes experimentou um novo senso de apreciação por seu trabalho. Ele nunca chegou a amar suas tarefas, mas pensar no valor que estava criando para os clientes o motivou a fazê-las melhor.

O que o líder sênior contou reforçou o significado do trabalho de Wes e lhe deu energia para superar alguns dias desafiadores. Quando os líderes criam o hábito de compartilhar momentos que importam com suas equipes, ajudam as pessoas a desenvolver um senso de contribuição.

COMPARTILHANDO MOMENTOS QUE IMPORTAM

Tope Awotona cresceu como o terceiro de quatro irmãos em uma família de classe média em Lagos, Nigéria. A mãe de Tope era a farmacêutica--chefe do Banco Central da Nigéria. Era uma mulher motivada e focada, que ensinava o valor do trabalho duro e o apreciava nas pessoas a seu redor. Embora ela viesse de uma família rica, o pai de Tope precisou trabalhar muito para se tornar um microbiologista na Unilever. Ele sonhava em empreender e cultivou nos filhos um senso de possibilidade e potencial. Infelizmente, não viveu para ver esse sonho se tornar realidade.

Quando Tope tinha 12 anos, o pai foi tragicamente assassinado em um roubo de carro. Devastada, sua mãe mudou-se com a família para mais perto dos parentes, nas proximidades de Atlanta, Geórgia, para recomeçar a vida. Tope fez o ensino médio lá e entrou para a Universidade da Geórgia, onde se formou em Administração. Ele trabalhou em algumas posições de vendedor após a formatura, mas o sonho de seu pai de abrir o próprio negócio permaneceu com ele.

Enquanto mantinha um emprego formal, Tope abriu vários negócios, mas sem muito sucesso: um site de namoro chamado Single to Taken nunca chegou a decolar; outro negócio, dessa vez de venda on-line de projetores, não vingou; um e-commerce para vender ferramentas de jardinagem e churrasqueiras, com o qual até obteve um pequeno lucro. Mas nenhum deles chegou perto de realizar os sonhos grandiosos que Tope havia herdado. Ele simplesmente não era apaixonado por projetores e achava ferramentas de jardinagem uma chatice. Percebeu então que havia alguma coisa faltando. Para ter sucesso, Tope precisava encontrar uma ideia de negócio que fosse significativa para ele.

Em seu emprego diário, Tope trabalhava como representante de vendas em uma empresa de software. Observou que estava gastando muito tempo tentando marcar reuniões com potenciais clientes. O jogo de gato e rato era enlouquecedor, e o processo impedia Tope de dedicar seu tempo a tarefas mais produtivas. Ele pensou que deveria haver uma maneira melhor... e criou uma. Finalmente ele tinha um produto pelo qual era apaixonado. Usando suas economias e estourando o limite dos cartões de crédito, ele fundou a empresa de software de agendamento Calendly com a missão de "simplificar o agendamento de reuniões para que as pessoas possam focar no que mais importa". Ele acreditava, e ainda acredita, que é uma missão importante.

Tope é implacável em seus esforços para tornar o Calendly fácil de usar e eficiente para os clientes. Nas intermináveis trocas de e-mail para que uma reunião seja marcada, ele viu a oportunidade de facilitar e agilizar as conexões cruciais que impulsionam o sucesso de uma organização. A Calendly estima que o produto poupa aos usuários entre duas e quatro horas por mês, o que pode, em um ano, equivaler a uma semana inteira de trabalho. Tope acredita que ele e sua equipe fazem mais do que apenas poupar seus clientes da frustração do agendamento. Cada hora que um cliente da Calendly economiza é uma hora que pode passar em prioridades estratégicas ou, melhor ainda, que pode aproveitar com a família. Para a equipe da Calendly, essa é uma contribuição significativa.

Assim como o desenvolvedor de software da empresa de transporte de cargas, muitos colaboradores da Calendly trabalham nos bastidores. Embora esses membros da equipe não tenham contato direto com os clientes, Tope os conecta ao impacto maior do trabalho compartilhando as próprias experiências. Ele compartilha esses momentos com a equipe gravando vídeos nos quais fala sobre interações significativas que teve com usuários do produto. Ao divulgar as próprias histórias de impacto maior, Tope ajuda as pessoas da equipe a enxergar suas contribuições também.

Para Michael Biggs, desenvolvedor principal do aplicativo Calendly para iPhone, os vídeos de Tope ajudam a reforçar que ele está construindo algo de valor. Michael passa a maior parte dos dias trabalhando em home office, escrevendo e ajustando códigos. Quando ouve uma das histórias de Tope, ele se lembra da importância de seu trabalho, mesmo sem ter conhecido o cliente pessoalmente.

"É motivador assistir aos vídeos", disse ele. "Podemos ver como o que criamos está sendo usado e de que forma está fornecendo valor aos clientes. Não estamos apenas criando funcionalidades que acabam sendo enterradas ou esquecidas. Os vídeos nos motivam a criar produtos de qualidade porque sabemos que as pessoas contam com o Calendly para ganhar a vida."

O foco de Tope na contribuição se traduziu em um sucesso notável no mercado. O aplicativo para iPhone cujo desenvolvimento foi supervisionado por Michael recebeu uma avaliação impressionante de 4,9 estrelas (de um máximo de 5) na App Store. Menos de uma década após sua fundação, a Calendly foi avaliada em cerca de 3 bilhões de dólares, com dez milhões de usuários ao redor do mundo. Isso faz dela uma das 0,00006% startups que alcançam o cobiçado *status* de unicórnio e uma das poucas a realizar essa façanha em sua cidade natal, Atlanta. Tope é o primeiro nigeriano-americano a se tornar bilionário e o segundo bilionário negro do setor da tecnologia nos Estados Unidos. Seu foco na contribuição o ajudou a realizar o sonho empreendedor do pai de uma maneira que nenhum dos dois poderia imaginar.

Compreender nossa contribuição para um impacto maior não é importante apenas para quem trabalha em departamentos de atendimento ao cliente. Colaboradores em funções financeiras, jurídicas, contábeis e outras funções operacionais também se importam com o impacto de seu trabalho, mesmo quando estão a vários níveis de distância das pessoas que serão beneficiadas. Assim como os engenheiros que desenvolveram a metodologia ágil, às vezes é possível refinar um processo para conectar fisicamente essas pessoas com clientes e outros beneficiários. Na impossibilidade de um encontro presencial, líderes orientados a significado podem compartilhar as próprias histórias para ajudar as pessoas a fazerem essas conexões.

Compartilhar momentos que importam é uma prática que faz parte da gestão de Rob Waldron, CEO da Curriculum Associates, uma plataforma de ensino on-line mencionada anteriormente, responsável por 2.500 colaboradores em uma empresa que fatura quase um bilhão de dólares por ano. Durante a pandemia, Rob sabia que os colaboradores estavam enfrentando muitos desafios no trabalho e em casa. Ao mesmo tempo, o papel da empresa no apoio à educação nunca foi tão importante, pois as escolas fecharam e as aulas se tornaram remotas. Trabalhando em home office, a equipe não tinha mais conversas casuais para saber o que estava acontecendo com os colegas.

Para manter a equipe conectada ao impacto de seu trabalho essencial, Rob começou a gravar três ou quatro vídeos curtos toda semana para compartilhar como, em sua visão, a equipe apoiava os alunos durante a pandemia. Para muitas pessoas na organização, esses vídeos as mantiveram conectadas ao significado de seu trabalho. Durante esse período crítico, essas filmagens também inspiraram a equipe a compartilhar os momentos que importavam. À medida que as histórias se multiplicavam, o senso de contribuição da equipe também aumentava.

MULTIPLICANDO MOMENTOS QUE IMPORTAM

Além de compartilhar os momentos que importam, você pode criar o hábito de coletar e refletir sobre os momentos que importam para os membros de sua equipe. O que motiva uma pessoa pode não causar a mesma sensação para outra, e foi por isso que criamos o Quadro dos Momentos que Importam.

Quando conduzimos as equipes por esse exercício, como fizemos com Keisha da Microsoft, que apresentamos no início deste livro, pedimos a cada pessoa que pense em uma experiência específica em sua função atual que se destacou para ela — algo que lhe deu um senso de significado ou orgulho. Esclarecemos que a ideia não é dar uma resposta genérica, como "Quando recebo um elogio de um cliente". Em vez disso, incentivamos que ela compartilhe uma história em detalhes. Em seguida, pedimos que preencha o Quadro dos Momentos que Importam com o maior número de detalhes possível.

Embora várias pessoas optem por compartilhar grandes conquistas, muitas vezes as histórias que contam são sobre pequenos momentos que ficaram em sua memória. Recentemente recebemos uma mensagem no LinkedIn de uma pessoa que participou de um de nossos workshops vários anos atrás. A mensagem dizia simplesmente: "Só queria que vocês soubessem que o que aprendi no workshop mudou a maneira como interajo com minha equipe. Me ajudou a ser um líder melhor. Todos os dias uso as ferramentas que aprendi". Aquela breve mensagem nos mostrou que, mesmo depois de alguns anos, o trabalho que fizemos ainda era valorizado. Essas poucas palavras fizeram toda a diferença para nós.

Depois que cada pessoa preenche o Quadro dos Momentos que Importam, pedimos que compartilhem sua história com o grupo e conversem sobre o que mais chamou a atenção. É nesse ponto que o ambiente se transforma. À medida que as pessoas contam as histórias, a expressão em seu rosto e a linguagem corporal mudam totalmente. A energia gerada ao explorar a contribuição não afeta apenas o narrador, mas também os ouvintes. Todos se iluminam e a energia se eleva.

Um estudo que acompanhou quase 5 mil pessoas no decorrer de vinte anos mostra que essa transmissão de energia positiva não é subjetiva. Cientistas monitoraram a propagação de emoções na comunidade de participantes e descobriram que elas podiam ser medidas em até três graus de separação. Esse fenômeno, chamado de contágio social ou contágio emocional, pode ser visto com muita clareza nas organizações. E isso significa que a empolgação que você sente ao compartilhar um momento significativo afeta seus colegas, e até a família deles e os amigos dos familiares deles.

A prática de coletar e compartilhar momentos que importam é fácil, acessível e não requer verba alguma. Vimos líderes de todos os níveis a usarem para revigorar as equipes, aprofundar o engajamento e estimular a motivação. Como uma intervenção isolada, essa prática já é eficaz. Mas é ainda melhor se for adotada como uma prática institucional. Do mesmo modo que facilitar o feedback positivo entre colegas pode ampliar a contribuição, vimos líderes formalizarem a prática de compartilhar momentos que importam de diversas maneiras.

Ferramentas como o Slack, o Zoom e o Loom, que nos ajudam a colaborar quando não estamos na mesma sala, também podem nos manter conectados para causar maior impacto. Essas ferramentas podem ser aproveitadas para que toda a equipe compartilhe momentos que importam. O Calendly tem um canal no Slack no qual líderes e colaboradores podem dividir histórias de impacto maior. Na Kabbage, uma empresa especializada em empréstimos para pequenas empresas que hoje faz parte da American Express, a "Voz do cliente" faz parte das reuniões gerais. A cada semana, uma gravação de uma ligação de atendimento ao cliente é reproduzida para toda a empresa. Ouvi-las permite que todos vivenciem as dificuldades e a gratidão dos clientes da Kabbage. As palavras dos clientes servem como um lembrete semanal, ajudando as pessoas que não atuam na linha de frente a se manterem conectadas ao impacto maior de seu trabalho.

Seja por meio do contato direto com o cliente ou de relatos de momentos que importam, precisamos saber se o trabalho que fazemos agrega valor às pessoas. Estar ciente dessa necessidade de contribuição também pode nos ajudar a mudar a maneira como pensamos sobre o trabalho daqui para a frente, colocando os clientes em primeiro lugar. Ao ressignificar tarefas tendo em mente o impacto maior, nosso trabalho do dia a dia pode ganhar mais significado desde o início.

RESSIGNIFICANDO O TRABALHO COMO UMA OPORTUNIDADE PARA IMPACTO POSITIVO

Brianne Goguen é cabeleireira de um salão da Aveda perto de Boston. Embora cada cliente peça serviços ligeiramente diferentes, as tarefas que ela realiza em um determinado dia em geral são as mesmas: cortar e tingir, lavar e secar. Se nos pedissem que fizéssemos uma lista dos dez profissionais mais significativos, a maioria de nós provavelmente não incluiria cabeleireiros. Mas Brianne não consegue pensar em um trabalho mais gratificante. Para ela, ser cabeleireira envolve muito mais do que apenas cortar e tingir cabelos: é uma oportunidade de fazer uma mudança positiva no dia das pessoas.

Brianne é uma cabeleireira popular e sua agenda vive lotada. Clientes às vezes a procuram antes de uma entrevista de emprego, antes de um grande evento social ou até para o próprio casamento. Mas, na maioria das vezes, Brianne atende as pessoas no decorrer de sua vida cotidiana. Quando atende alguém, seu objetivo não é apenas deixar o cabelo bonito, ela quer que a pessoa se sinta confiante e empoderada. Brianne ajuda os clientes a se apresentarem da melhor maneira possível no dia a dia. Embora seja uma profissional altamente qualificada e se orgulhe da qualidade de seu trabalho, ela não se vê como uma cabeleireira, mas como uma "daymaker" ("transformadora de dia").

Brianne acredita que cada horário marcado é uma oportunidade de causar um impacto maior, dando um pouco de alegria aos clientes. Ela pergunta sobre a vida pessoal deles e faz anotações para poder acompanhar os eventos importantes quando eles voltam. Ela usa o que fica sabendo sobre eles para ajustar o atendimento. Alguns recebem aromaterapia personalizada. Outros, que têm um trabalho estressante, recebem uma toalha quente e relaxante na nuca. "Minha maior satisfação é saber que estou fazendo diferença na vida das pessoas", Brianne nos disse. "Não é tanto sobre o corte de cabelo, mas sobre o sentimento com que os clientes saem do salão."

Não é por acaso que Brianne se vê como uma "transformadora de dia". Os líderes do Aveda Institute, onde ela se qualificou como cabeleireira, incentivam essa abordagem ao trabalho. David Wagner, um dos primeiros proprietários de um salão da Aveda, lançou o Daymaker Movement após uma experiência tocante com uma das clientes. Um dia, ele estava trabalhando em seu salão quando uma cliente entrou para fazer o cabelo. Ele cortou, tingiu e modelou enquanto brincavam e riam. Ao se despedir, ela sorriu e deu um abraço em David.

Alguns dias depois, ele recebeu uma carta dessa cliente com uma revelação chocante: ela havia planejado cometer suicídio naquele dia, e tinha ido ao salão para arrumar o cabelo para o próprio velório. Mas a conexão que sentiu durante a sessão com David lhe deu esperança. Ela decidiu se internar em uma clínica para receber ajuda profissional. Com aquela experiência, David percebeu o impacto potencial que um breve momento de conexão podia ter na vida das pessoas que atende. Ele se inspirou a aproveitar ao máximo o tempo dos clientes no salão, e assim nasceu o movimento. Essa abordagem se espalhou rapidamente pela comunidade Aveda e se tornou um pilar de sua cultura. A história de David é contada a cada nova turma de cabeleireiros do Aveda Institute.

A atitude de Brianne é um exemplo de redesenho cognitivo de tarefas, a prática de ressignificar tarefas para vinculá-las a resultados significativos. Pesquisadores desse fenômeno descobriram que os indivíduos muitas vezes moldam cognitivamente seu trabalho por conta própria. Mas, assim como os líderes da Aveda, você pode criar um senso de contribuição encorajando o processo de ressignificação.

Em vez de ver atendimentos como transações, os líderes da Aveda, orientados a significado, ensinam os novos cabeleireiros a vê-los como uma oportunidade de contribuição. Mostram aos alunos como suas tarefas podem resultar em algo mais significativo. Para desenvolver essa mentalidade, os líderes do Aveda Institute formalizaram a prática de transformar o dia como parte do currículo do treinamento. Todas as segundas-feiras, eles pedem que cada aluno compartilhe exemplos de transformação. A sessão começa com as perguntas: "Quem tem um testemunho para compartilhar?", "Quem transformou o dia de vocês na semana passada?".

Os participantes são incentivados a compartilhar interações que tiveram impacto positivo em seu dia. Kaitlin Desselle, que foi instrutora do Aveda Institute, explica: "A ideia é ajudar os alunos a experimentar como é *receber* um momento de transformação para que, quando se formarem e forem trabalhar em um salão, saibam como as pequenas coisas podem ter um impacto maior na vida dos clientes. Queremos que os alunos prestem atenção quando alguém transformou seu dia, o que os ajuda a transformar o dia de outras pessoas. Você ouve histórias como: 'Tive um dia difícil na quarta-feira e estava totalmente exausta. Foi um dia tão corrido que nem deu tempo de almoçar. Quando cheguei em casa, meu marido tinha pedido o jantar no meu restaurante tailandês favorito. Aquilo transformou o meu dia'".

Com essa prática semanal durante o treinamento, os alunos da Aveda criam o hábito de procurar pequenos momentos em que possam impactar clientes. A prática aumenta o moral, melhora o atendimento e mantém os cabeleireiros focados no impacto maior de seu trabalho. O treinamento Daymaker mudou a maneira como Brianne vê suas tarefas. Ela se orgulha de ser uma boa cabeleireira, mas encontra mais significado no sorriso dos clientes.

Não importa se sua empresa vende seguros, desenvolve um software de agendamento, fornece serviços de cabeleireiro ou qualquer outra coisa, você pode ajudar sua equipe a ressignificar o trabalho como uma oportunidade de causar impacto positivo.

Um ponto de partida fácil é fazer a si mesmo e à sua equipe algumas perguntas sobre o trabalho:

- Quem são as pessoas que o seu trabalho está ajudando hoje? Quais são os potenciais impactos positivos sobre essas pessoas?

- Por que você acha que essa tarefa importa para as pessoas?
- Como as pessoas seriam impactadas se você deixasse de fazer isso?
- Como você poderia abordar essa tarefa de outra maneira para agregar mais valor a clientes ou parceiros?

Com a atitude certa, muitas das nossas tarefas diárias podem ser uma fonte de contribuição. Na próxima seção, veremos como o trabalho que nos ajuda a atingir nosso pleno potencial cria significado. Desafiar sua equipe a crescer e aprender e ajudá-la a ver como o trabalho impacta positivamente seu próprio desenvolvimento é o componente final de um trabalho significativo.

PARTE IV

CRIANDO SIGNIFICADO POR MEIO DO CRESCIMENTO

Os líderes aproveitam o poder do nosso último C, o crescimento, para criar significado satisfazendo à necessidade inerente de aprendizado e desenvolvimento. Enquanto o senso de comunidade resulta de saber que fazemos diferença para pessoas da nossa organização e o senso de contribuição resulta da crença de que nosso trabalho agrega valor, o crescimento é fruto de um trabalho que nos motiva a nos tornarmos versões melhores de nós mesmos.

Viktor Frankl, psiquiatra, sobrevivente do Holocausto e autor de *Em busca de sentido*, escreveu: "O que o ser humano realmente precisa não é [de] um estado livre de tensões, mas antes a busca e a luta por um objetivo que valha a pena. O que ele necessita não é da descarga da tensão a qualquer custo, mas antes do desafio de um sentido em potencial à espera de seu cumprimento". Para Frankl, que muitos consideram um dos maiores especialistas em sentido e significado, os desafios da vida são um terreno fértil para experiências significativas.

O esforço necessário para avançar em direção a um objetivo pessoalmente significativo nos ajuda a crescer e a nos aproximar de nosso pleno potencial. O significado nos impulsiona a progredir na direção desse potencial. Alcançar grandes objetivos requer uma ampliação de competências, ou seja, fazer mais do que já fazemos e aprender mais do que já sabemos. Um trabalho que nos ajuda a desenvolver nosso potencial, a nos tornar uma versão de nós mesmos mais próxima daquela que queremos ser, promove o significado.

Como Frankl observou, os desafios são inevitáveis no crescimento que buscamos. Para proporcionar desafios — oportunidades de crescimento —, os líderes devem dar às pessoas espaço para elas abrirem as asas, além de um empurrãozinho para fora do ninho quando necessário. Para maximizar nossas oportunidades de desenvolvimento, os líderes devem dar ao mesmo tempo autonomia e orientação. Tarefas de "ampliação" — ou seja, desafios que exigem que as pessoas saiam da zona de conforto e desenvolvam novas habilidades para crescer — devem ser equilibradas com apoio e liberdade dentro de limites claros.

Os líderes que dão aos membros da equipe a liberdade de seguir o próprio caminho e o apoio para expandir suas competências ajudam a criar significado no trabalho. Nossa pesquisa mostra que líderes orientados a significado facilitam o crescimento de duas maneiras: empoderando as pessoas (lhes dando autonomia) dentro dos limites dos valores organizacionais, e as apoiando a ampliar suas competências. Como veremos nos dois próximos capítulos, fazer isso com eficácia requer que os líderes desempenhem vários papéis ao mesmo tempo: guia, defensor, mentor e coach.

9. AUTONOMIA EQUILIBRADA

"Se você quer construir um navio, não recrute pessoas para coletar madeira, dividir o trabalho ou dar ordens. Em vez disso, ensine-as a ansiar pela infinita imensidão do oceano."
— Antoine de Saint-Exupéry

Nosso desejo inato de tomar as próprias decisões é evidente desde a primeira infância. Foi o que Tamara descobriu quando sua filha mais velha fez 3 anos. De repente, vesti-la e convencê-la a sair de casa de manhã se tornou uma luta. Tamara, que estava acostumada a escolher as roupas da filha, vesti-la e levá-la tranquilamente à escolinha, percebeu que a criança não estava mais disposta a deixar que escolhessem as roupas por ela. Um dia, pouco depois de seu aniversário, ela se recusou a usar o vestido que Tamara havia escolhido. Insistiu em se vestir sozinha, e a roupa que escolheu foi uma fantasia de princesa por cima das calças do pijama, completada por sandálias reluzentes. Não era a escolha mais apropriada para ir à escola, mas Tamara estava atrasada e cedeu. Envergonhada, ela acompanhou a filha até a sala de aula naquela manhã com a cabeça baixa. Mas ficou surpresa com os olhares de compreensão e apoio que recebeu dos outros pais. Todos enfrentaram experiências semelhantes quando os próprios filhos começaram a demonstrar suas necessidades inatas de independência.

Para apoiar a autonomia da filha e orientá-la a usar roupas mais adequadas ao contexto, Tamara reorganizou o guarda-roupa dela em diferentes seções: roupas para a escola, roupas de brincar e roupas para ocasiões especiais. Feito isso, ela deu à menina a liberdade de escolher o que queria vestir dentro dos limites de cada seção. Sua filha se sentiu empoderada ao escolher roupas apropriadas para cada ocasião. Ficou empolgada com a oportunidade de tomar decisões por conta própria e, no processo, aprendeu a se vestir.

A autonomia, a liberdade de determinar as próprias ações e fazer as próprias escolhas, é uma necessidade humana. Nossa capacidade de aprender e desenvolver um senso de autoeficácia depende em grande parte dos desafios de ter que escolher o próprio caminho. Quando conseguimos navegar por esses desafios de forma independente, temos um senso de realização que torna o esforço significativo. Como a filha de Tamara, preferimos escolher nossas próprias roupas como uma maneira de afirmar nossa individualidade e para demonstrar a nós mesmos que podemos realizar tarefas por conta própria.

Como adultos, nossa necessidade de autonomia só se intensifica. Queremos mais liberdade e controle sobre as próprias ações e vida. Essa necessidade vai além da escolha de roupas e abrange todas as decisões que precisamos tomar diariamente, incluindo as do trabalho.

Décadas de pesquisa mostram que a autonomia é um componente essencial de um emprego saudável e produtivo. Ela leva ao aumento de produtividade, satisfação e bem-estar. E, quanto mais autonomia uma pessoa tem, mais engajada e investida é no trabalho. Um estudo revelou que a autonomia era o preditor mais forte de significado no trabalho. Ao encorajá-la, os líderes canalizam a necessidade psicológica essencial das pessoas por autodeterminação. Criam um ambiente no qual os colaboradores podem crescer e encontrar significado.

Ao contrário de algumas outras práticas que compartilhamos, dar autonomia muitas vezes requer que os líderes façam menos, e não mais. Eles devem se distanciar um pouco e criar espaço para o crescimento autônomo dos colaboradores. Devem estabelecer metas e desafiar funcionários a encontrar o próprio caminho. Quando podemos decidir como fazer nosso trabalho, temos acesso a uma paixão autêntica e uma motivação interna que impulsionam crescimento e desenvolvimento significativos. Somos capazes de avançar em direção a objetivos importantes para nós e a conquistar satisfação ao descobrir como chegar lá por conta própria. A capacidade de escolha atribui significado ao nosso esforço.

No entanto, quando os líderes não nos dão autonomia, eles nos privam do significado que advém de encontrar o próprio caminho. Sem autonomia para decidir, podemos nos sentir como robôs que não fazem nada além de executar um conjunto pré-programado de tarefas. Seguimos um processo às cegas, sem oportunidades de explorar ou experimentar. O desafio é limitado e não temos espaço para crescer.

Na tentativa de controlar os resultados do negócio, é comum os líderes imporem um controle excessivo sobre os colaboradores. Eles elaboram longas listas de regras e requisitos. Priorizam processos burocráticos em vez de empoderar as pessoas. Dão às equipes instruções rígidas sobre como fazer o trabalho em vez de confiar em sua capacidade. Essa prática, conhecida como microgerenciamento, destrói o significado atribuído.

Estudos de imagiologia cerebral descobriram que o microgerenciamento desencadeia uma resposta de luta ou fuga no cérebro — o mesmo impulso neurológico que sentimos quando nossa segurança física está em risco. Quando os líderes ameaçam nossa autonomia, entramos no modo de sobrevivência. Os níveis de estresse decolam e nossa capacidade de engajamento produtivo com tarefas e colegas despenca. A colaboração sai prejudicada, o bem-estar é reduzido e os resultados da organização sofrem em todos os níveis. Pense na última vez que você estava dirigindo e o passageiro ao seu lado ficou opinando sobre seu estilo de direção. Do mesmo modo como ninguém gosta de ouvir críticas dentro do carro, ninguém quer ser microgerenciado no trabalho.

O microgerenciamento também limita a aprendizagem e o crescimento individual. Pesquisas mostram que, quanto menos autonomia temos, menos eficazes somos em integrar novos conceitos à nossa base de conhecimento existente. Por outro lado, professores que encorajam a autonomia em sala de aula têm alunos mais motivados, que se sentem mais competentes e têm mais desejo de se desafiar a aprender.

Tudo isso deixa os líderes em uma saia justa. Para garantir a eficácia operacional de uma organização, eles devem restringir a liberdade e a autonomia de decisão até certo ponto. Sem metas e limites claros para orientar o comportamento, a confusão e o caos podem reinar rapidamente. Ao mesmo tempo, quando os líderes tiram a liberdade de seus colaboradores, eles corroem o significado e, por sua vez, o bem-estar e o potencial. Como os líderes podem encontrar o equilíbrio adequado? Acreditamos que nossa pesquisa identificou o ponto ideal.

AUTONOMIA EQUILIBRADA

Como discutimos anteriormente, um dos pré-requisitos para criar significado no trabalho é o alinhamento de valores. É isso que fornece a base para a comunidade ao orientar quem contratamos e como tratamos uns aos outros, além de moldar a contribuição ao direcionar objetivos compartilhados e guiar esforços para alcançá-los. Por fim, o alinhamento de valores facilita os desafios ao fornecer os limites necessários para aprendizagem, crescimento e conquistas significativas. Em vez de nos restringir, esses limites específicos possibilitam um nível ótimo de autonomia.

A *autonomia equilibrada* existe quando os líderes empoderam os colaboradores a tomar decisões dentro dos limites dos valores organizacionais. Os líderes entregam aos colaboradores as chaves do carro enquanto esclarecem as regras de trânsito. Os valores fornecem um conjunto compartilhado de diretrizes que moldam o comportamento desejado e ajudam as pessoas a se responsabilizar pelos resultados. Ao mesmo tempo, como os valores não são instruções específicas, eles permitem que os colaboradores decidam a maneira como preferem alcançar as metas. Os valores evitam acidentes de trânsito e ao mesmo tempo permitem que as pessoas tracem o próprio caminho.

Ao fornecer aos colaboradores a autonomia equilibrada para tomar as próprias decisões sobre como trabalhar, os líderes alavancam o poder do desafio e desbloqueiam o significado em muitas áreas do trabalho. Vamos nos concentrar em três maneiras diferentes pelas quais os líderes podem dar autonomia equilibrada aos colaboradores para impulsionar oportunidades de crescimento e criar significado.

Em primeiro lugar, os líderes podem **empoderar os colaboradores a fazer seu trabalho e atingir as metas como preferirem**. Com isso, os colaboradores são estimulados a assumir a responsabilidade pelo trabalho e se desafiar a testar maneiras diferentes de fazer as coisas.

Em segundo lugar, os líderes podem **dar às pessoas flexibilidade para escolher o ambiente de trabalho mais eficaz para elas**, como home office ou trabalho presencial. Diferentes tipos de tarefas são feitos com mais eficácia em ambientes diversos, e cada pessoa trabalha melhor de uma ou outra maneira. Equilibrar a flexibilidade com o alinhamento de valores ajuda os colaboradores a otimizar o trabalho para dedicar o máximo de energia aos desafios de crescimento.

Em terceiro lugar, os líderes podem **fornecer às pessoas oportunidades autodirigidas de crescer e aprender assumindo novas funções na empresa**. Essa prática permite que colaboradores busquem um trabalho mais desafiador ou um conjunto de tarefas pelas quais sejam apaixonados.

Vamos ver exemplos de líderes que estimulam a autonomia equilibrada em cada uma dessas três áreas e como você pode aproveitá-la para impulsionar o crescimento em sua organização.

EMPODERANDO OS COLABORADORES

Chris Hurn não conseguiu sair de férias com a família. Sua esposa e filhos passaram dias gloriosos no Ritz-Carlton da Ilha Amélia, na Flórida, enquanto ele estava preso em uma sala de reuniões na Califórnia. Ele chegou em casa bem a tempo de ajudar a esposa a descarregar o carro. Decepcionado por ter perdido as férias, mas feliz por reencontrar a família, ele respirou fundo e sentiu o estresse dos últimos dias se esvair. Foi aí que a gritaria começou.

"Cadê o Joshie? Não consigo encontrar o Joshie!", gritou Reilly, o filho caçula de Chris. Ele olhou para a esposa, e os dois tiveram um momento de pânico. O amado bichinho de pelúcia de Reilly, Joshie, não foi encontrado em lugar algum. A esposa de Chris tinha certeza de ter visto a girafa de pelúcia no quarto do hotel na noite anterior. Reilly nunca dormia, nunca ia a lugar algum, sem o Joshie. A situação não era nada boa. Depois de vasculhar o carro e revirar as malas, ficou claro que Joshie havia sido deixado para trás.

Reilly estava inconsolável. Como qualquer pai pode atestar, a perda de um bicho de pelúcia tem potencial de ser devastadora. Na hora de dormir, Reilly se recusou a ir para a cama sem sua girafa. Tentando acalmá-lo, Chris disse que Joshie devia ter ficado no hotel porque gostou tanto das férias que quis aproveitar mais uns dias. Reilly olhou para Chris com os olhos arregalados e marejados, mas pareceu gostar da ideia de Joshie passar mais uns dias de férias e finalmente pegou no sono.

A mentira inofensiva de Chris lhe deu mais um tempo, mas ele sabia que precisaria resgatar Joshie e levá-lo para casa o mais rápido possível. Chris ligou para o Ritz-Carlton, rezando para que alguém tivesse encontrado o Joshie. Por sorte, a equipe de limpeza havia encontrado a girafa de pelúcia debaixo da cama. Ela estava são e salva no achados e perdidos. Aliviado, Chris fez questão de agradecer à equipe. Ao telefone, ele mencionou a história que havia contado ao filho sobre as "férias prolongadas" do Joshie e perguntou ao gerente do hotel se ele poderia tirar uma foto rápida para ajudá-lo. O funcionário da recepção disse que ficaria feliz em ajudar e prometeu enviar Joshie pelo correio imediatamente.

No dia seguinte, a girafa errante chegou em casa. Mas, quando Chris abriu a caixa, descobriu que Joshie não era a única coisa em seu interior. Havia também um álbum de fotos e outros presentes do Ritz-Carlton. Em vez de apenas mandar Joshie de volta, a equipe decidiu transformar a mentirinha de Chris em uma história verdadeira. O álbum de fotos continha imagens de Joshie aproveitando algumas das comodidades do Ritz-Carlton em suas férias estendidas: Joshie recebendo uma massagem no spa, Joshie deitado em uma espreguiçadeira na piscina, Joshie dirigindo um carrinho de golfe até a praia, Joshie socializando com outros bichos de pelúcia no lounge do hotel. Eles até fizeram um crachá de identificação do Ritz-Carlton para Joshie e o nomearam membro honorário da equipe de prevenção de perdas.

Nem é preciso dizer que Chris ficou impressionado com o tempo e o cuidado que a equipe investiu para garantir que sua história fosse convincente. Reilly ficou feliz da vida quando Joshie finalmente voltou para casa e adorou o álbum, mas quem ficou mais encantado foi Chris. Os colaboradores do Ritz-Carlton não apenas o ajudaram a sair de uma enrascada como também fizeram o possível para criar uma experiência inesquecível para ele e sua família.

O momento foi significativo não só para Chris, mas também para os colaboradores que o possibilitaram. A ideia do álbum foi totalmente deles — concebida e executada sem seguir nenhuma diretriz ou sem precisar de aprovação de superiores. A equipe viu a oportunidade de alegrar o dia de alguém, e tomou a iniciativa.

O Ritz-Carlton, parte da família Marriott de hotéis, é famoso por seu espetacular atendimento ao cliente. Líder no mercado de hotéis de luxo há mais de um século, seria de se esperar que o Ritz-Carlton tivesse um conjunto enciclopédico de regras para lidar com os clientes, mas seus líderes preferiram adotar uma abordagem pautada na autonomia equilibrada.

As férias da girafa Joshie são um exemplo do que diferencia o Ritz-Carlton dos outros hotéis quando se trata de empoderar indivíduos a tomar as próprias decisões. Em qualquer outro hotel, o colaborador que tivesse encontrado Joshie teria que seguir uma rigorosa política de rastreamento e devolução de itens perdidos. Se quisessem tirar Joshie do armário de achados e perdidos e fazer um álbum de fotos, teriam que preencher um formulário e pedir a autorização de um gestor sênior. Mesmo se a solicitação fosse aprovada, conseguir a verba para fazer o álbum de fotos exigiria um relatório de despesas e outros esforços para superar burocracias fora das atribuições normais do gestor. Levaria dias até que o colaborador recebesse uma aprovação e, ciente de todos os obstáculos que teria que superar, é improvável que ele se desse ao trabalho de fazer além do mínimo.

Em vez de microgerenciar os colaboradores impondo regras ou um complexo processo de aprovação, os líderes do Ritz-Carlton os empoderam com autonomia para engajar e encantar os clientes da maneira que acreditam ser melhor. Os líderes começam criando um alinhamento em torno dos valores da organização. Feito isso, dão aos colaboradores o espaço necessário para encontrarem o próprio caminho. Desde que permaneçam alinhados com os chamados "Padrões Ouro" da organização, como "criar hóspedes do Ritz-Carlton para a vida toda", eles recebem a liberdade de escolher o caminho que preferirem.

Os novos colaboradores são extensivamente treinados e alinhados sobre cada valor da organização e comportamentos esperados em um curso de orientação que dura três dias. Para desenvolver o domínio cultural durante o processo de integração, uma prática que exploramos antes, os líderes dão exemplos de como os colaboradores colocaram os valores da empresa em prática. Em um deles, um gerente do Ritz-Carlton de Washington foi informado que um casal estava celebrando o aniversário de casamento durante a estadia. A equipe trabalhou com o Ritz-Carlton de Tóquio, onde eles haviam se casado dez anos antes, para obter todos os detalhes desse dia especial. A equipe surpreendeu o casal com uma noite que incluiu fotos do casamento e uma réplica perfeita do buquê da noiva. Eles chegaram a fazer o mesmo bolo de casamento. O casal ficou encantado, e a equipe fidelizou hóspedes do Ritz-Carlton para toda a vida. Compartilhar o que eles chamam de "histórias UAU" é uma parte regular da cultura do Ritz--Carlton. Os líderes as destacam toda semana para reforçar os valores da organização e enfatizar a autonomia recebida pelos colaboradores para dar vida a esses valores.

Amanda Joiner se lembra do primeiro cargo no Ritz-Carlton de Atlanta como supervisora da limpeza noturna dos quartos. Assim que começou, aprendeu que arrumar quartos era apenas uma de suas responsabilidades. Aspirar o chão e arrumar as camas estavam entre as tarefas formais, mas o verdadeiro propósito de seu trabalho era ajudar a criar experiências únicas e memoráveis para cada hóspede. "O Ritz-Carlton não me ensinou a limpar quartos. Me ensinou a tomar boas decisões. Quando eu me via diante de um novo desafio, tudo bem se eu não soubesse como agir. Tudo o que precisava fazer era consultar os nossos Padrões Ouro e descobrir a melhor maneira de cuidar dos hóspedes", ela contou. Esse empoderamento é tão significativo para Amanda que ela está no Ritz-Carlton há mais de trinta anos.

Hoje Amanda é vice-presidente global do Ritz-Carlton Leadership Center (Centro de Liderança do Ritz-Carlton), que ensina outras organizações a implementar a abordagem de empoderamento do hotel. Amanda alerta que esse senso de empoderamento não se desenvolve da noite para o dia. Pela sua experiência, muitos colaboradores já ouviram de líderes de outras empresas que eram empoderados, mas acabaram em maus lençóis quando tomaram as próprias decisões. Para construir uma cultura de autonomia equilibrada, o Ritz-Carlton se concentra em reconhecer exemplos positivos por meio das histórias de encantamento, bem como iniciativas como o que eles chamam de "First Class cards" (ou "cartões de Primeira Classe"), uma versão das notas de gratidão entre colegas. Usando algumas das práticas que exploramos na seção sobre contribuições, o Ritz-Carlton também recompensa aqueles que aproveitam a autonomia equilibrada, e isso incentiva os outros a fazer o mesmo.

Além de dar aos colaboradores espaço e apoio para tomar as próprias decisões, os líderes do Ritz-Carlton também incentivam a autonomia, disponibilizando os recursos necessários para que executem ideias. Cada colaborador, do zelador ao diretor-geral, tem acesso a uma verba de 2 mil dólares que pode ser gasta com hóspedes, sem questionamentos. O que os colaboradores fazem com essa verba varia de pequenas coisas, como os ingredientes comprados por uma camareira para uma sopa que ela preparou e levou para um hóspede doente, até gestos grandiosos, como o álbum de fotos da girafa Joshie ou a experiência de reviver o casamento de Tóquio.

Embora a maioria das organizações não tenha como disponibilizar grandes verbas aos colaboradores como o Ritz-Carlton, dar autonomia, mesmo que em pequenas doses, pode ser muito significativo. É muito comum líderes de outras organizações perguntarem a Amanda de que maneira eles podem empoderar as pessoas se não tiverem como disponibilizar verbas. "O que eu respondo é que estão perdendo o ponto. Não é sobre dinheiro", ela lhes diz. "O dinheiro é apenas um sinal de confiança. Empoderamento é sobre confiar no seu time e ensinar seus colaboradores a tomar boas decisões."

Outras organizações encontram maneiras criativas de incentivar a autonomia em tarefas menores. A Southwest Airlines, por exemplo, é famosa por seu histórico de empoderamento. Mesmo dentro das rigorosas diretrizes de segurança do setor de transporte aéreo, a companhia encontrou espaço para a autonomia equilibrada. Um dos valores da Southwest está ligado a uma atitude leve e divertida, e os comissários de bordo são encorajados a representar esse valor estilizando os procedimentos-padrão.

Por exemplo, os anúncios de segurança devem cobrir os mesmos pontos-chave em todos os voos, mas nenhum é igual ao outro. Caso um comissário de bordo note que alguns passageiros de primeira viagem estão nervosos, ele pode transformar a demonstração de segurança em um desfile de passarela para descontrair. Ou pode fazer os anúncios como um apresentador de um programa de auditório. Um comissário de bordo é conhecido por fazer piadas: "Vocês sabem por que o avião foi ao terapeuta? Porque ele estava passando por muitas turbulências emocionais!". Quando alguns passageiros se mostram impacientes com as piadas, ele levanta as mãos no ar e responde: "Tudo bem, já entendi. Minhas piadas sobre aviões são um desastre. Mas podem ficar tranquilos que eu garanto que este voo será perfeito".

Embora pequenos, esses momentos são significativos para os colaboradores. A possibilidade de tomar as próprias decisões nos permite aprender e crescer em uma direção que consideramos pessoalmente significativa. Quando temos voz ativa na escolha da direção do nosso trabalho, sentimos que somos responsáveis por ele. Nosso senso de desafio aumenta quando podemos escolher nosso próprio caminho.

Para Kahlil Shepard, membro da equipe da A–B Partners, mencionada anteriormente, esse empoderamento faz uma enorme diferença. Ele disse: "Tenho muita autonomia para fazer meu trabalho do jeito que eu quiser e isso tem um valor enorme para mim. A melhor maneira de evoluir e crescer é poder resolver um problema sozinho. Poder escolher a própria direção e seguir em frente. Se eu fosse obrigado a simplesmente seguir instruções, nunca teria como aprender".

Parte da missão da A–B é cultivar novos líderes, e a organização valoriza uma abordagem prática para a aprendizagem. Os líderes da A–B fazem um esforço deliberado para empoderar colaboradores como Kahlil com oportunidades de crescimento. Faz parte da política da empresa que ideias estratégicas sejam apresentadas ao cliente pela pessoa que a formulou. Com frequência, isso significa que um colaborador júnior como Kahlil conduzirá reuniões, algo praticamente inédito em outras agências. Os líderes da A–B sempre garantem que esses colaboradores estejam devidamente preparados, mas não lhes dizem como agir ou o que falar. Orientando-se pelos valores da organização, os colaboradores são empoderados a conduzir a apresentação como bem quiserem. Quando os líderes confiam e nos dão autonomia para tomar decisões, tendemos a nos mostrar à altura do desafio.

A Schneider Electric, uma empresa de gerenciamento de energia com mais de 160 mil colaboradores no mundo todo, é outra empresa que oferece autonomia equilibrada no trabalho do dia a dia. Eles operam usando um modelo descentralizado de tomada de decisão. Equipes em diferentes funções ou países têm autonomia para fazer o trabalho da maneira que acreditam ser mais eficaz. Para facilitar essa abordagem, a empresa se concentra em definir metas claras sem exigir processos específicos para alcançá-las.

Tina Mylon, diretora de talentos e diversidade da Schneider, acredita firmemente em incorporar os valores à cultura e ao ambiente de trabalho da empresa. Assim como o Ritz-Carlton, a Schneider oferece um extenso treinamento sobre os valores da organização para orientar o comportamento dos colaboradores com base em seu alinhamento com valores como "Aja como dono". Isso é levado em conta na avaliação geral de desempenho, que é vinculada ao bônus anual. Na Schneider, os líderes priorizam os resultados em detrimento dos processos e realmente confiam que os colaboradores darão o melhor de si no trabalho. Os líderes se concentram no destino, e não nos caminhos escolhidos para chegar lá. Ao mesmo tempo, enfatizam a necessidade de seguir as regras de trânsito.

Para atingir esse equilíbrio, Tina recomenda aos líderes que adotem uma abordagem de coaching. Em vez da abordagem tradicional de comando e controle, ela os encoraja a se concentrar em fazer perguntas. Quando os colaboradores procuram os líderes com um desafio, estes podem dar orientações e a oportunidade de aprender e crescer, ajudando-os a encontrar as próprias respostas.

Perguntas de apoio à autonomia buscam informações sem impor instruções. Não são sugestões veladas na forma de perguntas ("Você acha que deveria...?"). São perguntas abertas pensadas para ajudar colaboradores a definir um caminho a seguir. Esses tipos de pergunta ajudam as pessoas a manter o foco nos valores ("Quais valores da organização são relevantes neste caso? Como você pode priorizá-los?"), abordar barreiras ("Qual é o seu maior obstáculo no momento? Como você poderia lidar com ele?"), trazer à tona informações úteis ("O que você aprendeu até agora sobre este projeto? O que você acha que é mais importante aqui?") e identificar recursos potenciais ("Quem você conhece que já fez algo parecido? O que você poderia aprender com essa pessoa?").

A seguir, fornecemos um banco de perguntas de apoio à autonomia equilibrada para que você consulte enquanto estimula alguém a encontrar a própria maneira de realizar uma tarefa.

Banco de perguntas de apoio à autonomia equilibrada

- O que você aprendeu sobre a questão até agora?
- O que mais precisa saber?
- Alguma pessoa na organização já fez isso? Quem?
- O que você pode aprender com a experiência dessa pessoa?
- Quais dos nossos valores podem orientar suas decisões?
- Com base na sua experiência, o que você acharia melhor fazer?
- Quais opções você tem? Qual será o impacto de cada uma?
- Quais são os prós e os contras da sua ideia?
- Quais problemas ou obstáculos você está enfrentando? Quais são algumas maneiras que você pensou para lidar com eles? O que mais você poderia fazer?
- Quais são as suas suposições sobre a questão? Como você poderia testá-las?
- Quem são as outras pessoas envolvidas? Como poderiam encarar a questão?

Na próxima vez que alguém compartilhar um problema ou desafio com você, em vez de sugerir uma possível solução, tente fazer perguntas de apoio à autonomia equilibrada. Se conseguir fazer isso com curiosidade e mente aberta, poderá se surpreender com soluções que talvez não tenha considerado.

OFERECENDO FLEXIBILIDADE

Antes da pandemia de covid-19, o deslocamento para o escritório era considerado uma parte normal do trabalho e os colaboradores absorviam os custos de tempo e recursos necessários para fazê-lo. Na pandemia, foi constatado que muitas pessoas poderiam realizar as tarefas com a mesma eficiência sem precisar ir de casa para o trabalho todos os dias. A partir daí, o cálculo mudou. Para o bem ou para o mal, em vez de assumir que o transporte para o escritório faz parte do trabalho, agora cabe ao empregador justificar esse esforço.

E cabe aos líderes lidar com as implicações práticas das modalidades híbridas de trabalho. Muitas organizações tentaram resolver essa tensão especificando um número de dias de trabalho presencial. Para algumas, essa abordagem está dando certo. Para outras, causa atritos entre os colaboradores. Hoje em dia, muitos trabalhadores têm as ferramentas e a experiência para realizar suas tarefas com eficiência onde e quando quiserem. Para que ir ao escritório se podem fazer o trabalho remotamente?

O modelo híbrido e as políticas de trabalho remoto têm enormes implicações para a autonomia dos colaboradores. Cada um de nós trabalha melhor de maneiras diferentes. Todos temos estilos, preferências e outros compromissos na vida. Ter alguma autonomia para escolher quando e onde trabalhar nos possibilita enfrentar desafios com mais eficácia. Sem uma razão alinhada aos valores, obrigar os colaboradores a trabalhar no escritório pode parecer microgerenciamento. Por outro lado, na ausência de qualquer estrutura, o trabalho remoto pode parecer uma terra de ninguém para os líderes.

Em vez de impor arbitrariamente dias de trabalho presencial, encorajamos os líderes a considerar uma abordagem baseada na autonomia equilibrada. Acreditamos que cada organização deve encontrar o modelo mais adequado para sua equipe específica. Começamos com perguntas como: "Por que você acredita ser importante que a equipe se reúna presencialmente? Por que é importante que as pessoas estejam no escritório? O que você espera realizar com isso? Qual é o menor nível de controle que você pode exercer para permanecer alinhado com os valores da organização?".

Em vez de exigir que os colaboradores trabalhem no escritório, acreditamos que os líderes orientados a propósito podem dar mais suporte à autonomia equilibrada mantendo o trabalho presencial focado nas tarefas que são mais bem executadas ao vivo. Pesquisas mostram que essas tarefas incluem ideação criativa; construção de relacionamentos; aprendizagem e desenvolvimento; e inspiração tendo em vista o quadro geral. Para outros trabalhos — como pesquisa, execução de atividades, gerenciamento de projetos e de processos —, os líderes podem dar às pessoas autonomia para que trabalhem onde elas acreditam que são mais produtivas. Tanto os colaboradores quanto as organizações saem ganhando ao dar aos colaboradores autonomia equilibrada para trabalhar onde for melhor para eles.

Gustavo Razzetti, autor de *Remote, Not Distant*, enquadra isso como uma transição da confiança racional para a confiança emocional. A confiança racional é a crença de que as pessoas têm a capacidade de desempenhar funções com eficiência e farão o esperado. Já a confiança emocional é a crença de que as pessoas continuarão a promover os interesses e valores compartilhados, mesmo em circunstâncias ambíguas ou quando não compartilham o mesmo ambiente. A confiança emocional envolve acolher por completo a autonomia equilibrada, especialmente quando se trata de onde as pessoas trabalham.

A HubSpot, empresa que já apresentamos e que é famosa por seu Código de Cultura, projetou um modelo híbrido baseado nos valores de empatia e adaptabilidade para empoderar a equipe global de 8 mil colaboradores. Quando o modelo foi lançado, os líderes deram às pessoas da organização a liberdade de escolher uma das três opções: @office (no escritório), @flex (híbrido) ou @home (em casa). Os colaboradores que escolheram o @office foram designados a um dos escritórios físicos da HubSpot e concordaram em comparecer pelo menos três dias por semana. Aqueles que escolheram o @flex trabalhariam em um escritório cerca de oito vezes por mês. Já os colaboradores @home ficaram totalmente remotos, sem cobrança de se encontrarem presencialmente com outros HubSpotters, mas com a oportunidade de ir ao escritório uma ou duas vezes por trimestre. Do CEO ao mais novo estagiário, cada colaborador teve autonomia para escolher o modelo que considerava mais adequado, sem questionamento.

Então, os HubSpotters foram convidados a se comprometer com a escolha por um ano para ver como seria — e nem sempre foi perfeito. No início, os líderes queriam que nada mudasse, independentemente de as pessoas estarem trabalhando na modalidade @home, @flex ou @office. Eimear Marrinan, vice-presidente de cultura da HubSpot, conta sobre um evento que ela planejou para o Dia de São Patrício no escritório de Dublin: "Tínhamos muitos colaboradores festejando e curtindo em Dublin. E abrimos uma tela do Zoom com um monte de gente em home office. Estávamos tentando recriar a mesma experiência para eles. Só que o que acabamos fazendo foi criar uma experiência extremamente injusta. Imagine estar em casa vendo pelo Zoom todas essas pessoas se divertindo. Foi uma enorme decepção", ela ri.

Eimear notou que oferecer opções de modelo de trabalho e depois restringir a autonomia obrigando todos a trabalhar no modelo escolhido não era suficiente. Ela percebeu que, para apoiar a autonomia equilibrada, os líderes não devem ficar parados simplesmente esperando o desenrolar dos acontecimentos. Para continuar alinhada com os valores de empatia e adaptabilidade da HubSpot, sua equipe também teve que desenvolver novas competências e estruturas a fim de apoiar as escolhas.

Eimear e seu time aprenderam com seus erros iniciais e se adaptaram rapidamente. Eles pararam e reavaliaram a abordagem adotada. Em vez de tentar proporcionar a mesma experiência, concentraram-se em proporcionar uma experiência equitativa para as pessoas, onde quer que estejam. Do mesmo modo que a HubSpot vê sua cultura como uma receita de família, a organização vê seus colaboradores como "irmãos, e não gêmeos". Eles compartilham os mesmos valores e têm autonomia para trabalhar dentro desses limites, mas podem precisar de coisas muito diferentes para ter sucesso. Eimear percebeu que, para não se desviar do valor da empatia, era preciso reconhecer que um colaborador @home precisava de recursos diferentes dos que optaram pelo @office. No escritório, os colaboradores queriam mais tempo com os colegas. Para os que optaram pelo home office, não fazia sentido tentar incluí-los em eventos presenciais. Era mais interessante conectá-los com outros colaboradores @home que trabalhavam em condições semelhantes. Esses colaboradores também queriam ter flexibilidade para se conectar com pessoas de suas comunidades locais que trabalhavam em home office. Hoje, a equipe de Eimear se concentra em apoiar as escolhas de todos, ao mesmo tempo que garante que eles recebam as ferramentas necessárias para ter sucesso.

À medida que os líderes da HubSpot iteravam seu novo modelo, eles se certificavam de responsabilizar a si mesmos e a seus colaboradores pelos resultados. A equipe de Eimear monitorou meticulosamente o engajamento, o desempenho e a retenção. Também prestaram atenção a coisas como velocidade de promoção (a rapidez na qual os indivíduos estavam sendo promovidos) para evitar que os membros da equipe com mais interações presenciais fossem beneficiados. Depois de um ano de testes, os esforços da HubSpot se pagaram. O engajamento geral dos colaboradores @home e @flex na verdade foi maior que o dos que optaram pelo @office. Os números de vendas foram equivalentes em todos os critérios. Dar às pessoas autonomia para escolher onde trabalhar permitiu à HubSpot alavancar um pool de talentos mais diversificado e foi uma vitória financeira para a empresa. Também tornou o trabalho mais significativo para os colaboradores. Eimear acredita que essa abordagem realmente empoderou a equipe. Ela mesma tem três filhos pequenos e agora pode adaptar sua agenda em torno das necessidades deles, algo profundamente significativo para ela.

Outras organizações desenvolveram as próprias maneiras de dar autonomia equilibrada quanto a local e modelo de trabalho. Na renomada empresa de alimentos J.M. Smucker Co., os líderes adotaram um modelo que chamam de Core Weeks, ou "Semanas essenciais", para os colaboradores do escritório. Em duas semanas por mês, a empresa espera que as equipes trabalhem presencialmente na sede em Orville, Ohio. No restante do tempo, os colaboradores são livres para trabalhar onde quiserem. Alguns colaboradores moram ou se mudaram para lugares tão distantes quanto São Francisco e bancam o transporte para Ohio por conta própria. A empresa criou o modelo Core Weeks como uma maneira de encorajar um tempo compartilhado significativo no escritório, confiando que os colaboradores passariam o restante do mês trabalhando onde fizesse mais sentido para eles. Assim, empoderaram os líderes para aplicar os princípios orientadores da empresa da maneira mais adequada às necessidades do negócio e aos ritmos operacionais de suas equipes. "Criamos princípios orientadores, e não regras", disse Lindsey Tomaszewski, diretora de recursos humanos. "Partindo de uma base de confiança e intenção positiva — com os colaboradores motivados a fazer as coisas certas —, os melhores resultados costumam ser alcançados ao fornecer diretrizes dentro das quais os indivíduos podem trabalhar com flexibilidade."

Para os colaboradores que não têm a oportunidade de trabalhar remotamente — os que atuam nos setores de varejo, hotelaria, saúde, manufatura, entre outros —, a autonomia para escolher os horários ainda é importante. Pesquisas mostram que um dos principais fatores de retenção de trabalhadores da linha de frente é a possibilidade de escolher os dias de trabalho e trabalhar em turnos previsíveis. Essa abordagem lhes dá flexibilidade para trabalhar enquanto equilibram prioridades pessoais. Embora não tenham flexibilidade para escolher *onde* trabalham, os colaboradores desses setores têm uma expectativa cada vez maior de poder escolher *quando* trabalham.

Os colaboradores da Smucker que atuam nas fábricas da empresa não têm as mesmas oportunidades de trabalho remoto que os colaboradores do escritório. Como os requisitos de suas funções são diferentes, os líderes da empresa lhes oferecem formas diferentes de autonomia. Os líderes sabem que precisam atender às necessidades de todos os colaboradores, seja do escritório ou da fábrica, e reconhecem que grupos diferentes exigem apoios diferentes. A Smucker empodera o gestor de cada fábrica a montar e ajustar o cronograma de turnos com base nas necessidades de produção da unidade de negócio e na contribuição da equipe. Eles são livres para ajustar horários ou turnos conforme o necessário para acomodar colaboradores individuais. Os trabalhadores da fábrica recebem generosos períodos de folga remunerada, licença-família e outros benefícios para ter o máximo de autonomia e suporte possível.

Embora a HubSpot e a Smucker tenham desenvolvido modelos que funcionam para as próprias necessidades, o trabalho flexível continua sendo contestado em muitas organizações. Acreditamos que não existe uma solução única para todos. Cada empresa deve criar uma estrutura adequada às suas especificidades. Mas, para ter sucesso, entendemos que a estrutura e o suporte que a acompanham não podem deixar de incluir a autonomia equilibrada. Nossa pesquisa descobriu que, não importa qual seja seu setor, local de trabalho ou a quantidade de dias que você passa no escritório, a autonomia equilibrada continua sendo uma parte importante do desafio. Independentemente de você trabalhar em casa, no escritório, na fábrica ou no avião, ela é essencial para criar significado.

DESENVOLVIMENTO DE CARREIRA AUTODIRIGIDO

Não é nenhuma surpresa que, quando as pessoas têm um papel ativo no desenvolvimento da própria carreira, elas aumentam as chances de reportar níveis mais elevados de significado no trabalho. Dar às pessoas o controle do próprio desenvolvimento lhes permite buscar oportunidades de crescimento significativas para elas. Por outro lado, quando os colaboradores não têm a oportunidade de determinar o próprio caminho, o significado diminui, o engajamento cai e as pessoas ficam mais propensas a sair da organização.

Em nosso trabalho com Matt Fishman e a equipe da Barking Hound Village (BHV), que abordamos no início do livro, ficou claro que os colaboradores estavam saindo porque não conseguiam um caminho claro para si mesmos. As posições de gerência eram escassas, o que deixava a maioria dos colaboradores sem possibilidade de crescer na organização e sem outra opção a não ser continuar no mesmo cargo. Como resultado, a rotatividade era incrivelmente alta. Sem a opção de decidir o próprio futuro, o emprego desses colaboradores tinha data de validade. Para resolver esse problema na BHV, nos concentramos em incorporar a autonomia equilibrada no desenvolvimento da carreira.

Um dos principais valores da BHV é "Espaço para correr". Quando os cães estão sob os cuidados da BHV, a equipe lhes dá o máximo de tempo para brincar, pois acredita que eles não devem ficar presos em gaiolas e que precisam ser livres para explorar e interagir entre si. Era importante para a empresa que os clientes caninos não ficassem confinados — nem sua equipe. Após uma análise detalhada das oportunidades que a maioria dos colaboradores tinha, ficou claro que todos estavam em uma guia curta.

Para dar aos colaboradores mais autonomia, nos baseamos no valor "Espaço para correr" e criamos várias trilhas de desenvolvimento. Trabalhamos em estreita colaboração com os líderes para delinear três maneiras por meio das quais os colaboradores poderiam crescer na organização: especializando-se em adestramento de cães, tornando-se um gestor de pessoas ou treinando filhotes. Para cada etapa desses caminhos, delineamos os requisitos que os colaboradores teriam que cumprir. Elaboramos uma lista dos treinamentos que teriam que concluir, o tempo máximo que poderiam ter que esperar para atingir cada estágio e a remuneração que receberiam. Feito isso, lhes demos uma escolha.

Os líderes se reuniram com cada colaborador para explicar os diferentes caminhos de carreira e lhe dar a chance de escolher qual gostariam de seguir. Diante da possibilidade de escolher uma carreira com a qual se identificavam e munidos do conhecimento de como exatamente poderiam avançar em direção a ela, os colaboradores encontraram uma nova empolgação pelo trabalho. A permanência média disparou, e a taxa de promoções internas aumentou significativamente. Com mais espaço para correr, os colaboradores da BHV ganharam voz para expressar o caminho que gostariam de percorrer.

Os líderes não precisam esperar até a próxima promoção de um colaborador para lhe oferecer possíveis oportunidades de crescimento. Outra maneira de apoiar o desenvolvimento autônomo é permitir que os membros da equipe passem parte do tempo aprendendo com outros departamentos ou trabalhando em projetos que eles consideram interessantes na organização.

Durante um período no qual as contratações da HubSpot desaceleraram e seus recrutadores estavam com mais disponibilidade de tempo, os líderes desenvolveram o TalentHub, um mercado interno de talentos no qual gestores podiam atrair recrutadores de diferentes áreas para trabalhar em outros projetos. Os colaboradores se inscreviam no programa, que funcionava como uma plataforma de anúncios de oportunidades internas, e descreviam os tipos de projeto nos quais queriam trabalhar. Eimear recrutou para atuar com ela três colaboradores que haviam demonstrado interesse em aprender sobre a área de cultura organizacional, o que foi ótimo para aumentar a capacidade da equipe. Os recrutadores, que conseguiram ampliar seu conjunto de habilidades em uma área de interesse, tiveram uma experiência fantástica e a organização se beneficiou imensamente. Dois deles eventualmente pediram transferência para a equipe de Eimear.

No início deste livro, falamos sobre o redesenho cognitivo, o processo de mudar a maneira como você vê seu trabalho, aumentando, assim, seu senso de contribuição. De maneira similar ao redesenho cognitivo, o *redesenho de tarefas* é uma maneira de transformar seu trabalho atual de formas mais significativas para você. O redesenho de tarefas ocorre quando os colaboradores têm a oportunidade de focar mais em tarefas que consideram significativas e menos em outras. É um processo liderado pelos próprios colaboradores que lhes dá um grau de autonomia tanto no trabalho do dia a dia quanto na trajetória profissional na empresa. Ao permitir que os colaboradores redesenhem as próprias tarefas e escolham atividades alinhadas com seus pontos fortes e interesses, os líderes promovem significado. Essa abordagem também pode ajudar os colaboradores a desenvolver suas competências de maneiras pessoalmente significativas.

O Google, outra empresa conhecida por oferecer oportunidades autodirigidas aos colaboradores, é famosa por sua política dos "20% do tempo", que permite aos colaboradores passarem um dia por semana trabalhando em um projeto de sua escolha. Produtos populares como o Gmail, Google Maps e AdSense nasceram como um projeto pessoal de alguém. Essa prática de dar aos colaboradores um tempo significativo para encorajar a inovação foi originalmente popularizada na 3M Company e, segundo consta, foi responsável por invenções como o Post-it.

De maneira similar, o Pinterest organiza anualmente o Makeathon, um evento de dois dias no qual todos os colaboradores da empresa têm a liberdade de resolver desafios ou explorar oportunidades que escolherem. Eles têm autonomia para trabalhar em qualquer projeto, desde que esteja alinhado com os objetivos da empresa. No Makeathon, os colaboradores formam pequenas equipes e trabalham em projetos pelos quais são apaixonados. Após dois dias, cada equipe apresenta um vídeo e um protótipo de sua proposta. Há várias rodadas de competição, nas quais os jurados escolhem os projetos vencedores, que recebem um orçamento para serem desenvolvidos. Frequentemente projetos não vencedores acabam sendo incluídos ao produto no futuro. Em um Makeathon, uma equipe inspirada pelo projeto "criar pertencimento" queria encontrar maneiras de tornar mais inclusivo o recurso de pesquisa. Eles propuseram a ideia de incluir opções como tom de pele, tipo de cabelo e tipo de corpo à funcionalidade de pesquisa. A ideia foi aceita, e agora usuários em busca de construir comunidades, encontrar dicas de moda ou descobrir outras formas de inspiração têm acesso mais facilmente a imagens de pessoas que se parecem com eles.

Durante o resto do ano, os colaboradores do Pinterest que são apaixonados por questões como sustentabilidade e segurança na internet podem passar parte do tempo atuando em grupos de trabalho multifuncionais. Esses grupos ajudam a direcionar o trabalho da empresa nessas áreas. Recentemente, membros do Pinside-Out, um grupo de trabalho com foco em saúde mental, trabalharam com a equipe de recursos humanos no desenvolvimento de um treinamento para ajudar gestores a identificarem problemas de saúde mental em membros da equipe, além de ensiná-los a lidar com essa situação. O grupo rodou um treinamento piloto e contribuiu para implementá-lo na empresa toda. Ele foi conduzido por colaboradores que queriam se envolver na iniciativa e que tiveram a oportunidade de dedicar seu tempo a algo que consideravam significativo.

Christine Deputy, ex-diretora de pessoas do Pinterest, acredita que os líderes precisam estar cada vez mais à vontade em dar autonomia aos colaboradores. Em sua visão, os colaboradores de hoje querem mais transparência em relação às escolhas e ao controle que têm. Se você puder orientar as pessoas com valores e lhes dar escolhas, criará oportunidades significativas que as manterão engajadas na sua organização.

Além de nos empoderar para escolher o próprio caminho, os líderes também criam oportunidades de crescimento ao nos conduzir por caminhos que ainda não conseguimos enxergar. No próximo capítulo, exploraremos as maneiras pelas quais os líderes dão significado ao nosso trabalho, cultivando nosso potencial e ampliando nossas competências.

10. A ZONA DE POSSIBILIDADES

"Trate as pessoas como se elas fossem o que deveriam ser e você as ajudará a se tornarem o que são capazes de ser."
— Johann Wolfgang von Goethe

Christopher Wheeldon é um dos coreógrafos de balé mais influentes e requisitados do mundo. De Chicago a Londres e Moscou, as mais proeminentes companhias de balé contratam Chris para desenvolver novas produções e apresentar coreografias aclamadas pela crítica em teatros lotados. Depois de uma apresentação, você pode ver os fãs correndo em direção a ele com o entusiasmo dos Swifties (mas, é claro, com a discrição e a sofisticação próprias de um público de balé). Olhando para o arco da carreira de Chris, com um currículo pontuado por incontáveis sucessos estrondosos, seria de se imaginar que ele nasceu com talento. A verdade, contudo, é que, no decorrer de toda a sua trajetória, Chris foi desafiado por líderes que acreditaram nele.

Aos 19 anos, quando morava em Londres, recuperando-se de uma lesão, Chris viu um comercial de TV dos aspiradores de pó Hoover. Em uma tentativa de aumentar as vendas, a Hoover estava oferecendo passagens de ida e volta gratuitas para os Estados Unidos a qualquer pessoa que gastasse pelo menos cem libras em seus produtos. "Não pensei duas vezes", lembra Chris. "Fui correndo comprar um aspirador de pó." Diante de uma enxurrada de compradores, a Hoover cancelou a promoção, mas Chris esteve entre os poucos sortudos que conseguiram garantir a passagem para Nova York.

Enquanto se preparava para a viagem, ele escreveu ao New York City Ballet para perguntar se poderia fazer uma aula. Chris entrara na Royal Ballet School de Londres aos 8 anos e havia muito admirava os dançarinos do New York City Ballet, sobre os quais lia em revistas de dança desde criança.

Em sua primeira manhã em Nova York, Chris arrumou a mochila de dança e, nervoso, seguiu a pé para o teatro, onde teria a primeira aula. No meio da aula, notou que o diretor da companhia, Peter Martins, o qual reconheceu das revistas, o observava atentamente. Chris deu o melhor de si, tentando saltar mais alto e girar mais rápido do que normalmente faria. No final da aula, Chris foi chamado à sala de Peter. O diretor o havia confundido com outro dançarino que estava fazendo uma audição para a companhia naquele dia, e, para sua surpresa, convidou-o a entrar no New York City Ballet. "Era meio-dia do meu primeiro dia nos Estados Unidos. Eu não tinha visitado nenhum ponto turístico em Nova York. Eu só tinha ido da rua 34 até o teatro e recebi uma oferta de emprego", ele conta, ainda incrédulo com sua sorte anos depois.

Pelo resto da semana, Chris assistiu a ensaios, apresentações e shows da Broadway. Ele se apaixonou pela cidade. Estava emocionado com a oferta, mas também nervoso — era uma grande decisão. No entanto, a crença de Peter Martin em seu potencial o encorajou e o inspirou a aceitar a proposta.

Depois de quatro anos na companhia, Chris estava pronto para outro desafio. O New York City Ballet é aclamado por abrigar novas produções, e ele sabia que Peter adorava encorajar coreógrafos emergentes. Ele entrou no escritório de Peter com uma pilha de coreografias gravadas e disse:

"Eu também sou coreógrafo". Mais uma vez, Peter viu potencial em Chris e lhe deu uma chance de provar seu valor.

O primeiro balé de Chris, *Slavonic Dances*, estreou com grande aclamação. Clive Barnes, o crítico do *New York Post* na ocasião, o caracterizou como um "diamante bruto". Chris lembra: "Eu pensei: 'Tudo bem. Se eu sou um diamante bruto, agora é só me lapidar e melhorar'". Pouco depois, Chris criou a coreografia de seu segundo balé, *Polyphonia*, que realmente lançou sua carreira. Ele começou a criar coreografias para as principais companhias do mundo, do San Francisco Ballet ao Bolshoi, recebendo grande reconhecimento e prêmios de prestígio por seu trabalho. Apesar de todo esse sucesso como coreógrafo, Chris hesitou quando lhe ofereceram a chance de dirigir um musical da Broadway.

Stuart Oken, produtor da Broadway, havia obtido os direitos para um novo musical, *An American in Paris*, baseado no filme vencedor do Oscar *Sinfonia de Paris*. Ele convidou Chris para dirigir e coreografar o espetáculo. Fazer a transição do balé para a Broadway era uma perspectiva assustadora, e Chris recusou. Ele não se achava capaz de dirigir atores e sequer sabia como começar. Mas Stuart discordava. Ele havia visto uma apresentação de *Alice no País das Maravilhas*, um balé coreografado por Chris para o National Ballet of Canada, e se convencera de seu talento para contar histórias com maestria. Stuart explicou que dirigir dançarinos em balés narrativos não era muito diferente de dirigir atores.

A oportunidade era empolgante, mas, sem qualquer experiência formal em direção e sabendo que enfrentaria uma enorme curva de aprendizado, Chris ainda não estava convencido. Imperturbável, Stuart o encorajou. Garantiu ao coreógrafo que eles avançariam pelo projeto passo a passo e que, se em algum ponto Chris achasse que não estava dando certo, eles o cancelariam sem questionamento. Essa atitude compreensiva de Stuart tirou um peso enorme dos ombros de Chris.

O processo estava longe de sua zona de conforto. Chris suava frio o tempo todo. A cada vez que trabalhava com os atores, uma voz em sua cabeça dizia: "Você não tem o direito de estar aqui. Você não tem ideia do que está fazendo". Foi assustador. Mas Stuart continuou insistindo, e sua crença em Chris era contagiante.

No final, Chris correspondeu às expectativas de Stuart. *An American in Paris* foi indicado a onze Tony Awards e Chris, a melhor diretor. Os dois atores principais, que nunca haviam atuado profissionalmente antes, foram indicados a melhor ator e atriz, uma grande validação do trabalho de Chris no desenvolvimento do espetáculo.

Até a estreia na Broadway, Chris se sentiu uma grande fraude. Fazia o trabalho, mas não tinha ideia se estava indo bem. O que manteve Chris no processo foi a crença implacável de Stuart e dos outros produtores. Eles investiram tanto em seu potencial que ele se inspirou a atingir um novo patamar de performance. Como os produtores acreditaram nele, identificaram possibilidades que ele nunca havia imaginado, o tiraram de sua zona de conforto e o apoiaram ao longo do caminho, Chris teve uma das experiências mais significativas e bem-sucedidas de sua carreira.

Nossa pesquisa descobriu que cultivar o potencial e desafiar as pessoas a crescer — como Peter e Stuart fizeram com Chris — cria significado no trabalho. Quando os líderes levam as pessoas além de suas zonas de conforto e, ao mesmo tempo, lhes dão o apoio necessário para ter sucesso, eles as elevam ao que chamamos de Zona de Possibilidades.

QUANDO ALTAS EXPECTATIVAS ENCONTRAM ALTO APOIO

Pare um pouco para pensar em alguém que influenciou profundamente sua vida de forma positiva. Pode ser um mentor, um amigo, alguém da família ou até um colega. Pense nas maneiras específicas em que essa pessoa impactou sua jornada. Quais qualidades ou ações se destacam para você? Como a pessoa encorajou seu crescimento? É provável que essa pessoa tivesse grandes expectativas em relação a você e o tenha incentivado a crescer para além do que você acreditava ser capaz. É provável que essa pessoa tenha feito mais do que simplesmente te incentivar: ela também o apoiou no processo de desenvolver novas habilidades.

Quando Chris coreografa novos balés, ele inclui vários movimentos de elevação que leva toda a apresentação a outro patamar. Nesses movimentos, um dançarino levanta o outro a alturas superiores às que ele conseguiria alcançar sozinho. Embora pareçam graciosas, essas sequências exigem imenso foco e controle. O primeiro dançarino não apenas lança o outro para cima, mas também fornece apoio e orientação constantes de baixo. Da mesma forma, os líderes que acreditam em nosso potencial para atingir novos patamares, além de nos dar o suporte do qual precisamos para alcançá-los, nos desafiam de maneiras que nos levam a um crescimento significativo.

Para ilustrar essa relação entre expectativas, apoio e os diferentes resultados possíveis, desenvolvemos a Matriz da Zona de Possibilidades.

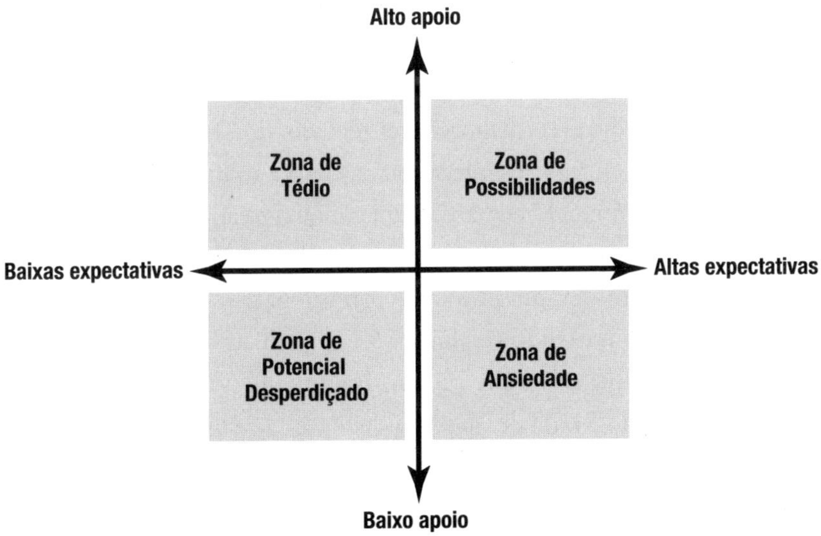

Um líder com altas expectativas acredita no potencial de uma pessoa e a desafia a atingir suas capacidades máximas. Esses líderes elevam o padrão ao oferecer oportunidades significativas para a pessoa se desenvolver. Oferecer alto apoio envolve fornecer a orientação, o feedback e os recursos necessários para ajudar a pessoa a atingir essas expectativas. Lembre-se da descrição do professor Robert Quinn, da Universidade de Michigan, de um líder colocando uma mão nas suas costas, incentivando você a ser a melhor versão possível de si, e a outra mão embaixo do seu braço, lhe dando apoio para navegar por terrenos desafiadores. Como em um movimento de elevação na dança, as duas coisas devem acontecer simultaneamente.

Altas expectativas sem apoio adequado podem levar as pessoas à Zona de Ansiedade. Nela, os indivíduos sentem que o desafio é grande demais e eles não têm os recursos necessários para enfrentá-lo. Talvez o prazo seja muito curto, pode ser que não tenham acesso às informações necessárias ou tenham medo de cometer um erro e ser demitidas. As pessoas duvidam de si mesmas, perdem a confiança e ficam temerosas. Passar muito tempo na Zona de Ansiedade pode levar ao desengajamento e a um eventual burnout. Sem o apoio adequado, as pessoas correm o risco de fracassar e podem até se ressentir do líder por empurrá-las a um projeto para o qual não estavam preparadas.

Por outro lado, alto apoio sem altas expectativas pode levar as pessoas à Zona do Tédio. Aqui, os colaboradores não têm desafios e se desengajam, o que muitas vezes leva à complacência e à baixa motivação.

Na Zona de Potencial Desperdiçado, com baixo apoio e baixas expectativas, as pessoas são privadas de oportunidades, de desafios e de suporte necessários para crescer, um problema comum para muitos trabalhadores mais jovens. Em um estudo recente, 74% dos colaboradores da geração Y e da geração Z disseram que provavelmente deixariam o emprego no próximo ano devido à falta de oportunidades de desenvolvimento. Muitos trabalhadores da geração Z que entrevistamos estão entediados ou estagnados no trabalho. Ou estão na Zona de Tédio ou na Zona de Potencial Desperdiçado, o que leva ao que é conhecido como *boreout*.

O *boreout* é a sensação de tédio no trabalho que geralmente acontece quando o colaborador não tem o suficiente para fazer e sente que seu trabalho não importa ou que não ele tem oportunidades de crescimento. Nós, seres humanos, somos programados para crescer e nos desenvolver. Assim como o burnout, o *boreout* pode causar exaustão, baixa autoestima, falta de motivação e redução da produtividade. Surpreendentemente, de acordo com o psicólogo Robert Kegan e a educadora Lisa Laskow Lahey, coautores de *An Everyone Culture: Becoming a Deliberately Developmental Organization*, "uma das maiores causas do burnout no trabalho não é a sobrecarga de trabalho, mas passar muito tempo no trabalho sem ter um senso de desenvolvimento pessoal". Se você já sentiu que estava preso na rotina, que não estava aprendendo nem crescendo e que o trabalho não tinha sentido, você sabe como é o *boreout*.

Em uma pesquisa global com mais de 13 mil participantes, a principal razão que levou as pessoas a deixar o emprego anterior foi a falta de oportunidades de desenvolvimento profissional. Outro estudo revelou que 94% dos colaboradores permaneceriam mais tempo na empresa se tivessem melhores oportunidades de aprendizagem. A importância de ter um líder que realmente prioriza o desenvolvimento de seus colaboradores é absolutamente inegável. Líderes que facilitam o crescimento são cerca de sete vezes mais propensos a engajar e reter os colaboradores.

Quando sentimos que nossos esforços estão contribuindo para a organização e para nosso crescimento e desenvolvimento pessoal, nossos olhos brilham. É somente na Zona de Possibilidades — onde altas expectativas encontram alto apoio — que vivenciamos maior engajamento, motivação e significado. Pesquisas mostram que, em qualquer área, os líderes que acreditam no potencial de uma pessoa e investem em ajudá-la a desenvolver novas habilidades são recompensados com um desempenho excepcional.

Os líderes podem usar várias abordagens para comunicar as altas expectativas e a confiança na capacidade de seus colaboradores. Projetos desafiadores que alavancam os pontos fortes únicos de um colaborador são demonstrações claras de altas expectativas. Alto apoio inclui conversas contínuas sobre o desenvolvimento do colaborador e uma mentalidade de crescimento que trata os contratempos como oportunidades de aprendizagem e melhoria. Essa combinação de **altas expectativas** e **alto apoio** mantém as pessoas na Zona de Possibilidades e cria uma base robusta para que elas alcancem seu pleno potencial.

E SE ACREDITÁSSEMOS QUE TODOS TÊM ALTO POTENCIAL?

No início da década de 1960, o psicólogo Robert Rosenthal fez uma descoberta espantosa. Interessado em investigar os efeitos das expectativas na realização individual, ele criou um estudo engenhoso. Rosenthal rotulou 65 ratos em seu laboratório como "espertos" ou "burros" para indicar seu nível de inteligência. Quando os alunos de pesquisa chegaram na manhã seguinte, Rosenthal lhes disse que os ratos haviam sido geneticamente selecionados para serem bons ou ruins em labirintos, conforme os rótulos. Durante a semana seguinte, a equipe de pesquisa colocou os diferentes ratos em vários labirintos e documentou os resultados. A diferença foi gritante: os "inteligentes" tiveram um desempenho quase duas vezes superior ao dos "burros".

O que Rosenthal não disse aos alunos foi que ele não havia selecionado os ratos geneticamente nem testado a inteligência deles. Eram todos ratos de laboratório comuns que ele havia rotulado aleatoriamente. Rosenthal concluiu que as expectativas dos alunos devem ter moldado seu comportamento em relação aos animais, o que ajudou os ratos "inteligentes" a ter um desempenho melhor no estudo. Os resultados foram tão impressionantes que Rosenthal teve dificuldade de publicá-los porque ninguém acreditou nele.

Se os ratos demonstravam um desempenho superior de acordo com as expectativas do treinador, seria plausível, conclui Rosenthal, que as crianças também pudessem exibir um desempenho superior de acordo com as expectativas de seu professor. Em um estudo seminal de acompanhamento,

Rosenthal trabalhou com Lenore Jacobson, diretora de uma escola da Califórnia, para investigar se as informações fornecidas aos professores sobre a capacidade intelectual de alunos teriam impacto no desempenho acadêmico deles. Queriam saber se os estudantes se beneficiariam das altas expectativas dos professores. Rosenthal e Jacobson começaram aplicando um teste a todos os alunos dos primeiros anos do ensino fundamental, ao qual eles deram o nome pomposo de "Teste de Aquisição Infletida de Harvard". Alegaram que o teste era capaz de prever o progresso acadêmico, mas na verdade não passava de um teste de QI padrão.

Antes do início do novo ano letivo, Rosenthal disse aos professores que o teste identificara alunos com alto potencial intelectual e que se esperava que eles tivessem um ótimo desempenho acadêmico naquele ano. Falou a cada professor o nome desses alunos, a quem chamou de "promissores acadêmicos". Mas, do mesmo modo como havia feito com os ratos "inteligentes", os alunos identificados como "promissores" foram escolhidos aleatoriamente. A única diferença entre os "promissores" e os demais foram as expectativas dos professores. Ao fim do ano letivo, Rosenthal e Jacobson voltaram a aplicar o mesmo teste de QI nos alunos e encontraram um enorme efeito no desempenho. Os alunos identificados como "promissores" tiveram, em média, quatro pontos a mais de QI que os outros. Para as crianças mais novas, os ganhos foram ainda maiores, com uma média de quinze pontos de QI.

Rosenthal e Jacobson concluíram que os professores, sem saber, deram um tratamento diferenciado aos alunos que acreditavam ter mais potencial. É provável que as altas expectativas dos professores os levaram a dar aos "promissores" mais atenção, encorajamento e oportunidades de crescimento intelectual. Eles podem ter feito isso com gestos sutis, contato visual prolongado, mais feedbacks positivos e mais paciência. Essa atenção adicional, mesmo que sutil e subconsciente, afetou a confiança e a motivação dos alunos, levando-os a níveis mais altos de desempenho acadêmico. (Vale notar que o estudo tem claros problemas éticos e não é aconselhável dar tratamento diferenciado a alguns alunos em detrimento dos outros, mesmo que por pouco tempo. Esse estudo dificilmente seria aprovado hoje. Ainda podemos aprender com ele, mas não defendemos repeti-lo.)

Rosenthal e Jacobson apelidaram esse fenômeno de efeito Pigmaleão, uma referência ao escultor Pigmaleão da mitologia grega. Segundo o mito, o artista esculpiu a estátua de uma bela mulher e se apaixonou tanto por ela que a estátua ganhou vida. Como o escultor, a atenção especial e o encorajamento dos professores deram vida ao potencial dos "promissores".

O efeito Pigmaleão destaca o enorme impacto das expectativas no desempenho de uma pessoa. Quando alguém acredita em nosso potencial e tem altas expectativas em relação ao nosso crescimento, nós nos esforçamos para atingir o que essa pessoa espera de nós. Quanto mais altas as expectativas, melhor o desempenho. Muitos experimentos subsequentes validaram o efeito Pigmaleão não apenas em sala de aula como também na atuação militar, nos esportes e no trabalho. Quando alguém acredita em nós, somos motivados a provar que essa crença é justificada. O pesquisador Dov Eden, que estuda o efeito Pigmaleão na gestão, chegou a afirmar que o velho ditado "cada líder tem os subordinados que merece" deveria ser atualizado para "cada líder consegue a performance que espera".

Pesquisas mostram que o oposto também é verdadeiro: expectativas mais baixas levam a um desempenho inferior, o que é uma má notícia se considerarmos a maneira como lideramos hoje. A maioria das organizações não é especialmente boa em reconhecer e cultivar o potencial de cada colaborador. A maioria das iniciativas de desenvolvimento é direcionada a pessoas identificadas como colaboradores de alto potencial, normalmente entre 5% e 10% dos melhores colaboradores da organização. Só que essa abordagem deixa nada menos que 90% a 95% dos colaboradores na Zona de Potencial Desperdiçado ou na Zona de Tédio.

Para ajudar colaboradores a atingirem seu pleno potencial, os líderes devem reconhecer a capacidade de crescimento e desenvolvimento de todos, não apenas de um pequeno subconjunto de alto potencial. Todos precisamos de alguém que acredite em nós. Ninguém deve se sentir como um membro de segunda categoria e de baixo potencial da organização. Essa grande maioria pode se sentir como ratos rotulados como "burros", negligenciados e sem apoio, mesmo se ninguém lhes disser explicitamente que seu potencial não é considerado promissor. Isso leva a baixa motivação, produtividade, engajamento e retenção.

Por outro lado, expectativas mais altas por parte dos líderes desenvolvem colaboradores mais confiantes, o que, por sua vez, leva a maiores realizações, produtividade e, é claro, mais significado. Ver cada indivíduo como uma pessoa de alto potencial é uma pequena, porém importante, mudança de mentalidade que pode ter um impacto transformador.

Como você pode demonstrar que acredita no potencial de alguém? Uma maneira é simplesmente dizer isso à pessoa, como Peter e Stuart fizeram com Chris. Em um estudo que explorou o impacto do feedback na confiança e no desempenho acadêmicos de alunos do ensino fundamental, uma equipe de pesquisadores anexou diferentes bilhetes ao feedback que professores deram a redações. No primeiro grupo, o bilhete dizia: "Estou fazendo esses comentários porque tenho altas expectativas e sei que você é capaz de atingi-las". No segundo grupo, o bilhete dizia apenas: "Estou fazendo esses comentários para que você tenha um feedback sobre sua redação". Em todos os outros aspectos, as notas foram idênticas.

Os pesquisadores descobriram que comunicar altas expectativas e demonstrar a crença de que os alunos eram capazes de atingir esses padrões aumentou significativamente o esforço e a performance. Os alunos do primeiro grupo se esforçaram 40% mais para revisar suas redações do que os alunos do segundo grupo, o que levou a um melhor desempenho. Os pesquisadores apelidaram essa abordagem de "feedback mágico". Essas poucas palavras — *Estou fazendo esses comentários porque tenho altas expectativas e sei que você é capaz de atingi-las* — transmitem não apenas o nível de exigência como também a crença na capacidade do colaborador de alcançá-lo.

É uma excelente maneira de elevar os indivíduos à Zona de Possibilidades e aumentar seu esforço e seu desempenho.

Além de dizer explicitamente aos colaboradores que você acredita no potencial deles, é possível demonstrar altas expectativas desenvolvendo os pontos fortes de cada um.

QUAL É O SEU PONTO FORTE?

Spencer Durden é diretor de tributação de fusões e aquisições da KPMG, empresa global de serviços profissionais. Ele faz parte do que a KPMG chama de Culture Champions Network ("Rede de Defensores da Cultura"), um grupo de mais de 4 mil colaboradores que se comprometeram a fortalecer a cultura da empresa. Os defensores da cultura ajudam cada colaborador na prática dos valores da organização: integridade, excelência, coragem, união e melhoria. A KPMG investe no desenvolvimento dessas pessoas e nos contatou para que conduzíssemos uma série de treinamentos voltados a esses profissionais; Spencer foi um dos participantes.

Uma das sessões que criamos se concentrou em identificar e aplicar ao trabalho o que chamamos, na psicologia positiva, de "forças de caráter". As forças de caráter são as partes positivas da nossa personalidade que nos fazem sentir autênticos e engajados. No campo da psicologia positiva, normalmente usamos o Teste VIA (Values in Action), também conhecido como Teste de Forças de Caráter, para identificar nossas forças e virtudes. Validado empiricamente e desenvolvido pelos fundadores da psicologia positiva, Marty Seligman e Chris Peterson, o Teste VIA se afasta da psicologia tradicional, que é focada nas patologias e distúrbios — ou seja, o que há de *errado* conosco. Pelo contrário, o Teste VIA explora o potencial e a virtude humana — o que nós temos de *forte*. Ao apresentar uma maneira de descrever e valorizar nossos traços positivos, o Teste VIA atua como uma ferramenta valiosa para aqueles que buscam explorar o melhor de quem são.

O questionário classifica 24 forças de caráter que são valorizadas em diferentes culturas e momentos. Alguns exemplos incluem criatividade, curiosidade, franqueza, senso de humor e perseverança. O diagrama a seguir representa visualmente as 24 forças. O questionário está disponível em mais de quarenta idiomas, inclusive português, e foi respondido por mais de trinta milhões de pessoas no mundo todo. Você pode acessá-lo gratuitamente em https://makeworkmeaningful.pro.viasurvey.org/.

Quando fizer o teste, as cinco a sete principais forças de caráter do seu resultado são consideradas suas forças características, conhecidas como "forças de assinatura". São as características mais proeminentes e autênticas da sua personalidade e possuem três qualidades principais, conhecidas como os 3Es. Para começar, uma força de assinatura é **essencial** para a pessoa que você é. Em segundo lugar, é **sem esforço**, ou seja, usar essa força é natural para você. Por fim, uma força de assinatura é **energizante**, trazendo alegria e vitalidade quando usada. Mesmo se você não puder fazer a avaliação, ainda poderá identificar suas forças de assinatura examinando a lista de 24 forças de caráter a seguir e aplicando os critérios dos 3Es. Qualquer força de caráter que atenda a todos os três critérios pode ser considerada uma força de assinatura.

As pessoas prosperam no trabalho quando conseguem usar suas forças de assinatura. Em um estudo com 10 mil participantes, aqueles que usavam suas forças de caráter repetidamente tiveram dezoito vezes mais probabilidade de prosperar no trabalho do que aqueles que não as usavam com tanta frequência. Além disso, as que usam suas forças tendem a considerar o emprego mais significativo, agradável e estimulante. Quando os líderes reconhecem as forças dos colaboradores e lhes dão oportunidades de desenvolvê-las, aumentam a motivação, maximizam a produtividade e melhoram o desempenho. É uma maneira altamente eficaz de ajudar os colaboradores a se aproximar da Zona de Possibilidades.

Muitos líderes adotam uma abordagem de gestão baseada em déficits, concentrando-se apenas em corrigir o que os colaboradores estão fazendo

INSTITUTE ON CHARACTER

CLASSIFICAÇÃO VIA DAS FORÇAS DE CARÁTER E VIRTUDES

VIRTUDE DA SABEDORIA

CRIATIVIDADE
Original e adaptável, sagaz, soluciona problemas, vê e faz as coisas de maneiras diferentes.

CURIOSIDADE
Demonstra interesse, explora coisas novas, demonstra receptividade a novas ideias.

PENSAMENTO CRÍTICO
Analisa e examina as coisas de todas as perspectivas, demonstra receptividade a novas ideias.

AMOR PELA APRENDIZAGEM
Domina novas habilidades e áreas, acumula conhecimento sistematicamente.

PERSPECTIVA
Tem sabedoria, oferece bons conselhos, tem uma visão do todo.

VIRTUDE DA CORAGEM

BRAVURA
Demonstra coragem, não recua diante do medo, defende o que é certo.

PERSEVERANÇA
Demonstra persistência, é esforçado, termina o que começa.

HONESTIDADE
Demonstra autenticidade, confiabilidade, sinceridade.

ENTUSIASMO
Demonstra entusiasmo e energia, mergulha de corpo e alma no que faz.

VIRTUDE DA HUMANIDADE

AMOR
Demonstra afeto genuíno, valoriza relacionamentos próximos.

BONDADE
Demonstra generosidade, carinho, atenção, compaixão, altruísmo.

INTELIGÊNCIA SOCIAL
Ciente das razões e sentimentos dos outros, sabe o que motiva as pessoas.

VIRTUDE DA JUSTIÇA

TRABALHO EM EQUIPE
Colabora e participa do time, é socialmente responsável e leal ao grupo.

JUSTIÇA
Age com justiça, não deixa os sentimentos afetarem suas decisões em relação aos outros.

LIDERANÇA
Organiza atividades em grupo, incentiva as pessoas a fazer o que deve ser feito.

VIRTUDE DA TEMPERANÇA

PERDÃO
Não demonstra vingança ou ressentimento, aceita as imperfeições das pessoas, oferece segunda chance.

HUMILDADE
Age com modéstia, deixa que as realizações falem por si.

PRUDÊNCIA
Age com cuidado e cautela, não corre riscos indevidos.

AUTORREGULAÇÃO
Demonstra autocontrole, administra seus impulsos e emoções.

VIRTUDE DA TRANSCENDÊNCIA

APRECIAÇÃO DA BELEZA E DA EXCELÊNCIA
Admira e maravilha-se com a beleza, inspira-se pela bondade dos outros.

GRATIDÃO
Sente e expressa regularmente gratidão, valoriza as bênçãos da vida.

ESPERANÇA
Demonstra otimismo, orientado ao futuro.

HUMOR
Gosta de brincar e fazer as pessoas sorrirem, é alegre.

ESPIRITUALIDADE
Busca por significado, tem senso de propósito, sente relação com o sagrado

errado. Embora essa abordagem possa ajudar a minimizar erros e evitar falhas, é apenas metade da equação. Corrigir o que está errado é como arrancar ervas daninhas: necessário, mas não suficiente para fazer um jardim prosperar. Por outro lado, os líderes que se concentram nas *forças* criam significado e, como consequência, uma cultura de alto desempenho.

Em um encontro recente de mestres em Psicologia Positiva Aplicada, Marty Seligman compartilhou: "Passei a primeira metade da vida olhando para o que estava errado. Passei a considerar que isso é uma brincadeira de criança. É muito mais fácil olhar para o que está errado. É muito mais desafiador olhar para o que é certo e tentar replicá-lo". Da mesma forma, nos acostumamos a focar em nossas fraquezas. Somos frequentemente confrontados com desafios no trabalho, desde cumprir prazos apertados até resolver conflitos com colegas e nos adaptar a novas tecnologias. Essas situações exigem nosso melhor desempenho. No entanto, se nos concentrarmos exclusivamente em corrigir fraquezas, não aplicaremos o melhor de quem somos para resolver desafios e podemos nos sentir incompetentes e inadequados. Para desbloquear o alto desempenho, precisamos alavancar nossos pontos fortes. Ao usar as forças que já temos, conseguimos enfrentar os desafios com mais eficácia, mesmo que com uma abordagem incomum. É uma maneira diferente de atingir o máximo desempenho — e melhor.

Antes de começarmos o treinamento dos defensores da cultura na KPMG, pedimos a todos os participantes, incluindo Spencer, que fizessem o Teste VIA e levassem os resultados para a sessão. No workshop, convidamos alguns participantes a compartilhar uma de suas forças de assinatura com o grupo e discutir como essa força se reflete em sua vida. Um participante contou que usa o amor pela aprendizagem para ler e fazer cursos on-line no tempo livre. Outro explicou como sua criatividade se manifesta na resolução inovadora de problemas no trabalho. Conforme os participantes compartilhavam suas histórias, eles foram se animando, e a sala inteira passou a vibrar com uma energia contagiante.

Em seguida, conduzimos o grupo por uma série de exercícios desenvolvidos para ajudá-los a inovar, resolver problemas e aumentar a resiliência. Os exercícios incluíam usar uma das forças de assinatura por dia de maneiras diferentes durante uma semana. Esse é um dos exercícios da Psicologia Positiva que comprovadamente melhora o bem-estar. Por exemplo, se alguém tem a curiosidade como uma de suas forças de assinatura, pode aplicá-la fazendo perguntas para reforçar relacionamentos ao conhecer sua nova equipe de projeto. Pode também explorar um novo hobby ou aprender sobre uma área fora da zona de conforto.

Durante o workshop, notamos que Spencer parecia cético e não estava participando muito das discussões. Nós o convidamos para compartilhar o que estava pensando. Ele levantou um ponto importante, dizendo: “Duas das minhas forças de assinatura são gentileza e perdão. Sei que elas realmente norteiam a maneira como me comporto e são uma parte importante de quem sou. Só não acho que essas forças ‘*soft*’ sejam valorizadas no trabalho”. Spencer apontou que, em avaliações de desempenho e metas com seu gestor, gentileza e perdão raramente são tópicos discutidos. Todos do grupo concordaram.

O insight de Spencer levou a uma rica discussão sobre o que é realmente valorizado no trabalho e como podemos alavancar nossas forças de caráter para apresentar melhor desempenho. Mesmo quando somos incentivados a atingir metas específicas e desenvolver habilidades, nossas forças de caráter moldam a *maneira* como trabalhamos. Por exemplo, Spencer pode dar um feedback *com gentileza*; se alguém de sua equipe cometer um erro, ele pode responder *com perdão*. Ele saiu da sessão ainda um pouco cético, mas concordou em tentar os exercícios propostos.

Duas semanas depois, nos reunimos com o grupo e pedimos exemplos de como eles aplicaram as forças de assinatura no trabalho. Spencer foi o primeiro a levantar a mão. Empolgado, ele contou que, quando viu que o perdão e a gentileza eram suas principais forças, inicialmente pensou: “Como vou poder aplicar isso ao trabalho quando tenho prazos apertados e lidero vários projetos ao mesmo tempo?". Depois, ficou animado com a ideia. Para ele, aproveitar suas forças a fim de se desenvolver nas áreas em que talvez não fosse tão habilidoso foi uma maneira completamente diferente de pensar. No dia seguinte à nossa primeira sessão, Spencer teve a oportunidade de aplicar suas forças de assinatura quando recebeu um e-mail do gestor.

Ele disse que o conteúdo do e-mail poderia ser um obstáculo a qualquer pessoa em busca de aumentar a resiliência e a produtividade. No e-mail havia muitos elementos que reduziam sua capacidade de trabalhar bem — ele só foi incluído na discussão no último segundo e o tom era desagradável e negativo. Spencer pensou em como poderia usar gentileza e perdão em sua mensagem. Aquela atitude mudou completamente a maneira como respondeu ao e-mail do gestor, impactando não apenas o que foi escrito. Aplicar sua força do perdão também facilitou a delicada tarefa de responder àquele e-mail. Ele nos disse que "pensar no perdão enquanto escrevia foi como um passe de mágica". O relacionamento de Spencer com o gestor era difícil, mas apoiar-se em suas forças mudou totalmente a maneira como eles se relacionavam.

Ao conhecer as forças de caráter e aprender a respeito delas, Spencer teve uma nova perspectiva sobre o trabalho e sobre o que realmente importa. Ele passou a apresentar regularmente essa abordagem baseada em forças a colegas e mentorados e está sempre pensando em como criar oportunidades no trabalho para que eles usem suas forças todos os dias.

No capítulo 7, apresentamos a prática de identificar pontos fortes ao dar um feedback positivo com o modelo BEST. Quando as pessoas notam nossos pontos fortes, nos sentimos valorizados e percebemos que nossas contribuições são importantes. Mas os líderes orientados a significado não se limitam a reconhecer pontos fortes. Também dão à equipe muitas oportunidades de usá-los. Aproveitar os pontos fortes para desenvolver o potencial do seu time é uma excelente maneira de mantê-lo na Zona de Possibilidades.

Quando Chris Wheeldon começou sua carreira na Broadway, ele alavancou seus pontos fortes como coreógrafo enquanto aprendia a dirigir um musical. Chris lembra-se particularmente da chamada "leitura encenada de 29 horas" para *An American in Paris*. Essa é uma fase do desenvolvimento de uma nova produção da Broadway que permite aos produtores testar o ritmo de um espetáculo antes de levar o projeto adiante. Por lei, os atores podem participar da leitura sem nenhum contrato, mas isso é restrito a 29 horas de trabalho, daí o nome. A leitura não envolve coreografia, adereços nem figurinos. Os atores leem o roteiro em voz alta e geralmente ficam sentados atrás de estantes de partitura, com o mínimo de encenação.

Era a primeira vez que Chris dirigia uma leitura de 29 horas. Uma vez que não sabia como fazer isso, ele apenas instruiu os atores a se movimentar muito pelo espaço, como dançarinos. Sua lembrança é dos atores frustrados, com uma expressão no olhar que dizia: "É uma leitura de 29 horas. Por que você está nos mandando nos movimentar?". Mas Chris continuou recorrendo a seus pontos fortes como coreógrafo, pedindo aos atores que se levantassem e se movimentassem, apesar das expressões horrorizadas. Nenhum dos produtores desaprovou essa abordagem incomum, o que deu a ele espaço para descobrir o que fazer à medida que avançava. Deu certo. Eles acabaram com a leitura de 29 horas mais encenada da Broadway até então. Foi dinâmica e envolvente. Os produtores ficaram empolgados. Até os atores acabaram se divertindo. Ao permitir que Chris dirigisse os atores por meio do movimento, os produtores deixaram que ele usasse seus pontos fortes como um primeiro passo para desenvolver novas habilidades. Eles celebraram as coisas que estavam dando certo e não o criticaram pelas coisas que não fazia bem, o que ajudou a desenvolver sua confiança. Na psicologia positiva, essa ideia é conhecida como "*towing*" (reboque) das forças de caráter, ou seja, usar uma força para impulsionar — ou rebocar — outra.

Essa experiência ensinou a Chris uma valiosa lição: os atores, assim como os diretores de teatro, precisam de espaço para descoberta. Ele teve espaço para descobrir como usar suas forças e aprender o que precisava aprender e, no processo, criou esse mesmo espaço para seus atores.

Um desses atores foi Myles Frost, um estreante na Broadway que interpretou o papel principal no musical *MJ*, que Chris dirigiu e coreografou em seguida. Ele soube que Myles era o nome certo para o papel quando o ouviu cantar. Apesar de não ter experiência atuando, Chris viu o potencial do cantor e se comprometeu a ajudá-lo a desenvolver suas habilidades. Ele precisava que Myles brilhasse no palco, e reforçar seus pontos fortes era a melhor maneira de chegar lá.

O processo nem sempre foi tranquilo. Na primeira leitura, Myles estava terrivelmente nervoso: era a primeira vez que lia um roteiro diante de um grupo. Chris foi paciente com Myles, assim como Peter e Stuart tinham sido com ele. Como os vocais eram o ponto forte de Myles, Chris estruturou o processo em torno disso.

Duas semanas depois, eles ensaiaram uma cena completa sem o roteiro. Chris organizou os atores em um semicírculo com Myles no centro, que dominou o palco na hora de cantar. Com a confiança renovada, sua performance melhorou drasticamente. Chris ajudou Myles a usar seu ponto forte para melhorar na atuação, assim como os produtores tinham ajudado Chris a usar suas habilidades como dançarino para se tornar um diretor melhor.

MJ estreou na Broadway em 2022 e foi um enorme sucesso de bilheteria. O espetáculo foi indicado a dez Tony Awards, e Myles venceu na categoria de melhor ator. Recentemente, Chris repassou as primeiras anotações que fez ao dirigir *MJ*. Ele gosta de fazer isso para lembrar o início de um processo criativo. Em suas notas, encontrou uma citação copiada à mão do livro *Criatividade S.A.* do cofundador da Pixar, Ed Catmull: “Só quando admitimos não saber algo é que podemos aprender”. Para Chris, essa citação serve como um lembrete para “controlar seu ego e não achar que é preciso provar que você sabe fazer tudo. Essa forma de pensar o liberta do estado de medo e abre espaço para aprender. É só então que você pode fazer um trabalho excepcional”.

Reconhecer os pontos fortes permite aos líderes apresentar aos colaboradores desafios na medida certa: que estimulem o crescimento sem pressionar demais. Os líderes que oferecem esse nível de apoio são como "plantas companheiras" em um jardim, ajudando times a crescer.

O EFEITO CALÊNDULA

Meredith Glassman mora nos arredores de Boston, em um bairro charmoso e tranquilo. No verão, é possível encontrá-la todos os sábados em seu jardim com fones de ouvido e as mãos na terra. Meredith é uma jardineira autodidata que adora passar horas plantando, podando e tirando ervas daninhas dos canteiros. Ela plantou flores vibrantes em seu jardim, incluindo peônias, cravinas, sálvias, gerânios silvestres, entre muitas outras. Mas a calêndula, uma humilde florzinha espalhada por todo o jardim, é uma das preferidas de Meredith. "As calêndulas são 'plantas companheiras'. Elas ajudam a afastar pragas e apoiam as outras plantas do jardim a crescer", explica.

O plantio de companheiras é uma prática de jardinagem que envolve o cultivo de diferentes espécies em estreita proximidade para proporcionar benefícios mútuos, como melhorar o crescimento das plantas, eliminar ervas daninhas e repelir pragas. A história do plantio de companheiras remonta a séculos e a prática foi documentada em várias culturas ao redor do mundo. Populações indígenas norte-americanas, por exemplo, usavam o método das "três irmãs", que envolve plantar milho, feijão e abóbora juntos. O milho dá suporte para o feijão, o feijão adiciona nitrogênio ao solo e a abóbora atua como cobertura, evitando o crescimento de ervas daninhas. Juntos, os três crescem melhor.

A calêndula é uma das melhores plantas companheiras que existem. Repele pragas, enriquece o solo e atrai polinizadores. Além de proteger plantas e hortaliças de pragas e ervas daninhas, as ajuda a crescer e prosperar. Também é possível encontrar calêndulas em nosso local de trabalho. São os líderes e os colegas que nos encorajam, nos apoiam e nos nutrem à medida que crescemos.

Para Meredith, a metáfora do efeito calêndula faz todo o sentido, já que ela utiliza esse mesmo princípio de apoio mútuo em seu trabalho como uma líder de gestão de produtos. De maneira semelhante a uma calêndula, ela tenta promover o desenvolvimento da equipe oferecendo apoio, autonomia e oportunidades de crescimento — ao mesmo tempo que, se tudo der certo, ainda dá um "toque de cor" ao processo.

Os líderes que dão alto apoio aos colaboradores são como calêndulas. Eles não apenas removem barreiras ao crescimento — pragas e ervas daninhas do jardim —, mas também enriquecem o solo com oportunidades de desenvolvimento. Como você pode ser a calêndula da qual sua equipe precisa, fornecendo as oportunidades e o apoio certos para que ela permaneça na Zona de Possibilidades? Uma das melhores maneiras que encontramos é ter conversas frequentes e significativas sobre o desenvolvimento dos colaboradores.

Conversas sobre o desenvolvimento são discussões orientadas ao futuro e centradas no crescimento e na aprendizagem. Nos dias de hoje, muitas organizações já distinguem esses tipos de conversa das avaliações de desempenho tradicionais. Seja por meio de conversas ou check-ins individuais, a maioria dos gestores se conecta regularmente com suas equipes para discutir o progresso, garantir o alinhamento e identificar possíveis problemas. Os líderes orientados a significado vão ainda mais longe: usam conversas sobre desenvolvimento para identificar oportunidades de crescimento, investigar barreiras que atrapalham metas de desempenho e dar aos colaboradores a chance de opinar sobre a própria trajetória profissional. No capítulo anterior, falamos sobre a importância de dar oportunidades para o desenvolvimento profissional autônomo. Conversas sobre o desenvolvimento são momentos nos quais os líderes podem incentivar colaboradores a sair da zona de conforto. Ao ter conversas abertas e regulares sobre aspirações profissionais e metas de desenvolvimento, esses líderes adaptam sua orientação e apoio, fornecendo recursos, mentoria e oportunidades de treinamento alinhados às necessidades individuais de cada colaborador.

Deep Mahajan, vice-presidente de gestão de talentos da Juniper, que apresentamos anteriormente, compartilhou uma prática de diálogo de desenvolvimento chamada Conversation Days ("Dias de Conversa"). Essas sessões, que envolvem a empresa toda, são distintas dos check-ins regulares e oferecem uma oportunidade para que gestores e suas equipes tenham discussões significativas com foco nos três últimos meses. A empresa fornece sugestões de perguntas, mas os gestores e suas equipes têm flexibilidade para conduzir a conversa como quiserem.

Os temas dos dias de conversa normalmente giram em torno de três componentes principais, que a Juniper chama de "olhar para trás, olhar para a frente e desenvolvimento de carreira". As primeiras perguntas encorajam as pessoas a refletir sobre suas principais conquistas e desafios no último trimestre. Em seguida, o foco passa para o futuro, com perguntas que estimulam discussões sobre próximos projetos, tarefas e o apoio necessário. A conversa termina com foco no desenvolvimento de carreira, buscando insights sobre as aspirações dos colaboradores e como os gestores podem ajudar em sua jornada de crescimento profissional de diversas maneiras, desde opções de aprendizagem estruturada até mentoria contínua, tarefas visando à ampliação de habilidades e feedback.

Deep explicou: "Nós fazemos questão de reservar um tempo para olhar para trás porque as pessoas querem ser reconhecidas. Elas tiveram conquistas, e queremos reconhecê-las e celebrá-las. Em seguida, olhamos para a frente a fim de garantir que elas recebam o apoio do qual precisam. Por fim, dedicamos um bom tempo ao desenvolvimento. Queremos saber o que os colaboradores gostariam de fazer para ampliar seu impacto na organização".

Deep contou que, em uma sessão recente dos dias de conversa com o tema "Assuma as rédeas da sua carreira", quase mil novos colaboradores entraram na plataforma de progressão interna da Juniper indicando um interesse elevado no desenvolvimento de carreira na organização. Era exatamente o que Deep esperava que acontecesse e mostra que os líderes da Juniper começaram a acolher seu papel como calêndulas.

Conversas frequentes sobre o desenvolvimento podem ajudar os líderes a demonstrar alto apoio. Nessas conversas, o objetivo é encorajar o diálogo aberto e ajudar as pessoas a se responsabilizarem pela própria jornada de crescimento. O papel de um líder é fazer perguntas que estimulem a reflexão, permitir que os colaboradores explorem oportunidades de desenvolvimento e descobrir de qual tipo de apoio eles precisam para chegar lá. Com base nisso, o líder pode garantir que os colaboradores tenham o apoio do qual precisam. Incluímos a seguir exemplos de perguntas eficazes para fazer em conversas sobre o desenvolvimento dos colaboradores. Esperamos que você consiga adaptar essas ideias para adequá-las à dinâmica única de sua equipe e organização.

- Quais dos seus pontos fortes você poderia usar mais no trabalho?
- Qual função no futuro lhe permitiria usar seus pontos fortes com mais frequência?
- Quais tarefas ou projetos você considera mais desafiadores e por quê?
- Quais novas habilidades você gostaria de desenvolver?
- Quais programas de treinamento ou oportunidades de aprendizagem você tem interesse em explorar?
- Quem seria um mentor ideal para você?

Os líderes que aplicam o efeito calêndula não apenas removem barreiras e enriquecem o solo com oportunidades de crescimento como também dão um toque de cor e encorajamento às equipes. Ao dar oportunidades desafiadoras de desenvolvimento e oferecer o apoio necessário, é crucial reconhecer que contratempos e fracassos serão inevitáveis. Como as dores do crescimento na adolescência, são sinais de um desenvolvimento acelerado. Essas experiências, embora desconfortáveis, são oportunidades valiosas de aprendizagem. Adotar uma postura que vê os contratempos como trampolins para o crescimento capacita os colaboradores a persistir e alcançar um sucesso ainda maior — uma perspectiva conhecida como mentalidade de crescimento.

NÃO CHEGUEI LÁ... AINDA

Quando Satya Nadella assumiu o cargo de CEO da Microsoft em 2014, a cultura da organização era impulsionada pela competição interna e por sistemas de avaliações comparativas que colocavam as pessoas umas contra as outras. Em sua biografia *Aperte o F5*, Satya escreveu que passou os seis primeiros meses como CEO focado em ouvir e aprender, conversando com colaboradores de todos os níveis para conhecer suas perspectivas, preocupações e ideias. Como resultado dessas conversas, ele passou a acreditar que o papel mais importante do CEO é ser uma espécie de curador da cultura de uma organização, selecionando os elementos culturais criteriosamente. Decidiu que, para ele, o C de CEO representaria cultura.

Tamara teve a sorte de ser facilitadora de uma Conferência sobre o Futuro do Trabalho na Wharton School da Universidade da Pensilvânia na qual Satya contou como liderou a transformação cultural da Microsoft de uma cultura de competição e estagnação para uma de colaboração e inovação. Ele falou sobre um de seus principais objetivos: fazer as pessoas se verem como aprendizes. Satya queria mudar a cultura de "sabe-tudo" para "aprende-tudo". Para atingir esse objetivo, tomou de empréstimo o trabalho da psicóloga Carol Dweck, de Stanford, sobre a mentalidade de crescimento.

Uma mentalidade de crescimento é a crença de que características pessoais, como inteligência e talento, podem ser desenvolvidas com prática e esforço. Com uma mentalidade de crescimento, vemos nossas habilidades como músculos: com esforço, elas podem crescer. Por outro lado, uma mentalidade fixa é a crença de que as habilidades são inatas, imutáveis e predeterminadas. Com uma mentalidade fixa, vemos nossas habilidades como a cor dos nossos olhos: não podemos mudá-las. Pessoas com mentalidade fixa tendem a desistir antes, pois acreditam que seus esforços não farão diferença; pessoas com mentalidade de crescimento veem os desafios como oportunidades de desenvolvimento e encaram o esforço como um caminho para dominar uma habilidade. Elas tendem a persistir diante de contratempos.

Pense em um desafio pessoal ou profissional que você enfrentou na semana passada. Talvez você não tenha atingido uma meta de vendas. Como você lidou com o contratempo? Com uma mentalidade de crescimento, você pode ter pensado: "Vender é uma habilidade e eu só preciso de mais prática". Mas, com uma mentalidade fixa, seu diálogo interno pode ter soado mais como "Não sirvo para vendas!". A maioria de nós tem as duas mentalidades em diferentes áreas da vida. Por exemplo, você pode ter mentalidade de crescimento quando se trata de habilidades no trabalho, mas mentalidade fixa quando se trata de habilidades musicais.

A boa notícia é que podemos cultivar mentalidade de crescimento para nós mesmos e para nossas equipes e organizações, como Satya Nadella fez na Microsoft. Em meados de 2019, a Microsoft lançou um novo modelo de gestão — Exemplificar, Orientar, Cuidar — com o objetivo de incutir a mentalidade de crescimento em todos os níveis da organização. Como exploramos no Capítulo 3, exemplificar consiste em realmente "agir conforme o discurso". Espera-se que os líderes exemplifiquem a cultura e os valores da Microsoft e demonstrem mentalidade de crescimento. Orientar é ajudar as pessoas a se tornarem a melhor versão de si mesmas. Espera-se que os líderes orientem suas equipes, destacando seu potencial de crescimento e criando um espaço no qual elas possam aprender com os erros. Cuidar é fazer com que cada pessoa se sinta valorizada e acolhida. Espera-se que os gestores conheçam as competências e aspirações de cada colaborador e invistam em seu crescimento.

O investimento de Satya Nadella na Microsoft para torná-la uma empresa com cultura "aprende-tudo" está dando resultado. A Microsoft tem conquistado com frequência a certificação Great Place To Work, e, em 2023, a revista *Time* e o portal *Statista* a nomearam como a melhor empresa do mundo, no primeiro lugar em satisfação dos funcionários.

Recomendamos três estratégias para você incutir a mentalidade de crescimento em suas equipes: primeiro, normalize o fracasso como parte do crescimento. Pesquisas descobriram que não basta os líderes admitirem que têm coisas a aprender. É mais eficaz pedir feedback e admitir quando você não conhece todas as respostas ou quando cometeu um erro. O CEO da BetterUp, Alexi Robichaux, nos disse que, para promover a mentalidade de crescimento, admite seus erros nas reuniões da equipe de liderança. Compartilhar as próprias dificuldades ajuda subordinados diretos a se abrir e compartilhar as dificuldades deles, uma atitude que se propaga pela empresa toda. Ao compartilhar os próprios erros e fracassos, você cria uma cultura na qual é seguro aprender.

A segunda prática para promover uma mentalidade de crescimento é focar seu feedback — seja uma crítica ou um elogio — no processo, e não na pessoa. Você deve se lembrar de que, no Capítulo 7, apresentamos o modelo BEST de feedback positivo. BEST é a sigla de "*behavioral, explicit, strengths-based* e *timely*", em inglês, ou seja, dar um feedback focado no comportamento, explícito, baseado em pontos fortes e no momento certo. A ideia é concentrar seu feedback positivo no que a pessoa fez, e não no resultado que ela alcançou. Da mesma forma, para promover uma mentalidade de crescimento, você deve concentrar seu feedback no processo. Por exemplo, se um membro da equipe fez um ótimo trabalho em uma apresentação, é mais eficaz lhe dizer: "Você explicou seus pontos com muita clareza e manteve uma boa energia" em vez de "Você é um ótimo apresentador!". Ao se concentrar no processo, você pode ajudar os colaboradores a replicar o que fizeram bem. Além disso, lembre-se de que, ao dar um feedback, é possível aproveitar para reiterar suas altas expectativas e sua crença nos colaboradores.

A terceira estratégia para promover uma mentalidade de crescimento é a mais simples: aproveitar o "poder do ainda". Em sua palestra no TEDX de 2014, Carol Dweck enfatiza que a palavra *ainda* serve como um lembrete eficaz de que todos estamos aprendendo. Por exemplo, imagine um membro da sua equipe diante de um novo sistema de software dizendo: "Não consigo entender essa interface". Agora, imagine a mudança de perspectiva se você respondesse: "Você não consegue entender essa interface *ainda*". Ao usar a palavra *ainda*, você incute a crença de que as habilidades não são fixas, mas podem ser desenvolvidas com dedicação e apoio.

Essas três práticas simples — compartilhar os próprios fracassos, concentrar o feedback no processo e alavancar o poder do *ainda* — podem começar a transformar sua cultura para uma que não apenas tolere, mas celebre a jornada de crescimento.

O QUE MAIS É VERDADE?

A maioria das práticas necessárias para levar as pessoas à Zona de Possibilidades requer pouca ou nenhuma verba. Mas muitas exigem uma mudança de mentalidade. Essas práticas envolvem modificar a maneira como vemos as coisas. Embora crucial, mudar sua mentalidade pode ser desafiador porque exige pensar de forma diferente antes mesmo de agir.

Se em sua equipe há um colaborador que você já considera de baixo potencial, por exemplo, o viés de confirmação dificulta mudar de ideia. O viés de confirmação é a nossa tendência de favorecer, interpretar ou lembrar informações que confirmam nossas crenças preexistentes. Tendemos a apenas notar as informações que se alinham com nossas visões existentes e a ignorar evidências que as contradizem. Como você pode imaginar, isso dificulta enxergar o verdadeiro potencial de uma pessoa que você já rotulou como de baixo potencial. Mas, como já vimos, o esforço de fazer essa mudança vale a pena. Incontáveis livros foram escritos sobre como se tornar mais eficaz na reavaliação cognitiva — a capacidade de ressignificar ou reinterpretar uma opinião, experiência ou situação. Recomendamos começar com *Pense de novo*, de Adam Grant. Ao questionar e reconsiderar nossas crenças e processos de pensamento, podemos nos tornar mais flexíveis, abertos a novas ideias e adaptáveis ao longo do tempo.

Gostaríamos de compartilhar uma estratégia simples para você começar, algo que nós dois fazemos com frequência. É um passo pequeno, mas eficaz, para mudar sua mentalidade. Pense em uma pergunta que o incentive a expandir sua perspectiva. Para Tamara, a pergunta é: "O que mais é verdade?". Wes prefere: "Qual seria uma maneira mais produtiva de olhar para isso?". A ideia é pensar em uma pergunta que o estimule a considerar perspectivas alternativas e que abra sua mente para diferentes possibilidades. Faça dessa pergunta o seu mantra. Sempre que você se pegar fazendo suposições ou tirando conclusões precipitadas, pare e faça a pergunta a si mesmo.

Ao incorporar essa pergunta a seus processos de pensamento, você cria o hábito de questionar suposições e promover uma abordagem mais inclusiva e otimista para avaliar o potencial das pessoas que gerencia. A jornada para reconhecer e liberar o potencial de alguém normalmente começa com uma mudança na maneira como pensamos sobre essa pessoa.

CRESCIMENTO INDETERMINADO

Em 23 de novembro de 2022, Andy Hackett estava pescando em Bluewater Lakes, um pesque-pague na região de Champagne, França. Andy, que morava em Worcestershire, na Inglaterra, já havia ido lá muitas vezes antes, mas essa viagem em particular foi especial.

O Bluewater Lakes é famoso por oferecer aos pescadores um local exclusivo para capturar peixes de grande porte. Nessa viagem, Andy estava em uma missão para pegar "A Cenoura". Ele contou à BBC: "É difícil ver um peixe normal mesmo se ele estiver logo abaixo da superfície, mas A Cenoura é tão laranja que não tem como deixar de vê-la". Mesmo assim, era difícil de pescar: a última vez que alguém conseguiu essa façanha havia sido mais de nove meses antes. Mas aquela quarta-feira fatídica foi o dia de sorte de Andy. "Eu sabia que era um peixe grande quando ele mordeu a isca e saiu nadando loucamente de um lado ao outro, para cima e para baixo com ela. Então ele veio à superfície a 30 ou 40 metros de onde eu estava e vi que era um peixe laranja." Era a chance de Andy. Ele passou 25 minutos lutando com A Cenoura, antes de finalmente tirá-la do lago. Momentos depois, ele posou com o peixe laranja gigante para uma foto.

Não é incomum pescar peixes grandes naquele lago, mas o feito de Andy se destacou por uma razão notável: A Cenoura é um peixe-dourado de 30 quilos.

Os peixes-dourados são conhecidos por seu crescimento indeterminado. Em outras palavras, com espaço e cuidados adequados, eles nunca param de crescer. Sua capacidade de crescimento está diretamente relacionada ao ambiente. Em aquários menores, o espaço limitado e a água de baixa qualidade o atrofiam. Em um lago, com acesso a espaço e recursos, um peixinho-dourado pode acabar ficando do tamanho de um golden retriever.

Da mesma forma, nós, humanos, temos potencial de crescimento indeterminado. Paramos de crescer fisicamente na adolescência, mas nossa capacidade de aprender, nos desenvolver e atingir nosso potencial é limitada apenas pelo ambiente. Enquanto um líder acreditar em nós, celebrar nosso progresso e nos desafiar a aprender novas habilidades, continuaremos crescendo. Os líderes que têm altas expectativas e fornecem alto apoio nos mantêm na Zona de Possibilidades. Eles desbloqueiam o crescimento e aumentam o significado no trabalho. Suas organizações não são aquários; são lagos.

EPÍLOGO

O futuro do trabalho significativo

"A melhor maneira de prever o futuro é criá-lo."

— Dennis Gabor

Apesar das mudanças sísmicas que estão moldando o futuro do trabalho — a ascensão da inteligência artificial generativa, a adoção de modalidades de trabalho híbridas e as mudanças nas expectativas sobre o papel que o trabalho deve desempenhar em nossa vida —, uma constante se mantém: a busca humana por significado. Não importa como o trabalho possa evoluir, nossas necessidades de ter senso de pertencimento, de acreditar que nossos esforços são importantes e de aproveitar nosso potencial perdurarão.

Estamos em meio a um momento disruptivo e transformador na história da humanidade. Eventos globais recentes nos forçaram a rever o porquê do trabalho. Você pode ter se dado conta de que o emprego que você tem não é realmente o que você quer. Ou de que seu trabalho é apenas uma maneira de possibilitar outras coisas na sua vida que são mais importantes para você, como tempo com a família ou atividades criativas. Ou de que sua carreira não precisa ser o centro do seu mundo. Ou de que seu novo trabalho é sua missão na vida.

Não importa em que ponto você esteja nesse espectro, é provável que passe boa parte da vida trabalhando. Seja como for esse trabalho — remoto ou em uma loja, motivado por dinheiro ou pela missão, social ou solitário —, ele pode ter significado. Em grande medida, cada um de nós pode criar esse significado por meio de escolhas, ações e mentalidades. Mas não temos como ir muito longe sozinhos.

Quase metade do significado no trabalho está ligado às ações e decisões dos nossos líderes. Ao se concentrar nos 3Cs, os líderes podem nos ajudar a encontrar e cultivar o significado no trabalho. Os líderes, assim como jardineiros, ajudam a criar as condições necessárias para que prosperemos.

A ideia de que cabe aos líderes possibilitar um trabalho significativo a seus colaboradores pode ser assustadora. Pode parecer que o trabalho de um líder se tornou mais difícil e complexo nos últimos anos, mas acreditamos que é mais correto dizer que a verdadeira dificuldade, complexidade e promessa da liderança se tornaram mais claras. A influência dos gestores sempre veio acompanhada de uma oportunidade e uma responsabilidade de ajudar a extrair o melhor de cada pessoa. Uma excelente liderança vai além de administrar tarefas e resolver problemas. Acreditamos que uma excelente gestão é medida pelo significado que ela proporciona.

Olhando para o futuro, não sabemos o que o mundo do trabalho nos reserva. É quase certo que mudanças e disrupções maiores estão por vir e acreditamos que parte delas levará a uma grande alteração de paradigma — dores de crescimento rumo a um modelo de trabalho novo e melhor. Temos cada vez mais ciência de que ainda estamos longe de atingir nosso pleno potencial e de que o modelo de trabalho tradicional não nos ajudará a alcançá-lo. Não temos como prever o que acontecerá, mas sabemos que encontrar significado nunca foi tão importante aos olhos dos colaboradores.

Para escrever esta última seção do livro, entramos em contato com líderes de diversas origens e áreas de atuação e pedimos que compartilhassem as oportunidades que identificam quando se trata de criar um trabalho mais significativo para todos. Buscamos especialistas que pudessem fornecer perspectivas únicas sobre os desafios críticos que os líderes enfrentam hoje. Às suas respostas, acrescentamos nossa própria visão sobre os impactos transformadores de um trabalho significativo.

UM EMPREGO DEVE IR MUITO ALÉM DO SALÁRIO

Receber um salário é uma razão prática para trabalhar. A maioria precisa do pagamento para sustentar a si mesmo e a família e garantir uma vida digna. Nesse sentido, o trabalho é uma transação que beneficia tanto o empregado quanto o empregador. Mas, se o trabalho for apenas sobre dinheiro, ele não passa disso — uma transação —, o que não é suficiente para desenvolver o senso de realização ou valor no trabalho. Por trás de grande parte da mudança de paradigma está uma pergunta simples: por quê?

Os funcionários perguntam a si mesmos, e aos seus líderes, por que as tarefas que realizam no dia a dia fazem diferença. **Adam Grant**, professor da Wharton School da Universidade da Pensilvânia e autor de *Potencial oculto*, best-seller do *New York Times*, nos disse: "Muitas pessoas estão presas no que os antropólogos chamam de 'empregos sem sentido', que pouco contribuem para a sociedade. A maior oportunidade que os empregadores têm de tornar o trabalho de seus colaboradores mais significativo é desenhar empregos que gerem benefícios significativos e duradouros para as pessoas".

Arthur Brooks, professor da Harvard Kennedy School e da Harvard Business School, e autor de best-sellers do *New York Times*, expressou uma opinião semelhante: "Ganhar mais dinheiro não traz mais significado do que ganhar menos. O tipo de ofício também não importa muito. No trabalho, é especialmente importante acreditar que alguém precisa do que você está fazendo. Essas pessoas não podem ser anônimas e sem rosto, ou seja, eu preciso saber para quem estou trabalhando. Cabe aos líderes deixar isso claro aos colaboradores: as pessoas precisam do trabalho delas. Essas pessoas podem ser colegas ou clientes, mas precisam ser específicas".

No entanto, mesmo quando os empregos têm uma contribuição clara, se não proporcionarem o mínimo de dignidade, todo o significado pode ficar em segundo plano.

O TRABALHO DEVE SER DIGNO ANTES DE TER SIGNIFICADO

Nossas necessidades básicas devem ser satisfeitas antes de podermos nos voltar a aspirações mais elevadas. Sem comida, água e um lugar seguro para viver, não temos como investir em relacionamentos profundos ou atividades criativas. Da mesma forma, um trabalho digno é um pré-requisito para um trabalho significativo e, sem os seus elementos fundamentais — respeito, dignidade, horas de trabalho razoáveis e remuneração justa —, não temos a capacidade de criar significado.

Não é preciso dizer que todo trabalho precisa dar um mínimo de dignidade humana. Infelizmente, essa dignidade está ausente em muitos empregos hoje em dia. Em call centers, restaurantes, casas de repouso, postos de gasolina e lojas de varejo, os colaboradores recebem salários baixos, poucos benefícios e são tratados como engrenagens substituíveis em uma máquina.

Mesmo em empregos que consideramos inerentemente significativos, a falta de condições de trabalho dignas e de apoio adequado pode arruinar todo o significado de uma profissão orientada a propósito. Enfermeiros, professores, funcionários públicos e funcionários de ONGS, entre outros, lutam para encontrar significado enquanto os líderes os privam dos elementos fundamentais de um trabalho digno.

Olhando para o futuro, o trabalho digno continuará sendo um requisito e deve ser um foco crucial dos líderes. Nos últimos anos, vimos incontáveis trabalhadores do comércio, serviços e hospitalidade deixarem seus empregos devido a baixos salários e condições de trabalho insatisfatórias. Muitos não apenas deixaram o emprego, como abandonaram completamente o setor em busca de um trabalho que atendesse às suas necessidades básicas. Enquanto essas necessidades não forem reconhecidas e esses empregos não forem redesenhados, o significado permanecerá fora de alcance.

Zeynep Ton, professora do MIT e autora de *The Case for Good Jobs: How Great Companies Bring Dignity, Pay, and Meaning to Everyone's Work*, nos disse: "Até o trabalho mais significativo por si só não basta para que um emprego seja bom. O trabalho precisa permitir que as pessoas tenham agência sobre a própria vida. Quando o salário é tão baixo ou inconsistente que os colaboradores são forçadas a trabalhar em vários empregos, dormem pouco, se estressam com a possibilidade de não conseguir colocar comida na mesa e têm problemas de saúde física e mental, além de questões de funcionamento cognitivo, todo o restante pode parecer uma mera solução paliativa, um band-aid em uma ferida muito mais grave. A ausência de remuneração suficiente também resulta em alta rotatividade de colaboradores, o que é praticamente uma garantia de que o trabalho não tem como gerar significado".

Mesmo na presença de condições dignas de trabalho, nem todo emprego precisa ser a missão de vida de uma pessoa. Seria irrealista esperar ou defender isso. Às vezes, um emprego é apenas uma maneira de possibilitar outras coisas importantes na sua vida — e tudo bem. **Reb Rebele**, pesquisador sênior da Wharton People Analytics Initiative, disse: "Para algumas pessoas, o trabalho mais significativo de todos pode ser um emprego decente que lhes forneça a segurança e a liberdade das quais elas precisam para realizar outras atividades significativas".

Mesmo se liderar alguém que tiver esse tipo de relacionamento com o trabalho, você ainda pode dar a essa pessoa mais momentos significativos.

Esses pequenos momentos são possíveis em qualquer trabalho, todos os dias. Quando cumprimos os requisitos básicos de um trabalho digno e, em seguida, nos concentramos em criar significado, a mágica acontece.

O SIGNIFICADO PODE VIR DE PEQUENOS MOMENTOS

O significado resulta de experiências de comunidade, contribuição e crescimento que temos no decorrer do nosso trabalho. Essas experiências de pertencimento, de impacto e de crescimento podem ser breves, porém intensas. Os melhores líderes usam essas oportunidades, que podem ocorrer diariamente em qualquer trabalho, para criar significado.

Kelly Monahan é diretora do Upwork Research Institute, que estuda dados do Upwork, a maior plataforma de freelancers do mundo, e outras fontes para fornecer insights sobre as mudanças que ocorrem no trabalho. Kelly nos disse: "O relacionamento com o líder pode ter o impacto mais profundo de todos na capacidade de uma pessoa de se engajar em um trabalho com significado. Penso que a tarefa mais importante de um líder é acreditar na capacidade dos colaboradores de serem generosos, gentis e criativos. Muitos líderes acham que seu pessoal é incapaz de fazer a coisa certa. Tanto que programas e cursos de MBA inteiros são criados partindo do pressuposto de que as pessoas não querem trabalhar. Quando invertemos essa noção, o comportamento de um líder se transforma. O comportamento deixa de se basear na desconfiança e passa a se fundamentar na confiança. Em outras palavras, o líder deixa de fazer que as pessoas cumpram ordens e se volta a criar as condições certas para as pessoas prosperarem".

Com a liderança certa, é possível criar um mundo onde todos possam encontrar significado no trabalho e as organizações possam se tornar centros de prosperidade humana. Para atingirmos esse potencial, os líderes precisam defender essa mudança por meio das próprias ações e por meio do design dos sistemas que usamos para fazer nosso trabalho.

A IA PODE FACILITAR O TRABALHO SIGNIFICATIVO (SE ORIENTARMOS SEU DESIGN PARA ISSO)

Entre o momento em que enviamos o manuscrito deste livro à nossa editora e o momento em que for lançado, a inteligência artificial pode ter evoluído em uma magnitude maior do que o poder da computação aumentou entre a Segunda Guerra Mundial e o início da pandemia de covid. A velocidade e a magnitude dessa mudança são difíceis de assimilar. Trazem consigo preocupações de que a IA substitua empregos e empurre os trabalhadores para as margens da sociedade. Não somos especialistas em IA nem futuristas, mas acreditamos que uma tecnologia bem projetada pode oferecer oportunidades para que todos trabalhem em um nível mais elevado e alcancem seu pleno potencial.

Com o avanço da tecnologia, a parte humana da equação se torna mais urgente e valiosa. Devemos ter muita cautela sobre como projetamos os algoritmos e obtemos os dados que alimentam a IA. Se programada e usada da maneira certa, ela tem o potencial de criar oportunidades mais significativas para todos nós. Para tanto, os modelos de IA devem ser desenvolvidos de forma colaborativa. Tecnólogos devem trabalhar em colaboração com psicólogos, sociólogos, historiadores, políticos e especialistas em ética para considerar os impactos da IA na sociedade. Se conseguirmos priorizar a humanidade, poderemos automatizar ou eliminar os empregos sem sentido aos quais Adam Grant se referiu e liberar espaço para as pessoas se engajarem em tarefas com mais significado.

Johannes Eichstaedt, pesquisador do Instituto de Inteligência Artificial Centrada na Humanidade da Universidade Stanford, nos disse: "De modo geral, o trabalho migrará para níveis superiores. Nossos empregos dependerão mais da combinação de conhecimento e habilidades do que da mera execução. Habilidades humanas que no passado eram mais importantes para executivos — como ter visão de futuro e entender as pessoas — se tornarão mais cruciais".

Kelly Monahan, da Upwork, acrescentou: "A promessa da IA generativa é sua capacidade de remover grande parte das tarefas burocráticas dos trabalhadores do conhecimento, o que muitas vezes corrói o significado do trabalho. Acredito que as pessoas capazes de aprender e alavancar o atual momento histórico do trabalho terão mais oportunidades de criar um trabalho significativo. Vejo a IA generativa acelerando as oportunidades de contribuir e crescer, ao mesmo tempo que os líderes devem ficar atentos com a possibilidade de essa tecnologia prejudicar a comunidade".

Essa cautela é importante. Em nosso mundo digitalmente dividido, corremos o risco de transformar todas as nossas interações em transações. Para satisfazer à nossa necessidade de comunidade e ao significado que a comunidade traz, devemos considerar com muito cuidado a maneira como projetamos o trabalho do futuro.

A CONSTRUÇÃO DE UMA COMUNIDADE EXIGIRÁ UM DESIGN MAIS INTENCIONAL

Onde e quando trabalhamos ainda são temas muito debatidos. Anos depois das mudanças causadas pela pandemia, continuamos tendo dificuldades com o modelo híbrido e com o equilíbrio entre as prioridades das organizações e dos colaboradores. Para os que têm a opção de trabalhar remotamente, o custo de ir ao escritório aumentou.

Jennifer Deal, pesquisadora sênior do Centro de Organizações Eficazes da Universidade do Sul da Califórnia, acredita que o ônus psicológico de ir ao trabalho mudou. "A menos que você tenha um relacionamento profundo com alguém, os laços frouxos que as pessoas têm entre si nas organizações se dissipam com o tempo na ausência de interações presenciais. O problema é que o custo dessas interações é pago pelos trabalhadores, e não pelos empregadores. Eu tenho que sair da cama e ir para o trabalho. Tenho que tomar banho, me vestir, me maquiar, levar meus filhos à escola e dirigir até o escritório. Desse modo, sou obrigada a arcar tanto com os custos tangíveis, como a manutenção do carro e o combustível, quanto com os custos de oportunidade. O que eu poderia fazer com esse tempo se não tivesse que fazer essas coisas?"

Jennifer continua: "As organizações ficam dizendo: 'Mas vocês sempre pagaram por isso antes. Qual é o problema?'. E a resposta é que o contrato psicológico de trabalho mudou. As organizações não gostam, mas aconteceu. Elas precisam assumir esses custos para tornar o trabalho mais significativo investindo na comunidade".

Para assumir os custos das interações presenciais, as organizações devem investir em novos recursos e competências. O layout do escritório deve mudar para atender a um novo conjunto de necessidades, e os líderes devem desenvolver um cronograma que faça valer a pena o esforço de ir ao escritório.

"Hoje em dia, os líderes precisam criar mais engajamento em torno do significado e da autenticidade no escritório, de uma forma com a qual os colaboradores realmente possam se identificar", disse **Diane Hoskins**, copresidente global da empresa de design Gensler. Diane trabalha com clientes como a NVIDIA, Marriott e Adobe para repensar como as pessoas se reúnem e projetar espaços de trabalho otimizados para a força de trabalho do futuro. "Não se trata de perguntar o que as outras empresas estão fazendo, mas de pensar no que é melhor para a sua organização, o seu pessoal e a sua cultura. Tudo isso precisa estar alinhado com lugares que ofereçam um nível elevado de experiência e um senso de autonomia que apoie as maneiras como as equipes e os indivíduos querem trabalhar. É uma oportunidade empolgante de repensar o futuro dos lugares e dos espaços nos quais escolhemos estar. Acredito muito no poder de nos reunirmos porque isso aumenta o desempenho organizacional e o crescimento individual ao mesmo tempo. É uma vitória tanto para os colaboradores quanto para as empresas."

Estar juntos no mesmo ambiente nos permite aproveitar melhor toda a gama de perspectivas de várias gerações, gêneros, raças e origens. Reunir essas diferentes visões será crucial para navegar com sucesso pelo futuro do trabalho.

NOVAS ABORDAGENS PARA UMA NOVA FORÇA DE TRABALHO

O contrato psicológico não mudou apenas no que diz respeito a onde trabalhamos. Mudou e continua mudando em todos os aspectos do relacionamento entre organizações e colaboradores. Essa mudança nas expectativas parece mais drástica quando olhamos para a geração Z, os mais novos a ingressar no mercado de trabalho.

Mais de 40% dos colaboradores da geração Z recusaram-se a realizar uma tarefa no trabalho por razões éticas. Quase quatro em cada dez recusaram um emprego em uma empresa que não condizia com seus valores. No local de trabalho, eles estão pautando as discussões sobre justiça social, saúde mental e equilíbrio entre vida pessoal e profissional. Mais de 90% dos trabalhadores dizem que foram influenciados pela geração Z em questões envolvendo o significado no trabalho e mais de seis em cada dez dizem que a geração Z aumentou a probabilidade de compartilharem quando não aprovam algo no trabalho.

Algumas diferenças geracionais que estamos vivenciando são apenas diferenças de estágio de carreira. Embora os 3Cs sejam importantes para todos, pessoas diferentes dão mais valor a variadas fontes de significado. Em particular, novos colaboradores tendem a priorizar oportunidades de crescer e aprender. **Jennifer Deal**, que estuda mudanças geracionais no trabalho há muitos anos, disse: "Quando as pessoas falam sobre gerações, o que elas fazem é pensar em cortes etários, ou seja, grupos de pessoas que nasceram em um determinado momento, mas isso não tem tanto efeito no local de trabalho quanto a fase de vida, o estágio de carreira e o nível hierárquico na organização. Os jovens querem receber desafios de crescimento. É importante se concentrar nos 3Cs para todos, mas pode ser ainda melhor dar mais importância ao crescimento para pessoas novas no mercado de trabalho e atribuir pesos diferentes a cada um dos 3Cs para as pessoas que estão no meio ou no fim da carreira".

Outras diferenças geracionais, contudo, representam uma mudança nas expectativas dos colaboradores em relação às organizações e aos líderes. **Arthur Brooks** disse: "Todos os anos, ensino sobre felicidade e sua relação especial com a liderança a alunos de MBA da Harvard. Quase todos esses alunos estão destinados ao sucesso, medido em termos de padrões tradicionais: dinheiro, prestígio e poder. Para a maioria das pessoas da nossa sociedade, isso parece um sonho realizado e o segredo da felicidade. Mas, todo ano, quando falo com meus alunos do MBA — tanto em sala de aula quanto em horários de atendimento individual —, muitos se dizem preocupados. Será que eles estão mesmo no caminho da felicidade devido ao sucesso quase garantido? Eles conversam com ex-alunos que reclamam de ser *workaholics*, de divórcios e da dificuldade em encontrar alguma paixão na vida. As pessoas estão muito ansiosas quanto a *significado*".

Em nosso trabalho de consultoria, é comum sermos contratados para ajudar líderes a superar a lacuna entre colaboradores mais jovens e mais velhos. Ouvimos coisas como: "A juventude de hoje não quer trabalhar". Achamos mais correto dizer: "Os jovens de hoje não querem trabalhar do jeito como você trabalhou". Embora os colaboradores mais jovens tenham muito a aprender, acreditamos que essa geração também tem muito a ensinar. À medida que avançamos em direção a um modelo de trabalho novo e melhor, esse grupo crescente está questionando muitos ideais antiquados e estruturas ultrapassadas. Eles não se deixam restringir pelo sistema antigo porque nunca se comprometeram com ele.

Kahlil Shepard, colaborador da geração Z da agência A–B Partners, que conhecemos antes, disse: "Quero realizar coisas que façam diferença. Quero sentir que estou em constante evolução. Quero trabalhar em um lugar onde os líderes apoiem não apenas meu crescimento como um todo, mas também minha capacidade de praticar meus valores no mundo".

Os líderes podem, e devem, encorajar essa geração a equilibrar os ideais com a realidade prática. Ao mesmo tempo, eles têm a chance de pegar as aspirações desses colaboradores e criar um modelo melhor, ajudando a torná-lo realidade. Para isso, os líderes devem desaprender alguns comportamentos que corroem o significado e que fazem parte do modelo antigo e adotar maneiras melhores de trabalhar.

O futuro reserva a promessa de um trabalho melhor para todos nós. Todos queremos um trabalho significativo — que construa uma comunidade, que contribua para as pessoas e nos desafie a crescer. Como líder, você tem muito mais influência do que pensa em criar esse significado para as pessoas. Ao longo deste livro, apresentamos ferramentas para você proporcionar momentos significativos em cada um dos 3Cs. Esses pequenos momentos têm o poder de criar ondas que alcançam a família, os amigos e os vizinhos, e o impacto deles pode se estender por muito tempo.

Acreditamos que, agora e no futuro, todo trabalho pode, e deve, ser imbuído de significado com a ajuda de um líder espetacular. E acreditamos que esse líder seja você.

E SE TODOS OS TRABALHOS TIVESSEM SIGNIFICADO?

Imagine um mundo onde todo trabalho seja pensado para ser sustentável e gratificante. Onde as organizações ofereçam não apenas um salário como também um senso de contribuição. Imagine ambientes de trabalho que priorizem relacionamentos e conexões em detrimento de meras transações. E se cada colaborador fosse valorizado não como uma solução temporária ou uma engrenagem anônima, mas como uma pessoa crucial para o sucesso da organização? Imagine um mundo onde seja possível viver a vida sem perder o significado dela. Como essa mudança no trabalho impactaria nossas organizações, nossa sociedade e nosso bem-estar pessoal?

Ao longo deste livro, analisamos dezenas de histórias de organizações de alta performance e líderes comprometidos em criar esse mundo — onde as pessoas têm um senso de significado. Ouvimos presidentes, cabeleireiros, líderes do setor da tecnologia, consultores, jogadores de futebol americano e coreógrafos internacionalmente aclamados. Cada um desses líderes enfrentou desafios diferentes, mas suas organizações prosperaram da mesma forma: por meio do compromisso em atribuir significado ao trabalho de todos os envolvidos.

Imbuir o trabalho de significado não é um mero item para assinalar da sua lista de tarefas. É uma lente através da qual você deve ver cada decisão, interação e tarefa. O significado é criado — ou destruído — em pequenos momentos do dia a dia. Cada conversa na qual você ouve com atenção, cada feedback positivo que dá e cada projeto designado que incentiva a aprendizagem e o crescimento não apenas se somam, mas se multiplicam.

No começo deste livro, afirmamos que os líderes buscando criar um local de trabalho mais significativo não tinham um guia para consultar. Agora, nos aproximando do fim, esperamos que este tenha sido o mapa do qual você precisava. Quando o trabalho constrói uma *comunidade*, nos dá um senso de *contribuição* com algo maior e promove nosso *crescimento* nos fornecendo desafios, tanto indivíduos quanto organizações prosperam. Com a estrutura dos 3Cs, você agora tem um conjunto de ferramentas e estratégias para tornar cada tarefa mais significativa.

Se todas essas novas estratégias parecem difíceis de absorver, lembre-se de que começar com pequenos passos pode levar a grandes mudanças. Aqui está uma pergunta para cada C para que você possa refletir e aprofundar o engajamento com sua equipe.

- **Comunidade:** Eu me conectei com alguém hoje?
- **Contribuição:** Algo está melhor por causa do que fiz hoje?
- **Crescimento:** Eu aprendi algo novo hoje?

Comece com uma ação simples para plantar sementes de significado no trabalho cotidiano. Com os cuidados certos, essas sementes vão crescer e se tornar um jardim florescente onde todos poderão prosperar.

AGRADECIMENTOS

Quase cinco anos atrás, quando nos demos seis meses para pesquisar e escrever este livro, vimos este projeto promissor através das lentes dos 3Cs. Tivemos a enorme sorte de fazer parte de uma comunidade maravilhosa de profissionais de psicologia positiva e especialistas em liderança que nos encorajaram e nos apoiaram. Este projeto foi uma oportunidade de contribuir para o bem-estar das pessoas, fornecendo um guia que os líderes poderiam usar para criar mais significado no trabalho para suas equipes. A ideia deste livro foi ampliar nosso impacto para ajudar mais pessoas a encontrar um trabalho melhor e, por sua vez, a viver uma vida melhor.

Em nossa ingenuidade, não imaginamos o tamanho do desafio que estávamos assumindo. Dizer que este projeto expandiu nossas competências é pouco. Em muitos momentos duvidamos do nosso trabalho e das nossas habilidades e, exaustos, questionamos se valeria a pena escrever este livro.

Mas, no processo de pesquisar, escrever e reescrever, também tivemos alguns dos momentos mais significativos de nossa carreira. Eles vieram, em grande parte, da conexão com pessoas brilhantes; do conhecimento, orientação e recomendações que recebemos delas; e dos relacionamentos, novos e antigos, que nos sustentaram.

Recebemos a ajuda de inúmeras pessoas enquanto desenvolvíamos nosso modelo, fazíamos pesquisas e escrevíamos versões de cada capítulo. Às pessoas a seguir, que possibilitaram este livro, oferecemos nossa mais profunda e sincera gratidão.

Muitos líderes inspiradores e orientados por significado participaram de nossa pesquisa e muitos outros contaram histórias que deram vida a estas páginas. Mesmo não tendo sido possível incluir todas as histórias incríveis na obra, o enorme privilégio de aprender com cada um de vocês ficará sempre conosco. Nossos agradecimentos a Matt Fishman, Tom Rath, Kristin Deokisingh, Rushmie Nofsinger, Debbie Marriott Harrison, Katie Burke, Devon Still, Christine Deputy, Rob Waldron, Kenneth Cole, Jed Berger, Ingrid Yan, Andre Banks, Kahlil Shepard, Claudia Saran, Deep Mahajan, Chad Thomas, Erica Elan, Mark DiMassimo, Augusto Giacoman, Michelle Lozzi, Jeff Gibson, Theresita Richard, Dee Ann Turner, Christa Foley, Kelcy Scolnik, Emily Santos, Pete Berridge, Tunde Oyneyin, Lisa Richardson, Tom Cortese, Eimear Marrinan, Courtney Bigony, Jeff Smith, Susan Hwang, Carla McIntosh, Terri Jordan, Tina Mylon, Sonali Sapathy, Kyle Bodt, Hamish Cook, Michael Biggs, Brianne Goguen, Kaitlin Desselle, Chris Hurn, Chris Gabaldon, Amanda Joiner, Lindsey Tomaszewski, Christopher Wheeldon, Spencer Durden, Meredith Glassman, Matt Eversmann, Marty LaSalle, Nisha Patel, Andrew Kromelow, Shondrea McCargo, Jeremy Heimans e Kathryn Mathews. Somos profundamente gratos pela generosidade de vocês em contribuir com seu tempo, energia e conhecimento para este projeto. Por nos mostrarem como vocês criam um trabalho com significado e, por sua vez, nos inspirarem a ver tudo o que é possível.

Agradecemos imensamente à nossa incrível agente literária, Sylvie Carr, por acreditar em nós e nos encorajar a nos tornarmos escritores melhores. Agradecemos por sempre fazer as perguntas certas, por nos desafiar, por contribuir com toda a sua experiência e conhecimento e por seu comprometimento com nossa visão.

Agradecemos à equipe da PublicAffairs e à da Hachette, que tornaram este livro uma realidade, especialmente a Colleen Lawrie, nossa editora, que acreditou em nós e no potencial deste projeto. Somos muito gratos por suas orientações, feedback e sabedoria. Agradecemos a Kate Mueller e

Michelle Welsh-Horst, pela atenção aos detalhes e por garantir um texto impecável. Nossos agradecimentos a Jessica Breen, Liz Wetzel e Jenny Lee, por nos orientarem com sua profunda experiência em marketing e relações públicas.

Agradecemos à equipe da Cave-Henricks Communications, Barbara Henricks, Melissa Connors e Pam Peterson, por nos ajudar a espalhar a mensagem do trabalho significativo a mais pessoas do que conseguiríamos alcançar sozinhos. Valorizamos imensamente a experiência e a orientação de vocês ao longo dos muitos anos que foram necessários para tornar este livro uma realidade.

Agradecemos à equipe da Target Marketing, por nos ajudar a lapidar nossa marca e divulgar nossa mensagem. A criatividade e a expertise de Kenneth Gillette, Ruth Shelling, Nonnie Noffke, Charlie Foley, Lindsay Carter, Amy Duncan, Argjent Haradinaj, Gonzaga Gómez-Cortázar Romero, Krasimir Galabov, Megan Kramer, Melanie Holmes e Miguel Trindade ajudaram a incluir a ideia do trabalho significativo no *zeitgeist* popular.

Agradecemos aos nossos parceiros de pesquisa Zach Mercurio e Jer Clifton, por seu rigor intelectual e por nos inspirarem com seu extraordinário brilhantismo. Seus insights aguçados e dedicação inabalável enriqueceram enormemente nosso trabalho e foram fundamentais para moldar as ideias que constituem a base deste livro. Não vemos a hora de voltarmos a colaborar.

Muitos acadêmicos nos estenderam a enorme gentileza de nos orientar, nos aconselhar, responder às nossas perguntas e nos indicar pesquisas relevantes. Somos eternamente gratos a Marty Seligman, Kim Cameron, Angela Duckworth, Jane Dutton, Scott Barry Kaufman, Michelle McQuaid, Meredith Myers, Mike Steger, Bob Quinn, Judy Saltzberg, Karen Reivich e Amy Wrzesniewski. Somos eternamente gratos por sua enorme generosidade com seu tempo e conhecimento.

Vários líderes intelectuais que admiramos profundamente nos surpreenderam com sua generosidade inesperada ao contribuir com opiniões para nosso capítulo final. Somos profundamente gratos a Adam Grant, Arthur Brooks, Zeynep Ton, Reb Rebele, Kelly Monahan, Johannes Eichstaedt, Jennifer Deal, Diane Hoskins e Carter Jernigan, pelos preciosos insights e perspectivas. Suas contribuições enriqueceram nossas visões e nos inspiraram a pensar mais sobre o futuro do trabalho significativo.

Nossa mais profunda gratidão a Jan Stanley, Jack Benecke, Rachel Peterson, Raf Lopez, Arthur Villa, Madison Romney, Jodi Wellman, Emily Esfahani Smith, Lisa Sansom, Stephanie Armistead, Haley Barrows, Cindy Chou, Liz Corcoran, Margaret Greenberg, Liz Meissner, Patrick Menasco, Caroline Miller, Cory Muscara, Shannon Polly, Adam Reiber, Orlan Boston e Aviya Slutzky, pelo apoio inabalável, pelos conselhos sábios e por nos apresentar aos pioneiros que moldaram nosso pensamento.

Aos muitos amigos e familiares que ajudaram a melhorar as primeiras versões deste livro. Por seus insights de valor inestimável, agradecemos a Ted Myles, Meredith Glassman, Tina Mylon, Andrew Soren, Jennifer Beatty, Ross Rayburn e Claudia Patton.

Agradecemos aos nossos clientes, por confiarem em nós para orientá-los em sua jornada de liderança e por nos permitirem fazer parte de seu trabalho significativo. Vocês fazem o trabalho ser significativo para nós dois.

À imensa comunidade de colegas e amigos que não mencionamos individualmente, saibam que somos extremamente gratos.

AGRADECIMENTOS DE TAMARA

Wes, sou imensamente grata pela nossa parceria nesta aventura. Foi uma experiência profundamente significativa — cheia de admiração, dificuldades, diversão e crescimento —, e não consigo imaginar fazer isso sem você!

Aos meus amigos, eu não teria conseguido sem o amor e o apoio de vocês. Obrigada por me encorajar a escrever, por ouvir quando precisei desabafar, por me apresentar aos líderes cujas histórias ilustram este livro e por nunca faltar ao nosso clube do livro mensal para compartilhar nossa paixão literária. Obrigada por serem a minha aldeia. A Caroline Miller, Jan Stanley e Erin Dullea, obrigada pelo apoio contínuo — nossos encontros de *mastermind* são uma fonte constante de inspiração, orientação e motivação.

À minha família estendida — meus tios e tias, primos, cunhados, sobrinhos e sobrinhas —, obrigada pelo amor e apoio inabaláveis e por enriquecer minha vida. Ao meu cunhado Brian, obrigada pelo suporte e por me colocar em contato com a equipe jurídica certa. À minha cunhada Rachel, uma designer de moda de renome mundial, obrigada por me ajudar a ter estilo e confiança em todas as ocasiões. A Emily e Ted, obrigada por serem tão encorajadores, por ajudarem com nossos filhos, humanos e caninos, pelos nossos bate-papos diários, por se orgulharem de mim, por sempre ouvirem. Ao meu cunhado Jayson, obrigada por estar sempre disposto a ser nosso médico de plantão e por cuidar tão bem de nós.

À Daniela, minha irmã e melhor amiga, obrigada pelo apoio e incentivo, pelas nossas conversas diárias, por me ajudar a planejar o cardápio e por estar sempre ao meu lado. Ao Eduardo, meu irmão, e à Aninha, minha cunhada, obrigada por se orgulharem do meu trabalho e por sempre nos acolherem de coração. À minha avó, vovó Morena, obrigada por ser essa pessoa tão alegre e cheia de otimismo. Obrigada por ensinar seus seis filhos, catorze netos e doze bisnetos (até agora!) que a felicidade é uma escolha. Eu te amo muito e sou muito grata pela sua presença na minha vida.

Ao meu pai, Sergio, obrigada por seu amor infinito, por me ensinar o valor do trabalho duro e por seu constante incentivo e apoio. À minha mãe, Adelina, obrigada por sempre acreditar em mim e por incutir na minha vida os ensinamentos da Psicologia Positiva antes mesmo que eu soubesse que era um campo de estudo, por me ensinar que "a minha realidade é o que escolho ver" e por encher minha vida de otimismo e esperança.

A Ted, meu verdadeiro parceiro em todos os sentidos: não me canso de me maravilhar com esta vida linda que temos juntos. Obrigada por se orgulhar de mim, por me deixar falar interminavelmente sobre minhas pesquisas e insights, por ler incontáveis livros de Psicologia Positiva. Obrigada por dar um toque de humor à minha vida em todos os momentos certos e por me fazer rir todos os dias. Você é um verdadeiro líder orientado a significado. Eu te amo e tenho muita sorte de poder chamá-lo de meu.

A Bella, Eddie e Vivi, meus eternos bebês, vocês são a definição de "o que faz a vida valer a pena". Obrigada por seu apoio, por serem minhas cobaias de pesquisa de psicologia positiva em inúmeros experimentos, por sempre terem um abraço e um aconchego para me dar quando precisei. Não há palavras para descrever o tamanho do meu amor por vocês. Vocês enchem a minha vida de significado.

AGRADECIMENTOS DE WES

Tamara, você me inspira todos os dias com sua curiosidade, persistência, integridade e amor. Como coautora, parceira e amiga, você me incentivou a melhorar de inúmeras maneiras. Eu não poderia ter encontrado alguém melhor para entrar nesta montanha-russa comigo. Sou grato por cada momento desta aventura e mal posso esperar pelo nosso próximo capítulo.

À minha mãe, você ajudou a preparar o solo para este trabalho desde o instante em que nos conhecemos. Seu amor, orientação e apoio incondicionais me mostraram o verdadeiro sentido da vida. Você sempre me encorajou a aprender, me orientou a ajudar os outros e torceu por todos os meus sonhos. Sou eternamente grato. Eu te amo.

A Claudia e Rex, minha vida é muito mais feliz por todos os momentos significativos que vocês me proporcionaram. Seu incentivo, apoio e amor são tudo para mim. É um enorme privilégio estar nessa jornada com vocês.

A Courtney, Andy, Josh e Clara, obrigado por me mostrarem o que é uma família e por me darem a oportunidade de ser um tio amoroso.

Aos meus avós, Janet Elliott Daugherty e Alfred Clark Daugherty, a cada ano que passa vejo com mais clareza como vocês moldaram a minha vida de tantas maneiras incríveis. Minha gratidão por vocês não para de crescer e sinto sua falta todos os dias.

Sem a rede de resiliência de Amanda Rivera, Hamish Cook, Joe Simenic, Charles O'Byrne, David Blumenfeld, Meghan Shakar, Jake Vettoretti, James Bruni, Genève Stewart, Cindy Chou, Ani Ajeminan, Dan Wright, Delfo Trombetta, Orlan Boston e Justin Trop, eu teria desistido muitas vezes. O encorajamento e apoio de vocês me ajudam a ver por mim mesmo o que eu nem sempre consigo ver. Tenho muita sorte de ter vocês na minha vida.

Aos meus incríveis colaboradores Matt Fishman, Dustin Mullis, Preston James, Kath Clemons, Bryce Raynor, Carice Anderson, Lauren Cohen, Martijn Boomsma, Lauren Heavern, Eric Carlson, Nadra Hunter, Guido Pellegrino, Tracy Moravek, Henry Donahue, Neil Yeager e Tony Daloisio, sou profundamente grato pelas oportunidades que vocês me deram de colocar esse trabalho em prática. Obrigado por confiarem suas equipes a mim e por serem líderes orientados a significado. Vocês são as pessoas que dão significado ao meu trabalho.

A Teresa Hargrave, C.J. Pippen e Tristan McAllister, sua parceria ao longo dos anos na formação e no refinamento das minhas ideias, do meu texto e da minha comunicação contribuiu muito para a versão final deste livro.

À minha terapeuta, Emily Joslin-Roher, e aos meus coaches, Jenny Peterson e Dan MacCombie, obrigado por me ajudarem a navegar pelos altos e baixos deste projeto e da vida, sempre em alinhamento com os meus valores.

À comunidade do mestrado em Psicologia Positiva Aplicada, eu poderia escrever dezenas de páginas listando todas as maneiras pelas quais vocês me inspiraram, me desafiaram e me apoiaram neste processo. Admiro profundamente cada um de vocês e estendo a mais profunda gratidão por ter encontrado a minha tribo.

APÊNDICE

Autoavaliação da liderança orientada a significado

Convidamos você a tirar cinco minutos para fazer a Autoavaliação da liderança orientada a significado. A avaliação vai te ajudar a identificar quais práticas de construção de significado você já está usando e onde há espaço para crescimento. Ela foi desenvolvida para ser um ponto de partida para sua jornada e para guiá-lo pelo restante deste livro. Faça a avaliação gratuitamente em nosso site, www.makeworkmeaningful.com/recursos. Depois de responder a todas as perguntas, você receberá uma pontuação para cada um dos 3Cs — comunidade, contribuição e crescimento —, bem como uma pontuação geral.

Você também pode fazer a avaliação nas páginas seguintes.

ÁREA	AFIRMAÇÃO	Discordo totalmente (0)	Discordo (1)	Discordo um pouco (2)	Concordo um pouco (3)	Concordo (4)	Concordo totalmente (5)
Alinhamento	Dou um bom exemplo de como as pessoas da minha organização devem se comportar.						
Alinhamento	Ajo de acordo com os valores da minha organização.						
Alinhamento	Exemplifico comportamentos que são valorizados na minha organização.						
Alinhamento	Espero que as pessoas se pronunciem se virem alguém agindo de uma forma que não esteja alinhada com os valores da organização, e deixo isso claro.						
SUBTOTAL							
Comunidade	Em entrevistas, pergunto sobre o alinhamento dos candidatos com os valores da minha organização.						
Comunidade	No processo de contratação, pergunto aos candidatos sobre seus valores pessoais.						
Comunidade	No processo de contratação, converso com os candidatos sobre o propósito da organização.						
Comunidade	Durante a integração, compartilho histórias para comunicar os valores centrais da organização e os comportamentos esperados.						
Comunidade	Crio oportunidades para a minha equipe se engajar em atividades divertidas, como trabalho voluntário ou brincadeiras em grupo.						
Comunidade	Demonstro que me importo com o que acontece com a minha equipe fora do trabalho.						

ÁREA	AFIRMAÇÃO	Discordo totalmente (0)	Discordo (1)	Discordo um pouco (2)	Concordo um pouco (3)	Concordo (4)	Concordo totalmente (5)
Comunidade	Reservo um tempo para que a minha equipe se conheça.						
Comunidade	Crio espaços para a minha equipe se conectar com outras pessoas em torno de interesses em comum.						
SUBTOTAL							
Contribuição	Falo sobre o impacto do trabalho da minha organização na sociedade.						
Contribuição	Encorajo minha equipe a refletir e discutir os valores da nossa organização.						
Contribuição	Falo sobre o "porquê" do nosso trabalho ao discutir os objetivos de longo prazo da organização.						
Contribuição	Costumo contar histórias sobre o impacto da nossa organização em clientes e consumidores.						
Contribuição	Agradeço regularmente a todos da minha equipe pelo trabalho deles.						
Contribuição	Dou feedback positivo à minha equipe quando é feito um bom trabalho.						
Contribuição	Crio oportunidades para a minha equipe celebrar uns aos outros quando as coisas vão bem.						
Contribuição	Celebro publicamente as grandes conquistas da minha equipe.						
SUBTOTAL							

ÁREA	AFIRMAÇÃO	Discordo totalmente [0]	Discordo [1]	Discordo um pouco [2]	Concordo um pouco [3]	Concordo [4]	Concordo totalmente [5]
Crescimento	Ajudo a minha equipe a decidir onde é possível crescer e se desenvolver.						
Crescimento	Conecto a minha equipe a oportunidades de desenvolver habilidades que interessam a cada membro.						
Crescimento	Atribuo tarefas desafiadoras à minha equipe para ajudá-la a crescer.						
Crescimento	Encorajo membros da minha equipe a usarem seus pontos fortes individuais.						
Crescimento	Ofereço flexibilidade para minha equipe decidir como fazer o trabalho desde que siga os valores da minha organização.						
Crescimento	Dou à minha equipe muita autonomia para decidir como realizar o trabalho de acordo com os valores da organização.						
Crescimento	Dou à minha equipe a liberdade de trabalhar como achar melhor, desde que todos respeitem os valores da organização.						
Crescimento	Confio que minha equipe tomará decisões por conta própria, se permanecer fiel aos nossos valores.						
SUBTOTAL							
TOTAL							

INSTRUÇÕES E RESULTADOS DA PONTUAÇÃO

Responda a cada item e anote a pontuação de 0 a 5 na coluna à esquerda. Para cada seção, some a pontuação e anote-a no campo "Subtotal".

PARA ALINHAMENTO

15-20: Parabéns! Continue assim!

10-15: Esta área requer melhorias e pode estar dificultando um pouco as coisas.

0-10: A falta de alinhamento está impedindo o progresso de sua equipe. Concentre-se em melhorar suas pontuações nesta seção primeiro.

PARA COMUNIDADE, CONTRIBUIÇÃO E CRESCIMENTO

35-40: Excelente! Continue investindo nessa área e explorando novas maneiras de reforçar suas práticas existentes.

30-35: Bom trabalho! Leia a respectiva parte do livro para aprender como levar seus esforços ao próximo nível.

25-30: Essa área pode estar afetando seus resultados. Leia a respectiva parte do livro com atenção e faça um plano para usar as ferramentas apresentadas.

0-25: Essa área tem o potencial de destruir o significado para a sua equipe. Use as ferramentas e as recomendações da respectiva parte no livro e crie um plano para concentrar esforços nessa área.

LISTA DE PARTICIPANTES DA PESQUISA ORIGINAL*

EMPRESA	NOME E TÍTULO DO PARTICIPANTE
15Five	Courtney Bigony, diretora de ciência de pessoas, e Jeff Smith, diretor da Best Self Academy
BetterUp	Susan Hwang, diretora de projetos especiais (gabinete do CEO)
Chick-fil-A	Dee Ann Turner, ex-vice-presidente de talentos
Curriculum Associates	Rob Waldron, CEO
Google	Carla McIntosh, diretora de aquisição de talentos e consultora sênior de soluções de pessoal
HubSpot	Katie Burke, diretora de pessoas
Nutanix	Deep Mahajan, vice-presidente de gestão de talentos
KPMG	Claudia Saran, vice-presidente de cultura
Marriott	Debbie Marriott Harrison, diretora global de cultura da Marriott
Microsoft	Terri Jordan, diretor-geral de operações globais de data center

* Os cargos indicados estão de acordo com as ocupações dos participantes no momento da pesquisa. [N.E.]

BIBLIOGRAFIA

INTRODUÇÃO

REECE, Andrew; KELLERMAN, Gabriella; ROBICHAUX, Alexi. *Meaning and Purpose at Work*. BetterUp, 2018. Disponível em: https://f.hubspotusercontent40.net/hubfs/9253440/Asset%20PDFs/Promotions_Assets_Whitepapers/BetterUp-Meaning&Purpose.pdf.

WEEKS, Kelly Pledger; SCHAFFERT, Caitlin. "Generational Differences in Definitions of Meaningful Work: A Mixed Methods Study". *Journal of Business Ethics*, v. 156, n. 4, 1º jun. 2019, p. 1045-61. Disponível em: https://doi.org/10.1007/s10551-017-3621-4.

PARTE I: TODO TRABALHO PODE E DEVE TER SIGNIFICADO

CAPÍTULO 1: O PODER DO TRABALHO COM SIGNIFICADO

DE SMET, Aaron et al. "'Great Attrition' or 'Great Attraction'? The Choice Is Yours". McKinsey & Company, 8 set. 2021. Disponível em: www.mckinsey.com/capabilities/people-and-organizational-performance/our-insights/great-attrition-or-great-attraction-the-choice-is-yours.

GALLUP. "Employee Wellbeing Starts at Work", 20 jul. 2022. Disponível em: www.gallup.com/workplace/394871/employee-wellbeing-starts-work.aspx.

GLASSDOOR. "Marriott International: A Company That Cares-Sales Coordinator Marriott International Employee Review", 31 maio 2023. Disponível em: www.glassdoor.com/Reviews/Employee-Review-Marriott-International-RVW76959478.htm.

GRANT, Adam M. et al. "Impact and the Art of Motivation Maintenance: The Effects of Contact with Beneficiaries on Persistence Behavior". *Organizational Behavior and Human Decision Process*, v. 103, n. 1, maio 2007, p. 53-67. Disponível em: www.sciencedirect.com/science/article/abs/pii/S0749597806000641.

HURST, Aaron et al. *2016 Workforce Purpose Index: Purpose at Work.* Imperative, 2016. Disponível em: https://40823263.fs1.hubspotusercontent-na1.net/hubfs/40823263/Content%20Downloads/2016%20Workforce%20Purpose%20Index.pdf.

OFFICE of the US Surgeon General. *Workplace Mental Health & Well-Being.* US Department of Health and Human Services, 23 maio 2024. Disponível em: www.hhs.gov/surgeongeneral/priorities/workplace-well-being/index.html.

REECE, Andrew; KELLERMAN, Gabriella; ROBICHAUX, Alexi. *Meaning and Purpose at Work.* BetterUp, 2018.

WORKMAN. *The Future of Work Is Human.* Workhuman Analytics & Research Institute, 2019.

WRZESNIEWSKI, Amy; DUTTON; Jane E. "Crafting a Job: Revisioning Employees as Active Crafters of Their Work". *Academy of Management Review*, v. 26, n. 2, abr. 2001, p. 179-201. Disponível em: https://doi.org/10.5465/amr.2001.4378011.

CAPÍTULO 2: COMO OS LÍDERES ATRIBUEM SIGNIFICADO AO TRABALHO

DEEP TECH Insights. "HubSpot Stock: Undervalued And Growing Rapidly". *Seeking Alpha*, 4 out. 2022. Disponível em: https://seekingalpha.com/article/4544508--hubspot-undervalued-and-growing-rapidly.

DIENER, Ed et al. "If, Why, and When Subjective Well-Being Influences Health, and Future Needed Research". *Applied Psychology: Health and Well-Being*, v. 9, n. 2, jul. 2017, p. 133-167. Disponível em: https://doi.org/10.1111/aphw.12090.

GALLUP. "Empowering Workplace Culture Through Recognition", 2023. Disponível em: www.gallup.com/analytics/472658/workplace-recognition-research.aspx.

HEATH, Dan. *Upstream: The Quest to Solve Problems Before They Happen.* Nova York: Avid Reader Press, 2020.

"HUBSPOT Retention Score". Comparably, atualizado diariamente. Disponível em: www.comparably.com/companies/hubspot/retention.

LUKIANOFF, Greg; HAIDT, Jonathan. *The Coddling of the American Mind: How Good Intentions and Bad Ideas Are Setting Up a Generation for Failure.* Nova York: Penguin Books, 2018.

MADDUX, James E. "Self-Efficacy: The Power of Believing You Can". In: S. J. Lopez e C. R. Snyder (orgs.). *Oxford Handbook of Positive Psychology.* 2. ed. Nova York: Oxford University Press, 2009. p. 333-45.

MERCURIO, Zach. "How to Create Mattering at Work". *Zach's Blog*, 15 nov. 2022. Disponível em: www.zachmercurio.com/2022/11/mattering-at-work/.

RYAN, Richard M.; HUTA, Veronika; DECI, Edward L. "Living Well: A Self-Determination Theory Perspective on Eudaimonia". *Journal of Happiness Studies: An*

Interdisciplinary Forum on Subjective Well-Being, v. 9, n. 1, 2008, p. 139-70. Disponível em: https://doi.org/10.1007/s10902-006-9023-4.

CAPÍTULO 3: ALINHAMENTO: A BASE DO SIGNIFICADO NO TRABALHO

AVUAL, Kavita; MCKAY, Lisa; GALLAND, Sébastien. *Amnesty International: Staff Wellbeing Review*. The Konterra Group, jan. 2019. Disponível em: www.amnesty.org/en/documents/org60/9763/2019/en/.

BANDURA, Albert. Social Learning Theory. Oxford, UK: Prentice-Hall, 1977.

BARRY-WEHMILLER. "Our History". Disponível em: www.barrywehmiller.com/story/history.

______. "Three Lessons on Leading Through Crisis from Barry Wehmiller". *Conscious Capitalism*. Disponível em: www.consciouscapitalism.org/story/three-lessons-on--leading-through-crisis-from-barry-wehmiller.

BBC. "Amnesty Loses Five Bosses after Report on 'Toxic Workplace'", 28 maio 2019. Disponível em: www.bbc.com/news/uk-48431652.

CARDADOR, M. T.; RUPP, Deborah. "Organizational Culture, Multiple Needs, and the Meaningfulness of Work". In: N. M. Ashkanasy, C. P. Wilderom e M. F. Peterson (orgs.), *The Handbook of Organizational Culture and Climate*. Thousand Oaks, CA: Sage, 2011. p. 158-80. Disponível em: https://doi.org/10.4135/9781483307961.n10.

CHAPMAN, Bob. "CEO's of the Future Must Not Be Penny-Wise and People-Foolish". *Dave Alexander Center for Social Capital*, 15 fev. 2024. Disponível em: https://centerforsocialcapital.com/ceos-of-the-future-must-not-be-penny-wise-and-people--foolish/.

______. "How a Family Shared a Burden". *Barry-Wehmiller*, 24 abr. 2024. Disponível em: www.barrywehmiller.com/post/blog/2020/03/05/how-a-family-shared-a-burden.

DECI, Edward L.; OLAFSEN, Anja H.; RYAN, Richard M. "Self-Determination Theory in Work Organizations: The State of a Science". *Annual Review of Organizational Psychology and Organizational Behavior 4*, 2017, p. 19-43. Disponível em: https://doi.org/10.1146/annurev-orgpsych-032516-113108.

EDELMAN. *2023 Edelman Trust Barometer: Special Report; Trust at Work*, 2023. Disponível em: www.edelman.com/trust/2023/trust-barometer/special-report-trust-at-work.

GNEEZY, Uri. *Mixed Signals: How Incentives Really Work*. New Haven, CT: Yale University Press, 2023.

MANZ, Charles C.; SIMS JR., Henry P. "Vicarious Learning: The Influence of Modeling on Organization Behavior". *Academy of Management Review*, v. 6, 1981, p. 105-113. Disponível em: www.proquest.com/docview/230010724?sourcetype=Scholarly%20Journals.

PETERSON, Christopher. A Primer in Positive Psychology. Nova York: Oxford University Press, 2006.

PINTEREST Careers. "Life at Pinterest". Disponível em: www.pinterestcareers.com/our-life/.

PRATT, Michael G.; ASHFORTH, Blake E. "Fostering Meaningfulness in Working and at Work". In: Kim Cameron, Jane E. Dutton e Robert E. Quinn (orgs.). *Positive Organizational Scholarship: Foundations of a New Discipline.* Oakland, CA: Berrett-Koehler, 2003. p. 309-27.

TELLER, Astro. "The Unexpected Benefit of Celebrating Failure". TED Talk, 2016. YouTube, 15:32. Disponível em: www.youtube.com/watch?v=2t13Rq4oc7A.

VAN DAM, Nick; ROGERS, Eileen M. "People, Purpose and Performance at Barry-Wehmiller: Business as a Powerful Force for Good". IE Business Publishing, jan. 2020. Disponível em: https://docs.ie.edu/center-for-corporate-learning-innovation/Business-as-a-Powerful-Force-for-Good.pdf.

X DEVELOPMENT. "Life at X". X, the moonshot factory. Disponível em: https://x.company/life-at-x/.

PARTE II: CRIANDO SIGNIFICADO POR MEIO DA COMUNIDADE

PUTNAM, Robert. *Bowling Alone: The Collapse and Revival of American Community.* Nova York: Simon & Schuster, 2000.

WALDINGER, Robert; SCHULZ, Marc. "What the Longest Study on Human Happiness Found Is the Key to a Good Life". *Atlantic*, 24 jan. 2023. Disponível em: www.theatlantic.com/ideas/archive/2023/01/harvard-happiness-study-relationships/672753/.

CAPÍTULO 4: CULTIVE A CONEXÃO

BECKER, Jennifer A. H. et al. "Friendships Are Flexible, Not Fragile: Turning Points in Geographically-Close and Long-Distance Friendships". *Journal of Social and Personal Relationships 26*, 2 dez. 2009, p. 347-69. Disponível em: https://doi.org/10.1177/0265407509344310.

BETTERUP. "The Connection Crisis: Why Community Matters in the New World of Work", 2022. Disponível em: https://grow.betterup.com/resources/build-a-culture-of-connection-report.

BOMBAS. The Bombas 2022 Impact Report. Disponível em: https://beebetter.bombas.com/impact.

BOWERS, Anne et al. "Loneliness Influences Avoidable Absenteeism and Turnover Intention Reported by Adult Workers in the United States". *Journal of Organizational*

Effectiveness: People and Performance, v. 9, n. 2, 1º jan. 2022, p. 312-35. Disponível em: https://doi.org/10.1108/JOEPP-03-2021-0076.

CIGNA e Edelman. *Loneliness and the Workplace: 2020 U.S.* Report. Ipsos, 2019. Disponível em: https://legacy.cigna.com/static/www-cigna-com/docs/about-us/newsroom/studies-and-reports/combatting-loneliness/cigna-2020-loneliness-report.pdf.

DROPBOX Team. "What We've Learned Our First Year as a Virtual First Company". *Work in Progress*, 16 jun. 2022. Disponível em: https://blog.dropbox.com/topics/company/what-weve-learned-our-first-year-as-a-virtual-first-company.

DUTTON, Jane E. *Energize Your Workplace: How to Create and Sustain High-Quality Connections at Work.* San Francisco Great Britain: Jossey-Bass, 2003.

FISHER, Jennifer D. "4 Strategies to Create Connections in a Hybrid Workplace". *Wall Street Journal*, 30 set. 2022. Disponível em: https://deloitte.wsj.com/cmo/4--strategies-to-create-connections-in-a-hybrid-workplace-01664555195.

FREDRICKSON, Barbara L. "Positive Emotions Broaden and Build". In: Patricia Devine e Ashby Plant (orgs.). *Advances in Experimental Social Psychology*, v. 47. Cambridge, MA: Academic Press, 2013. p. 1-53. Disponível em: https://doi.org/10.1016/B978-0-12-407236-7.00001-2.

COHEN, Geoffrey L. *Belonging: The Science of Creating Connection and Bridging Divides.* Nova York: W. W. Norton, 2022.

HOLT-LUNSTAD, Julianne et al. "Loneliness and Social Isolation as Risk Factors for Mortality: A Meta-Analytic Review". *Perspectives on Psychological Science: A Journal of the Association for Psychological Science*, v. 10, n. 2, mar. 2015, p. 227-37. Disponível em: https://doi.org/10.1177/1745691614568352.

JABR, Ferris. "The Social Life of Forests". *New York Times Magazine*, 3 dez. 2020. Disponível em: www.nytimes.com/interactive/2020/12/02/magazine/tree--communication-mycorrhiza.html.

KITTERMAN, Ted. "World's Best Workplaces Make Strong Case for Building Trust with Workers". Insights (blog), *Great Place To Work*, 16 nov. 2023. Disponível em: www.greatplacetowork.com/resources/blog/worlds-best-workplaces-make-strong--case-for-building-trust-with-workers.

MACLELLAN, Lila. "What Happened When I Forced My American Colleagues to Take Coffee Breaks". *Quartz*, 13 jun. 2018. Disponível em: https://qz.com/work/1300469/can-swedish-fika-breaks-improve-productivity-for-american-workaholics.

MAYER, Roger C.; DAVIS, James H.; SCHOORMAN, F. David. "An Integrative Model of Organizational Trust". *Academy of Management Review*, v. 20, n. 3, 1995, p. 709-34. Disponível em: https://doi.org/10.2307/258792.

MURTHY, Vivek. *Together: The Healing Power of Human Connection in a Sometimes Lonely World.* Nova York: Harper, 2020.

______. "We Don't Have to Fight Loneliness Alone". Entrevistado por Adam Grant. *WorkLife with Adam Grant* (*podcast*), TED Audio Collective, abr. 2022. Disponível em: www.ted.com/talks/worklife_with_adam_grant_we_don_t_have_to_fight_loneliness_alone/transcript?subtitle=en.

OZCELIK, Hakan; BARSADE, Sigal. "No Employee an Island: Workplace Loneliness and Job Performance". *Academy of Management Journal*, v. 61, n. 6, 2018, p. 2343-66.

PERRY, Elizabeth. "Here's How to Build a Sense of Belonging in the Workplace". *BetterUp*, 11 maio 2021. Disponível em: https://www.betterup.com/blog/belonging.

RATH, Tom; HARTER, Jim. "Your Friends and Your Social Well-Being". *Gallup*, 19 ago. 2010. Disponível em: https://news.gallup.com/businessjournal/127043/Friends-Social-Wellbeing.aspx.

REICHHELD, Ashley; DUNLOP, Amelia. "How to Build a High-Trust Workplace". *MIT Sloan Management Review*, 24 jan. 2023. Disponível em: https://sloanreview.mit.edu/article/how-to-build-a-high-trust-workplace/.

RODELL, Jessica. "Volunteer Programs That Employees Can Get Excited About". *Harvard Business Review*, 1º jan. 2021. Disponível em: https://hbr.org/2021/01/volunteer-programs-that-employees-can-get-excited-about.

SIMARD, Suzanne. *Finding the Mother Tree: Discovering the Wisdom of the Forest*. Nova York: Knopf, 2021.

______. *Suzanne Simard*, Canada Files. Interviewed by Valerie Pringle. PBS, 21 maio 2023. Disponível em: www.pbs.org/video/canada-files-suzanne-simard-ufgnol/.

TAY, Louis; PAWELSKI, James O. (orgs.). *The Oxford Handbook of the Positive Humanities*. Nova York: Oxford University Press, 2022.

WABER, Benjamin N. et al. "Productivity Through Coffee Breaks: Changing Social Networks by Changing Break Structure". *SSRN Electronic Journal*, 11 jan. 2010. Disponível em: https://doi.org/10.2139/ssrn.1586375.

WILLIAMS, Sue; BRAUN, Bonnie. "Loneliness and Social Isolation—A Private Problem, A Public Issue". *Journal of Family & Consumer Sciences*, fev. 2019. Disponível em: www.researchgate.net/publication/331677412_Loneliness_and_Social_Isolation-A_Private_Problem_A_Public_Issue.

ZAK, Paul J. "The Neuroscience of Trust". *Harvard Business Review*, 1º jan. 2017. Disponível em: https://hbr.org/2017/01/the-neuroscience-of-trust.

CAPÍTULO 5: ACOLHA A AUTENTICIDADE

BAUMEISTER, Roy F.; LEARY, Mark R. "The Need to Belong: Desire for Interpersonal Attachments as a Fundamental Human Motivation". *Psychological Bulletin*, v. 117, n. 3, 1995, p. 497-529. Disponível em: https://doi.org/10.1037/0033-2909.117.3.497.

BRADLEY, Bret H. et al. "Reaping the Benefits of Task Conflict in Teams: The Critical Role of Team Psychological Safety Climate". *Journal of Applied Psychology*, v. 97, n. 1, 2012, p. 151-8. Disponível em: https://doi.org/10.1037/a0024200.

BRESMAN, Henrik; EDMONDSON, Amy C. "Research: To Excel, Diverse Teams Need Psychological Safety". *Harvard Business Review*, 17 mar. 2022. Disponível em: https://hbr.org/2022/03/research-to-excel-diverse-teams-need-psychological-safety.

BROWN, Brené. *Dare to Lead: Brave Work. Tough Conversations. Whole Hearts.* Nova York: Random House, 2018. (Ed. bras.: *A coragem para liderar: Trabalho duro, conversas difíceis, corações plenos.* Trad. Carolina Leocadio. Rio de Janeiro: BestSeller, 2019.)

DE SMET, Aaron et al. "Psychological Safety and the Critical Role Leadership Development". *McKinsey & Company*, 11 fev. 2021. Disponível em: www.mckinsey.com/capabilities/people-and-organizational-performance/our-insights/psychological--safety-and-the-critical-role-of-leadership-development.

DELOITTE. "Uncovering Culture: A Call to Action for Leaders. Meltzer Center for Diversity, Inclusion, and Belonging", NYU School of Law, 2023. Disponível em: www2.deloitte.com/us/en/pages/about-deloitte/articles/uncovering-culture.html.

DUHIGG, Charles. "What Google Learned From Its Quest to Build the Perfect Team". *New York Times Magazine*, 25 fev. 2016. Disponível em: www.nytimes.com/2016/02/28/magazine/what-google-learned-from-its-quest-to-build-the--perfect-team.html.

EDMONDSON, Amy C. *The Fearless Organization: Creating Psychological Safety in the Workplace for Learning, Innovation, and Growth.* Hoboken, NJ: Wiley, 2018.

ELLIOTT, Gregory; KAO, Suzanne; GRANT, Ann-Marie. "Mattering: Empirical Validation of a Social-Psychological Concept", *Self and Identity*, v. 3, n. 4, 2004, p. 339-54. Disponível em: https://doi.org/10.1080/13576500444000119.

FREDRICKSON, Barbara L. "What Good Are Positive Emotions?", *Review of General Psychology*, v. 2, n. 3, set. 1998, p. 243-6. Disponível em: https://journals.sagepub.com/doi/10.1037/1089-2680.2.3.300.

GABLE, Shelly L.; GONZAGA, Gian C.; STRACHMAN, Amy. "Will You Be There for Me When Things Go Right? Supportive Responses to Positive Event Disclosures". *Journal of Personality and Social Psychology*, v. 91, n. 5, 2006, p. 904-17. Disponível em: https://doi.org/10.1037/0022-3514.91.5.904.

GABLE, Shelly L.; HAID, Jonathan. "What (and Why) Is Positive Psychology?", *Review of General Psychology*, v. 9, n. 2, jun. 2005, p. 99-102. Disponível em: https://journals.sagepub.com/doi/10.1037/1089-2680.9.2.103.

KEGAN, Robert; LAHEY, Lisa Laskow. *An Everyone Culture: Becoming a Deliberately Developmental Organization.* Cambridge, MA: Harvard Business Review Press, 2016.

MCGREGOR, Jena. "This Former Surgeon General Says There's a 'Loneliness Epidemic' and Work Is Partly to Blame". *Washington Post*, 5 dez. 2021. Disponível em: www.washingtonpost.com/news/on-leadership/wp/2017/10/04/this-former-surgeon-general-says-theres-a-loneliness-epidemic-and-work-is-partly-to-blame/.

PETERSON, Chris. *Pursuing the Good Life: 100 Reflections on Positive Psychology*. Oxford, UK: Oxford University Press, 2013.

SHAFIK, Minouche. "Minouche Shafik". *Alain Elkann Interviews*, 1º abr. 2018. Disponível em: www.alainelkanninterviews.com/minouche-shafik/.

SMITH, Emily Esfahani. *The Power of Meaning: Crafting a Life That Matters*. Nova York: Crown, 2017. (Ed. bras.: *O poder do sentido: Os quatro pilares para uma vida plena*. Trad. Débora Landsberg. Rio de Janeiro: Objetiva, 2017.)

WINFREY, Oprah. "Winfrey's Commencement Address". *Harvard Gazette*, 31 maio 2013. Disponível em: https://news.harvard.edu/gazette/story/2013/05/winfreys-commencement-address/.

CAPÍTULO 6: A IMPORTÂNCIA DO INÍCIO

BAMBOO HR. "The Definitive Guide to Onboarding for 2024". Disponível em: www.bamboohr.com/resources/ebooks/the-definitive-guide-to-onboarding.

______. "First Impressions Are Everything: 44 Days to Make or Break a New Hire". Disponível em: www.bamboohr.com/resources/guides/onboarding-statistics-2023.

CABLE, Dan; GINO, Francesca; STAATS, Bradley R. "The Powerful Way Onboarding Can Encourage Authenticity". *Harvard Business Review*, 26 nov. 2015. Disponível em: https://hbr.org/2015/11/the-powerful-way-onboarding-can-encourage-authenticity.

DE SMET, Aaron et al. "'Great Attrition' or 'Great Attraction'? The Choice Is Yours". *McKinsey & Company*, 8 set. 2021.

DIXON-FYLE, Sundiatu; DOLAN, Kevin; PRINCE, Sara. "Diversity Wins: How Inclusion Matters". *McKinsey & Company*, maio 2020.

FYOCK, Catherine D. "Managing the Employee Onboarding and Assimilation Process". *Society for Human Resource Management*, 27 fev. 2012.

GROYSBERG, Boris; NANDA, Ashish; NOHRIA, Nitin. "The Risky Business of Hiring Stars". *Harvard Business Review*, 1º maio 2004. Disponível em: https://hbr.org/2004/05/the-risky-business-of-hiring-stars.

HARTER, Jim. "5 Questions Every Onboarding Program Must Answer". *Gallup*, 13 mar. 2019. Disponível em: www.gallup.com/workplace/247598/questions-every-onboarding-program-answer.aspx.

HEATH, Dan; DIA, Emily; JOLY, Hubert. "How to Change Your Workplace". Entrevistado por Adam Grant. *WorkLife with Adam Grant* (*podcast*), TED Audio Collective, 27 jun. 2022. Disponível em: www.ted.com/podcasts/worklife/how-to-change--your-workplace-transcript.

HSIEH, Tony. "Tony Hsieh: Bad Hires Have Cost Zappos Over $100 Million". Entrevistado por Henry Blodget. *Inspiring Performers Making the Right Hires, Business Insider.* YouTube, 2:22, 11 nov. 2010. Disponível em: www.youtube.com/watch?v=9C36EYM- mWQ.

______. "Zappos Only Hires People Who Are Weird And Lucky In Life". Entrevistado por Henry Blodget. *Inspiring Performers Making the Right Hires, Business Insider.* YouTube, 4:33, 11 nov. 2010. Disponível em: www.youtube.com/watch?v=_BpWz--vw35M.

JIN, Jing; ROUNDS, James. "Stability and Change in Work Values: A Meta-Analysis of Longitudinal Studies". *Journal of Vocational Behavior,* v. 80, n. 2, 1º abr. 2012, p. 326-39. Disponível em: https://doi.org/10.1016/j.jvb.2011.10.007.

JOHNSON, Dave. "Opening a Chick-Fil-A Franchise Costs Just $10,000: Here's How to Do It". *Business Insider,* 2019. Disponível em: www.businessinsider.com/chick--fil-a-franchise-cost-opening-2019-7.

KLINGHOFFER, Dawn; YOUNG, Candice; HASPAS, Dave. "Every New Employee Needs an Onboarding 'Buddy'". *Harvard Business Review,* 6 jun. 2019. Disponível em: https://hbr.org/2019/06/every-new-employee-needs-an-onboarding-buddy.

MAZE, Jonathan. "Chick-Fil-A Had Another Strong Year in 2022". *Restaurant Business,* 5 abr. 2023. Disponível em: https://restaurantbusinessonline.com/financing/chick--fil-had-another-strong-year-2022.

PATAGONIA. "What We Do Video Series", 8 nov. 2023. Disponível em: www.patagonia.com/stories/what-we-do-video-series/story-144483.html.

RAZZETTI, Gustavo. "Why You Need Team Rituals (and When to Use Them)". *Fearless Culture,* 31 jul. 2020. Disponível em: https://fearlessculture.design/blog--posts/why-you-need-team-rituals-and-when-to-use-them.

SCHMALL, Emily. "The Cult of Chick-Fil-A", *Forbes,* 16 jul. 2012. Disponível em: www.forbes.com/forbes/2007/0723/080.html.

VONNEGUT, Mary; BRADT, George B. *Onboarding: How to Get Your New Employees Up to Speed in Half the Time.* Hoboken, NJ: Wiley, 2009.

WRZESNIEWSKI, Amy; DUTTON, Jane E.; DEBEBE, Gelaye. "Interpersonal Sensemaking and the Meaning of Work". In: Roderick M. Kramer e Barry Staw (orgs.). *Research in Organizational Behavior: An Annual Series of Analytical Essays and Critical Reviews,* v. 25, p. 93-135. Oxford, UK: Elsevier Science, 2003.

PARTE III: CRIANDO SIGNIFICADO POR MEIO DA CONTRIBUIÇÃO

CARTON, Andrew M. "'I'm Not Mopping the Floors, I'm Putting a Man on the Moon': How NASA Leaders Enhanced the Meaningfulness of Work by Changing the Meaning of Work". *Administrative Science Quarterly*, v. 63, n. 2, 7 jun. 2017. Disponível em: https://journals.sagepub.com/doi/abs/10.1177/0001839217713748.

CAPÍTULO 7: O PODER DO FEEDBACK POSITIVO

ALLAN, Blake; DUFFY, Ryan; COLLISSON, Brian. "Helping Others Increases Meaningful Work: Evidence From Three Experiments". *Journal of Counseling Psychology 65*, 11 maio 2017. Disponível em: https://doi.org/10.1037/cou0000228.

ARIELY, Dan. "What Makes Us Feel Good about Our Work?", TED Talk, 20:12, out. 2012. Disponível em: www.ted.com/talks/dan_ariely_what_makes_us_feel_good_about_our_work.

BRIGHT, David S.; CAMERON, Kim S.; CAZA, Arran. "The Amplifying and Buffering Effects of Virtuousness in Downsized Organizations". *Journal of Business Ethics*, v. 64, n. 3, 1º mar. 2006, p. 249-69. Disponível em: https://doi.org/10.1007/s10551-005-5904-4.

BUCKINGHAM, Marcus; GOODALL, Ashley. "The Feedback Fallacy". *Harvard Business Review*, mar.–abr. 2019. Disponível em: https://hbr.org/2019/03/the-feedback-fallacy.

CHOWDHURY, Madhuleena Roy. "The Neuroscience of Gratitude and Effects on the Brain". *Positive Psychology*, 9 abr. 2019. Disponível em: https://positivepsychology.com/neuroscience-of-gratitude/#neuroscience.

ESKREIS-WINKLER, Lauren; FISHBACH, Ayelet. "Not Learning From Failure—the Greatest Failure of All". *Psychological Science 30*, 8 nov. 2019, p. 095679761988113. Disponível em: https://doi.org/10.1177/0956797619881133.

FEHR, Ryan; FULMER, Ashley; MILLER, Jared A. "The Grateful Workplace: A Multilevel Model of Gratitude in Organizations". *Academy of Management Review*, v. 42, n. 2, abr. 2017, p. 361-81. Disponível em: https://doi.org/10.5465/amr.2014.0374.

GALLUP e Workhuman. "Transforming Workplaces Through Recognition". *Gallup*, 2022. Disponível em: www.gallup.com/analytics/472658/workplace-recognition-research.aspx.

GITTELL, Jody Hoffer et al. "Relationships, Layoffs, and Organizational Resilience: Airline Industry Responses to September 11". *Journal of Applied Behavioral Science 42*, 7 maio 2005.

GRANT, Adam M.; GINO, Francesca. "A Little Thanks Goes a Long Way: Explaining Why Gratitude Expressions Motivate Prosocial Behavior". *Journal of Personality and Social Psychology*, v. 98, n. 6, 2010, p. 946-55. Disponível em: https://doi.org/10.1037/a0017935.

GROSS, Jessica. "What Motivates Us at Work? More than Money". Business, *Ideas.Ted.Com*, 21 maio 2015. Disponível em: https://ideas.ted.com/what-motivates-us-at--work-7-fascinating-studies-that-give-insights/.

HARTER, Jim. "A Great Manager's Most Important Habit". *Gallup*, 30 maio 2023. Disponível em: www.gallup.com/workplace/505370/great-manager-important--habit.aspx.

KLUGER, Avraham N.; DeNisi, Angelo. "The Effects of Feedback Interventions on Performance: A Historical Review, a Meta-Analysis, and a Preliminary Feedback Intervention Theory". *Psychological Bulletin*, v. 119, n. 2, 1996, p. 254-84. Disponível em: https://doi.org/10.1037/0033-2909.119.2.254.

KUMAR, Amit; EPLEY, Nicholas. "Undervaluing Gratitude: Expressers Misunderstand the Consequences of Showing Appreciation". *Psychological Science*, v. 29, n. 9, 1º set. 2018, p. 1423-35. Disponível em: https://doi.org/10.1177/0956797618772506.

LOCKE, Edwin A.; LATHAM, Gary P. "The Development of Goal Setting Theory: A Half Century Retrospective". *Motivation Science*, v. 5, n. 2, 2019, p. 93-105. Disponível em: https://doi.org/10.1037/mot0000127.

O.C. TANNER Institute. "Shift: 2024 Global Culture Report", 2023. Disponível em: www.octanner.com/global-culture-report.

RICHARDSON, Lisa R. *Peloton as a Facilitator of Hope: Pathways to Initiate and Sustain Behaviors That Enhance Well-Being.* (Dissertação) Universidade da Pensilvânia, 1º ago. 2020. Disponível em: https://repository.upenn.edu/handle/20.500.14332/38824.

SMITH, Jeremy Adam. "Five Ways to Cultivate Gratitude at Work". *Greater Good Magazine*, 16 maio 2013. Disponível em: https://greatergood.berkeley.edu/article/item/five_ways_to_cultivate_gratitude_at_work.

VIA INSTITUTE on Character. "Bring Out the Best in Yourself and Others with Strengths--Spotting". Disponível em: www.viacharacter.org/topics/articles/bring-out-the--best- in-yourself-and-others-with-strengths-spotting.

WALSH, Lisa; REGAN, Annie; LYUBOMIRSKY, Sonja. "The Role of Actors, Targets, and Witnesses: Examining Gratitude Exchanges in a Social Context". *Journal of Positive Psychology* 17, 5 jan. 2022, p. 1-17. Disponível em: https://doi.org/10.1080/17439760.2021.1991449.

WORKHUMAN. "Empowering Workplace Culture Through Recognition", 27 set. 2023. Disponível em: www.workhuman.com/resources/reports-guides/empowering--workplace-culture-through-recognition-gallup-report/.

______. "From Appreciation to Equity: How Recognition Reinforces DEI in the Workplace", 7 jun. 2023. Disponível em: www.workhuman.com/resources/reports-guides/from-appreciation-to-equity-gallup-report/.

______. "From Praise to Profits: The Business Case for Recognition at Work", 29 mar. 2023. Disponível em: www.workhuman.com/resources/reports-guides/from-praise-to-profits-workhuman-gallup-report/.

______. "From 'Thank You' to Thriving: A Deeper Look at How Recognition Amplifies Wellbeing". *Workhuman*, 18 maio 2023. Disponível em: www.workhuman.com/resources/reports-guides/from-thank-you-to-thriving-workhuman-gallup-report/.

CAPÍTULO 8: COMUNICANDO O IMPACTO MAIOR

ALLAN, Blake A. et al. "Outcomes of Meaningful Work: A Meta-Analysis". *Journal of Management Studies*, v. 56, n. 3, maio 2019, p. 500-28. Disponível em: https://doi.org/10.1111/joms.12406.

ATLANTA Ventures. "Tope Awotona: Impatiently Scheduling Our Calendars, One Meeting at a Time". *Atlanta Ventures in Profiles*, 31 maio 2018. Disponível em: www.atlantaventures.com/stories/tope-awotona.

CHENGCHENG, Dong; NISA, Nahida. The Total Economic Impact of Calendly. Forrester Consulting, ago. 2023. Disponível em: https://pages.calendly.com/rs/482-NMZ-854/images/Ebook_2023_Forrester_TEI_Study.pdf.

EMBROKER. "Checklist: How to be Become a Unicorn Startup in 2024", 4 jan. 2024. Disponível em: www.embroker.com/blog/unicorn-startup-checklist/.

FELDMAN, Amy. "Nigeria-Born Tope Awotona Poured His Life Savings into Calendly. Now He's One of America's Wealthiest Immigrants". *Forbes*, 6 abr. 2022. Disponível em: www.forbes.com/sites/amyfeldman/2022/04/06/nigeria-born-tope-awotona-poured-his-life-savings-into-calendly-now-hes-one-of-americas-wealthiest-immigrants/.

FOWLER, James H.; CHRISTAKIS, Nicholas A. "Dynamic Spread of Happiness in a Large Social Network: Longitudinal Analysis over 20 Years in the Framingham Heart Study". *British Medical Journal* (Clinical Research Ed.), v. 337, 4 dez. 2008, p. a2338. Disponível em: https://doi.org/10.1136/bmj.a2338.

GRANT, Adam M. "Relational Job Design and the Motivation to Make a Prosocial Difference". *Academy of Management Review*, v. 32, n. 2, 2007, p. 393-417. Disponível em: https://doi.org/10.2307/20159308.

GRANT, Adam M.; SHANDELL, Marissa S. "Social Motivation at Work: The Organizational Psychology of Effort for, against, and with Others". *Annual Review of*

Psychology 73, 2022, p. 301-26. Disponível em: https://doi.org/10.1146/annurev-psych-060321-033406.

RADIOLOGICAL Society of North America. "Patient Photos Spur Radiologist Empathy and Eye for Detail". *ScienceDaily*, 14 dez. 2008. Disponível em: www.sciencedaily.com/releases/2008/12/081202080809.htm.

PARTE IV: CRIANDO SIGNIFICADO POR MEIO DO CRESCIMENTO

FRANKL, V. E. *Man's Search for Meaning: An Introduction to Logotherapy*. Washington Square Press, 1963. (Ed. bras.: *Em busca de sentido: Um psicólogo no campo de concentração*. Trad. Walter Schlupp e Carlos Aveline. Petrópolis: Vozes, 2013.)

CAPÍTULO 9: AUTONOMIA EQUILIBRADA

ALLAN, Blake A.; AUTIN, Kelsey L.; DUFFY, Ryan D. "Self-Determination and Meaningful Work: Exploring Socioeconomic Constraints". *Frontiers in Psychology* 7, 2 fev. 2016. Disponível em: https://doi.org/10.3389/fpsyg.2016.00071.

ALRABAI, Fakieh. "The Influence of Autonomy-Supportive Teaching on EFL Students' Classroom Autonomy: An Experimental Intervention". *Frontiers in Psychology 12*, 8 set. 2021. Disponível em: https://doi.org/10.3389/fpsyg.2021.728657.

AMBROSE, Maureen L.; KULIK, Carol T. "Old Friends, New Faces: Motivation Research in the 1990s". *Journal of Management*, v. 25, n. 3, jun. 1999, p. 231-92. Disponível em: https://journals.sagepub.com/doi/10.1177/014920639902500302.

BERG, Justin M.; DUTTON, Jane E.; WRZESNIEWSKI, Amy. "Job Crafting and Meaningful Work". In: Bryan J. Dik, Zinta S. Byrne e Michael F. Steger (orgs.). *Purpose and Meaning in the Workplace*. Washington, DC: American Psychological Association, 2013, p. 81-104. Disponível em: https://doi.org/10.1037/14183-005.

DECI, Edward L.; OLAFSEN, Anja H.; RYAN, Richard M. "Self-Determination Theory in Work Organizations: The State of a Science". *Annual Review of Organizational Psychology and Organizational Behavior 4*, 2017, p. 19-43. Disponível em: https://doi.org/10.1146/annurev-orgpsych-032516-113108.

GOETZ, Kaomi. "How 3M Gave Everyone Days Off and Created an Innovation Dynamo". *Fast Company*, 1º fev. 2011. Disponível em: www.fastcompany.com/1663137/how-3m-gave-everyone-days-off-and-created-an-innovation-dynamo.

GROLNICK, Wendy S.; RYAN, Richard M. "Autonomy in Children's Learning: An Experimental and Individual Difference Investigation". *Journal of Personality and Social Psychology*, v. 52, n. 5, 1987, p. 890-8. Disponível em: https://doi.org/10.1037/0022-3514.52.5.890.

HACKMAN, J. Richard; OLDHAM, Greg R. "Motivation through the Design of Work: Test of a Theory". *Organizational Behavior and Human Performance*, v. 16, n. 2, 1º ago. 1976, p. 250-79. Disponível em: https://doi.org/10.1016/0030-5073(76)90016-7.

HURN, Chris. "Stuffed Giraffe Shows What Customer Service Is All About". The Blog, *HuffPost*, 17 maio 2012. Atualizado em: 6 dez. 2017. Disponível em: www.huffpost.com/entry/stuffed- giraffe-shows-wha_b_1524038.

KOTLER, Steven. "Why a Free Afternoon Each Week Can Boost Employees' Sense of Autonomy". *Fast Company*, 20 jan. 2021. Disponível em: www.fastcompany.com/90595295/why-a-free- afternoon-each-week-can-boost-employees-sense-of-autonomy/.

LUND, Susan et al. *What's Next for Remote Work: An Analysis of 2,000 Tasks, 800 Jobs, and Nine Countries*. McKinsey Global Institute, nov. 2020. Disponível em: https://thebusinessleadership.academy/wp-content/uploads/2021/01/MGI-Whats-next-for-remote-work-v3.pdf.

PENDELL, Ryan. "Frontline Workers Want Flexibility Too". *Gallup*, 4 dez. 2023. Disponível em: www.gallup.com/workplace/544775/front-line-workers-flexibility.aspx.

PINTEREST Careers. "Makeathon: Behind the Scenes". *Pinterest Careers*, 7 ago. 2023. Disponível em: www.pinterestcareers.com/life-at-pinterest-blog/pinterest-life/makeathon-behind-the-scenes/.

RAZZETTI, Gustavo. "5 Ways to Create a Strong Virtual Culture". *Fearless Culture*, 12 out. 2020. Disponível em: https://fearlessculture.design/blog-posts/5-ways-to-create-a-strong-virtual-culture.

ROCK, David. "Managing with the Brain in Mind". *Strategy+Business*, 27 ago. 2009. Disponível em: www.strategy-business.com/article/09306.

WRZESNIEWSKI, Amy; DUTTON, Jane E. "Crafting a Job: Revisioning Employees as Active Crafters of Their Work". *Academy of Management Review*, v. 26, n. 2, abr. 2001, p. 179-201. Disponível em: https://doi.org/10.5465/amr.2001.4378011.

CAPÍTULO 10: A ZONA DE POSSIBILIDADES

ABUBAKAR, A. Mohammed et al. "Burnout or Boreout: A Meta-Analytic Review and Synthesis of Burnout and Boreout Literature in Hospitality and Tourism". *Journal of Hospitality Marketing & Management*, v. 31, n. 4, 19 maio 2022, p. 458-503. Disponível em: https://doi.org/10.1080/19368623.2022.1996304.

BBC. "Kidderminster Man Catches Giant Goldfish", 22 nov. 2022. Disponível em: www.bbc.com/news/uk-england-hereford-worcester-63707394.

BENT, Steve. "Study Finds That 74% of Millennial and Gen Z Employees Are Likely to Quit Within the Next Year Due to a Lack of Skills Development Opportunities". *International Association of Workforce Professionals*, 14 nov. 2022. Disponível em: https://iawponline.org/study-finds-that-74-of-millennial-and-gen-z-employees-are-likely-to-quit-within-the-next-year-due-to-a-lack-of-skills-development-opportunities/.

BERSIN, Josh. "The Definitive Guide to Learning: Growth in the Flow of Work". Josh Bersin, 2022. Disponível em: https://joshbersin.com/definitive-guide-to-learning/.

BRETHERTON, Roger; NIEMIEC, Ryan M. "Character Strengths as Critique: The Power of Positive Psychology to Humanise the Workplace." In: Nicholas J. L. Brown, Tim Lomas e Francisco Jose Eiroa-Orosa (orgs.). *The Routledge International Handbook of Critical Positive Psychology*. Londres: Routledge, 2018.

COUTIFARIS, C. G.; GRANT, A. M. "Taking Your Team Behind The Curtain: The effects of leader Feedback-Sharing And Feedback-Seeking On Team Psychological Safety". *Organization Science*, v. 33, n. 4, 2022, p. 1574-98.

DE SMET, Aaron et al. "'Great Attrition' or 'Great Attraction'? The Choice Is Yours". *McKinsey & Company*, 8 set. 2021.

DWECK, Carol S. *Mindset: The New Psychology of Success*. Nova York: Random House, 2006. (Ed. bras.: *Mindset: A nova psicologia do sucesso*. Trad. S. Duarte. São Paulo: Objetiva, 2017.)

______. "The Power of Yet". TEDxNorrköping, 2014. YouTube, 11:18. Disponível em: www.youtube.com/watch?v=J-swZaKN2Ic.

EDEN, Dov. "Leadership and Expectations: Pygmalion Effects and Other Self-Fulfilling Prophecies in Organizations". *Leadership Quarterly*, v. 3, n. 4, 1º dez. 1992, p. 271-305. Disponível em: https://doi.org/10.1016/1048-9843(92)90018-B.

FOX, Dale. "British Man Catches One of World's Biggest Goldfish—67lbs 4oz", *Daily Mail* (London), 21 nov. 2022. Disponível em: www.dailymail.co.uk/news/article-11452587/British-angler-catches-one-worlds-biggest-goldfish-weighing-whopping-67lbs-4oz.html.

GONZALEZ, Jennifer. "Find Your Marigold: The One Essential Rule for New Teachers". *Cult of Pedagogy*, 29 ago. 2013. Disponível em: www.cultofpedagogy.com/marigolds/.

HONE, Lucy Clare et al. "Measuring Flourishing: The Impact of Operational Definitions on the Prevalence of High Levels of Wellbeing", *International Journal of Wellbeing*, v. 4, n. 1, 14 maio 2014. Disponível em: https://internationaljournalofwellbeing.org/index.php/ijow/article/view/286.

ISA, Aerni et al. "The Relationship Between Talent Management Practices and Perceived Organizational Support: Evidence from Government Linked Companies". *Journal of Positive Psychology & Wellbeing*, v. 5, n. 4, 15 dez. 2021, p. 1519-28.

KEGAN, Robert; LAHEY, Lisa Laskow. *An Everyone Culture: Becoming a Deliberately Developmental Organization.* Cambridge, MA: Harvard Business Review Press, 2016.

SHIRI, Lavy; LITTMAN-OVADIA, Hadassah. "My Better Self: Using Strengths at Work and Work Productivity, Organizational Citizenship Behavior, and Satisfaction". *Journal of Career Development*, v. 44, n. 2, 25 fev. 2016. Disponível em: https://doi.org/10.1177/0894845316634056.

MICKLE, Tripp; WEISE, Karen. "Microsoft Tops Apple to Become Most Valuable Public Company". *New York Times*, coluna Technology, 12 jan. 2024. Disponível em: www.nytimes.com/2024/01/12/technology/microsoft-apple-most-valuable--company.html.

MOELLER, Julia et al. "Highly Engaged But Burned Out: Intra-Individual Profiles in the US Workforce". *Career Development International*, v. 23, n. 1, 2018, p. 86-105. Disponível em: https://doi.org/10.31219/osf.io/h6qnf.

NADELLA, Satya; GRANT, Adam. "Windows into the Future: Why Managers Matter as Much as Tech". *Future of Work Conference*, 2022. YouTube, 29:09. Disponível em: www.youtube.com/watch?v=G0E8eUQ5KXg.

NADELLA, Satya; SHAW, Greg; NICHOLS, Jill Tracie. *Hit Refresh.* Nova York: Harper Business, 2017.

NICIOLI, Taylor. "Fisherman Catches 67-Pound Goldfish". *CNN*, 23 nov. 2022. Disponível em: www.cnn.com/travel/article/fisherman-catches-giant-goldfish-carrot--scn/index.html.

ROSENTHAL, Robert; FODE, Kermit L. "The Effect of Experimenter Bias on the Performance of the Albino Rat". *Behavioral Science*, v. 8, n. 3, 1963, p. 183-9. Disponível em: https://doi.org/10.1002/bs.3830080302.

ROSENTHAL, Robert; JACOBSON, Lenore. "Pygmalion in the Classroom". *Urban Review*, v. 3, n. 1, 1º set. 1968, p. 16-20. Disponível em: https://doi.org/10.1007/BF02322211.

SAKS, Alan M.; GRUMAN; Jamie A. "What Do We Really Know About Employee Engagement?", *Human Resource Development Quarterly*, v. 25, n. 2, 2014, p. 155-82. Disponível em: https://doi.org/10.1002/hrdq.21187.

SEMUELS, Alana. "World's Best Companies of 2023". *Time and Statista 2023.* Disponível em: https://time.com/collection/worlds-best-companies-2023/.

SHIBU, Sherin; LEBOWITZ; Shana. "Microsoft Is Rolling out a New Management Framework to Its Leaders. It Centers around a Psychological Insight Called Growth Mindset". *Business Insider*, 11 nov. 2019. Disponível em: www.businessinsider.com/microsoft-is-using- growth-mindset-to-power-management-strategy-2019-11.

SPIEGEL, Alix; MILLER, Lulu (apresentadoras) "How to Become Batman, Pt. 1". *Invisibilia (podcast)*, NPR, 22 jan. 2015. YouTube, 3:11. Disponível em: www.youtube.com/watch?v=hbhwlRRW_3o.

STOCK, Ruth Maria. "Is Boreout a Threat to Frontline Employees' Innovative Work Behavior?". *Journal of Product Innovation Management*, v. 32, n. 4, 8 out. 2014, p. 574-92. Disponível em: https://onlinelibrary.wiley.com/doi/abs/10.1111/jpim.12239.

YEAGER, David Scott et al. "Breaking the Cycle of Mistrust: Wise Interventions to Provide Critical Feedback across the Racial Divide". *Journal of Experimental Psychology*, General, v. 143, n. 2, 2014, p. 804-24.

ZENGER, Jack; FOLKMAN, Joseph. "Companies Are Bad at Identifying High-Potential Employees". *Harvard Business Review*, 20 fev. 2017. Disponível em: https://hbr.org/2017/02/companies-are-bad-at-identifying-high-potential-employees.

EPÍLOGO: O FUTURO DO TRABALHO SIGNIFICATIVO

DELOITTE. 2024 *Gen Z and Millennial Survey*. Deloitte Touche Tohmatsu, 2024. Disponível em: www.deloitte.com/global/en/issues/work/content/genz-millennialsurvey.html.

EDELMAN. *2023 Edelman Trust Barometer: Special Report; Trust at Work*. 2023. Disponível em: www.edelman.com/trust/2023/trust-barometer/special-report-trust-at-work.

Este livro foi impresso pela Lisgrafica, em 2025, para a HarperCollins Brasil.
O papel do miolo é Lux Cream 70g/m^2 e o da capa é cartão 250g/m^2.